中國學術思想 研究輯刊

十 二 編

林 慶 彰 主編

第 37 冊

辛稼軒軍事文學與兵學思想研究

王 偉 建 著

花木蘭文化出版社

國家圖書館出版品預行編目資料

辛稼軒軍事文學與兵學思想研究／王偉建 著 — 初版 — 新北
市：花木蘭文化出版社，2011〔民100〕
序 2+ 目 2+172 面；19×26 公分
（中國學術思想研究輯刊 十二編：第 37 冊）
ISBN：978-986-254-677-2（精裝）
1.（宋）辛棄疾　2. 學術思想　3. 文學　4. 兵學
030.8　　　　　　　　　　　　　　　100016074

中國學術思想研究輯刊
十二編　第三七冊　　　　　　　　ISBN：978-986-254-677-2

辛稼軒軍事文學與兵學思想研究

作　　　者	王偉建
主　　　編	林慶彰
總 編 輯	杜潔祥
出　　　版	花木蘭文化出版社
發 行 所	花木蘭文化出版社
發 行 人	高小娟
聯絡地址	新北市永和區中正路五九五號七樓
	電話：02-2923-1455／傳真：02-2923-1452
網　　　址	http://www.huamulan.tw 信箱 sut81518@gmail.com
印　　　刷	普羅文化出版廣告事業
封面設計	劉開工作室
初　　　版	2011 年 9 月
定　　　價	十二編 55 冊（精裝）新台幣 90,000 元

辛稼軒軍事文學與兵學思想研究

王偉建　著

作者簡介

王偉建，民國四十六年（西元 1957 年）元月出生於臺灣花蓮，祖籍福建省惠安縣。世界新聞專科學校廣播電視科、東吳大學中國文學研究所碩士畢業。曾任東吳大學軍訓教官，迄九十八年十月以上校組長任滿退職。現就讀東吳大學中文博士班，並於國立臺灣海洋大學、東吳大學及德明財經科技大學等校兼任教職。鑽研古典文學及先秦思想，並於《孫子兵法》、中國兵學思想、南宋軍事文學與兵學思想、中西兵學理論、臺灣戰史等方面有深入之研究。

提　　要

　　辛棄疾（稼軒）承襲中國傳統儒將「文武合一」的特質，以"歸正北人"的身分在偏安江左的南宋，造就了「豪放詞家」的稱號。由於長期處在戰亂的環境背景，曾任帥臣而有機會主宰軍政於一方，且畢身圖謀恢復大業，乃有深富兵謀的策、論著作流傳。本論文定名《辛稼軒軍事文學與兵學思想研究》，要有三項研究重點：其一，從環境社會因素對文學與思想形成的影響力，瞭解稼軒軍事文學與兵學思想形成的主、客觀因素，從而找到一個不平凡時代鑄造一個不平凡偉人的合理繫聯。其二，依軍事文學的義涵，從「愛國懷鄉的深情」、「弔古諷今的幽思」、「審勢制敵的遠謀」、「抗金復國的素志」等四個面向，探討稼軒詞的內容與特色。這種以「軍事文學」為主題來探研稼軒詞作的方法，對於稼軒豪邁沉鬱、欲飛還斂的詞風，以及矢志恢復大業、報國淑世至死方休的強烈愛國主義，可以得到更深入的認知。其三，就稼軒被視為宋代重要兵學思想著作的所有集冊或單篇奏劄，摘要簡介其戰略、戰術主張，再紬繹出其兵學思想之精萃；歸納出「謀定後動」、「作戰整備」、「精神動員」、「積極防禦」、「攻勢主義」等稼軒抗金作戰的五大軍事戰略。藉此可以瞭解 稼軒對中國兵學思想的認知活用 實充分到達「運用之妙，存乎一心」的境界。

目次

序

　　歷來對於辛棄疾的研究，大致有兩個方向：一是研究其人，也就是從家世、生平、行實、交友等方面著手，而有年譜的問世。一是研究他的《稼軒詞》，包括為作品箋注、編年；就作品析論其用典、修辭，以及各種主題研究，甚至取蘇軾作品相比較，而有蘇、辛比較研究等課題。

　　但是 629 闋《稼軒詞》，是辛氏一生最著力所在，因此想深入了解箇中底蘊，不知其人是萬萬不可能的，於是其人、其詞相提並論，可以說是研究辛氏的不二法門。只是披閱林林總總的論文，絕大多數都出自中國文學系研究生或相關學者之手。受限於養成環境及訓練，這些論文泰半以辛氏「其詞」為主，「其人」為輔；論其詞學造詣者多，專論其人其事者相對嫌少！

　　《宋史・劉摯傳》載劉摯之言云：「士當以器識為先，一號為文人，無足觀矣！」因此，僅以「文人」或「詞人」看待辛棄疾，絕不是辛氏所願。但以辛氏著作論之，詞的確多於其他文類，又該如何看待？清・謝章鋌《賭棋山莊詞話》稱：「讀蘇辛詞，知詞中有人，詞中有品，不敢自為菲薄」，這才是正確的態度。也就是說，讀辛詞必須從中讀出其「人」其「品」，才不致扭曲他藉詞抒志的初衷，抹煞他「整頓乾坤」、「了卻君王天下事」的大志。有鑑於此，跳出傳統中文系學者的思維，採跨域研究的角度來閱讀辛棄疾，或許不失為另一種策略。

　　舍弟偉建自幼穎悟靈敏，膽識過人，世界新聞專科學校(世新大學前身)廣播電視科畢業後，為兼顧家計，毅然投筆從戎。年屆四十五，輾轉擔任東吳大學軍訓室上校組長，專攻《孫子兵法》及中國兵學思想。於公務之暇，考入該校中國文學系碩士在職專班就讀；並結合所學，以《辛稼軒軍事文學與

兵學思想研究》為題，撰寫論文，其着眼所在顯然有別於其它中文系研究生。此論文凡七章，特殊之論述有四：其一，論時代背景，着眼於趙宋之軍政概況、形勢及環境；其二，除一般生平外，尤着力表彰稼軒之武功與政績；其三，特重稼軒之軍事文學，擺脫「詞人」之傳統思維；其四，揭舉稼軒之兵學思想，凸顯其用世之器識與長才。

　　此論文於民國九十五年七月提交，經口試通過獲取研士學位；隔兩年，舍弟更鼓其餘勇，考上同系博士班就讀；九十八年，卸下戎裝，廁身學界，持續其跨域之研究。誠信此切入手法，必能為文學學門注入一股新活水，呈現可觀之成果。

　　花木蘭文化出版社發行人高小娟小姐、總編輯杜潔祥先生以及各類輯刊主編教授，為使臺灣地區碩、博士生之心血不致白費，自九十五年起，陸續徵選相關論文刊行。舍弟此碩論，經其指導教授　歐陽炯先生推薦，得以排進刊行之列，何其榮幸！本人忝為仲兄，教授蘇辛詞亦有多年，深知此論文特色所在，爰樂於出版前夕，略綴數語，推介勸勉，就教　方家。是為序。

國立成功大學中文系
教授兼通識中心主任　王偉勇　謹序
中華民國 100 年 7 月 25 日

第一章　緒　論

第一節　研究動機

　　《文心雕龍・程器》云：「孫武兵經辭如珠玉，豈以習武而不曉文也。」劉勰這「豈以習武而不曉文也」的肯定問句，實即道出我中華民族傳統教育所強調「文武合一」的特色。蓋遠從孔子具體以「足食、足兵、民信」回答子貢問政之道開始〔註1〕，民生需求的經濟、軍事自衛的武力與政治上博得人民的信賴，是歷來治國者所認同爲缺一不可的鼎足三立。因此，從先秦起始就極爲發達的中國兵學思想，乃爲歷代文臣、武將所必修鑽研的課題，俾以之經世致用；遂使中國兵學成爲中華文化發展、傳承的特色，更進而造就成爲中華文化的結晶之一。而古今戰爭雖然因客觀時空環境、武器科技的改變而有不同型態的呈現，然而戰爭的謀略與對立鬥爭的思維，基本上並未因這些外在物質條件的變化而改變；後人仍能借鑑前人的作戰經驗、戰術戰略等，以應付當今所面對不同的戰爭型態。〔註2〕這正說明以謀略爲主軸的中國兵學，何以能歷久彌新、屹立不搖的被古今中外所重視研究運用的原因所在。我們可以這樣說：「只要賦予時代性新的闡釋生命，中國兵學思想是永遠可以被運用不衰的。」此乃筆者前所謂「歷代文臣、武將所必修鑽研的課題，俾以之經世致用」所持的理由。

　　筆者自民國八十五年九月轉任大學軍訓教官，在多年執教國防通識教育

〔註1〕　語見《論語》顏淵第十二。
〔註2〕　參見謝祥皓《中國兵學・宋元明清卷・序》：「古今之戰爭雖然其物質條件已有天壤之別，然而戰爭的道義性質、對立鬥爭的基本規律與基本方略，卻并未因物質條件的變化而改變。這就是後人能夠借助于前人之智慧、謀略的原因所在。」山東人民出版社，1998年7月，頁2。

教學心得累積，與針對中國兵學與臺灣戰史的鑽研，深切體會到所謂「人類歷史就是一部戰爭史」之說法的道理所在。人類為生存而奮鬥的歷史發展，概循「人與天爭」、「人與獸爭」到「人與人爭」的軌跡；號為「萬物之靈」的人，從最初為爭生存權以相互征伐開始，迄無事不爭、無物不爭的今天；從金戈鐵馬、刀光劍影的古代，到硝煙彌漫的現世；我們可看到——「戰爭」一直伴隨人類歷史發展而無所不在。所以研究戰爭學的學者，大都認為「人類歷史就是一部戰爭史」；也就是說人類歷史上的戰爭，是一個無法迴避的殘酷事實。而人們在歷經不斷的戰爭痛苦劫難中，則共同體認產生「戰爭的爆發與過程，不是孤立的軍事作為；而是與一切政治、經濟、社會文化與心理等，均息息相關之對立互爭的行為」的觀念。因此對兵學的研究，實亦探討、瞭解並尋找解決人類紛爭之道的一門學問。而發生在臺海兩岸中國人迄今仍無法釐清的紛紛擾擾，筆者以為從中國兵學研究著手，亦不啻為探討解決之道的另一條門路。蓋古有「以史為鑑可以知興替」之垂訓，從歷史經驗中對應探究當今問題的癥結，本為解決問題的方法之一。

　　筆者歷廿餘載軍職生涯之聞見，發現近代我國軍人對兵學（或以軍事理論見稱）的研究提倡，除《孫子兵法》外言必稱引克勞塞維茲（Karl Von Clausewitz）的《戰爭論》（Vom Krieg）、約米尼（Antoinc Henri Jomini）的《戰爭藝術》（summary of the art of war）、拿破崙（法語：Napoléon Bonaparte）的「內線作戰」、馬漢（Alfred Thayer Mahan）的「海權理論」、麥金德（Halford John Mackinder）的「陸權理論」……等等，對其他中國傳統優良的兵學典籍與思想論述則較少深入探討；這種現象筆者以為，對中華民族之後裔而言實為捨本逐末、捨近求遠之舉，更有助崇洋媚外心態滋長之虞。蓋東、西方文化本各有其良窳殊異的特色，而東、西兵學亦各有其優劣不同的特長；盲目師法他人科技文明之所長，而忽略其本身文化、文明基本不同特質的因素，則猶如東施笑頻、畫虎類犬，終將貽人笑柄而只能永遠尾隨跟從。因此筆者任民間大學軍事教育教職以來，一直有研究並闡發我傳統兵學思想之志；尤其在大陸學者對中國兵學的研究發揚，相關論著已漸趨豐富之際，而在臺灣猶乃躑躅不前，更激起筆者研究闡揚之動機。

　　稼軒躬逢「上承先秦、漢唐以來策謀、戰略兵學思想豐富，下啟明清戰術、戰法軍事科技萌發」的宋代，在武裝起義南歸宋室後，畢生以恢復北方故土為志事，對兵學的運籌謀略本有所長；一旦有施展抱負可乘之機，便積

極綢繆上疏策論。這些積極圖謀恢復的策論戰略，雖然大都未被當局所採納運用，卻是稼軒在熟讀中國兵書與結合環境現況下所提出；可以說是極富兵謀且具體可行的戰略策論，也可以反映出當代主戰派的兵學思想。而這些兵學思想，正是向上承繼先秦、向下銜接明清中國傳統兵學的中間繫聯，實為研究中國兵學所不可忽略的。

我中華民國在臺灣這幾十年來，隔海分治、國際現實壓力的外患不斷與看似歌舞昇平、人文薈萃的內治；而面對戰爭武器銳於千載且精密莫測的現況，在人民直選總統後的十餘年來，執政者的惡意權謀與昏瞶無能，整體軍政氛圍儼然是宋代歷史的重演。是以在「經世致用」的理念與家兄〔註3〕研究牙慧就近可拾之便，有兵學謀略著作留傳、以豪邁見稱的南宋儒將辛稼軒，遂為筆者選擇作為本篇論文的主角。

第二節　研究目的

張橫渠先生嘗與好友相期勉以：「為天地立心為生民立命，為往聖繼絕學，為萬世開太平」〔註4〕，"經世致用" 是中國傳統讀書、做學問的目的之一；在戰亂頻仍的中國，對傳統兵學思想的研究，尤具有其實用性的價值。

我中華民族數千年的文明史中，「戰爭」便一直躍然在史籍的記載中。而凡是戰爭所到之處，莫不是生靈塗炭、萬物遭殃。此《老子》所謂「師到之處，荊棘生焉；大軍之後，必有兇年。」〔註5〕因此對於「戰爭」所抱持的態度，傳統中國人共同的認知，莫不戒慎恐懼地強調「慎戰」不輕啓戰端的觀念。此即被譽為中國兵書之最高寶典《孫子兵法》開宗明義所指出「兵者，國之大事，死生之地，存亡之道，不可不察也。」〔註6〕的道理。在戒慎恐懼與隨戰爭實務的經驗累積下，有關「兵學思想」論述的源遠發達，遂成為我國古文明發展史上的另一輝煌特色。許多研究學者甚至把「兵、醫、農、藝」列為我中華四大文化，而 "兵學" 則要居其首。〔註7〕

〔註3〕　國立成功大學中文系王偉勇教授。
〔註4〕　《張載集》，頁376，臺北：漢京文化事業公司，民國72年9月16日初版。
〔註5〕　《老子》第三十章。
〔註6〕　《孫子兵法》始計篇第一。
〔註7〕　參見張文儒《中國兵學文化‧序言》，頁1，北京大學出版社，1997年3月一版一刷。

　　春秋戰國是諸子百家爭鳴的時代，也是中國文化成形的時代；諸子莫不殫精竭力以渠所專，鼓吹闡發個人的治術、思想等濟世主張，冀以謀得人主的任用。因此，在戰亂時代背景的衝擊之下，兵學的討論，幾乎成為諸子百家所無法自外的內容之一，也成為"中國兵學"輝煌、長久發展的歷史源頭。以專門研究兵學為務的「兵家」在政治、經濟與社會的變革中，因軍事鬥爭需要的推動下，總結和繼承前人作戰經驗的基礎，完成各種兵學論著，而造就了中國兵學蓬勃發達的輝煌年代；日後成為中國兵學思想的主流人物，諸如：范蠡、伍子胥、孫武、吳起、田穰苴、鬼谷子、孫臏、商鞅、尉繚子……等等，莫不在這時候完成其論兵的思想學說。而大凡一種學說、思想的形成，概受創始者出生的客觀環境、個人學養滋長歷程、對外界事物感觸的影響，與夫大環境中各家理念論說的相互牽引、論（印）證，始抵於成一家之言。中國兵學的發展起始，亦深受當代客觀大環境背景、各家學術理論的影響、牽引與互相印證。諸如：儒家提出了為"仁、義"而出師、作戰之名，道家則在消極不爭與柔弱勝剛強的主張下提示了用兵"詭道"之戰術、謀略，法家則提供了君臣、子民、將帥、幹部、士卒間與軍隊內部等嚴肅紀律的法令規範，墨家則有攻、守城池的具體戰術戰法……等等；就在這種環境氛圍下，中國兵學思想奠定了廣博、深邃、持續與兼容性的發展根基，歷久不衰。歷代概依循這時期的兵學思想根基，依不同時代背景的發展變異而綿延不絕。

　　中國兵學所包含深厚的中華文化底蘊與特質，及不限軍旅之事而廣泛將經濟、政治、社會人文、宗教心理、藝術以及其他相關要素，統攝呈現；乃使兵學的研究成為對全盤認識中華文化不可或缺的一環，其影響深切層面不容忽視。然而一如中國古代科技文明一般，或由於歷代流傳自我的流失；或由於不能適切調變順應時世，而遭無情的淘汰……。但我以為更大、更主要的原因在於：近代中國的積弱、列強的欺凌與西方科學文明的侵炫下，嚴重吞蝕了中華子民對自己民族的自信心；遂普遍以"崇洋"為尚，「外來的和尚會唸經、外國的月亮比較圓」更是廣泛的認知心態。尤其在不當或過度擴解五四運動文學革命的推波助瀾下；對我固有的傳統文化遺產，率以鄙夷的心態視之如糟粕、棄之如敝屣（如：打倒孔家店、將四書五經丟進糞坑……等），以致造成今天國人捨本逐末、倒果為因而盲目崇洋的錯誤作為。是以，近代中國在軍事謀略、戰術方面的研究，大都以西洋軍事理論、戰術戰法為師法對象與研究主軸，對我國傳統兵學思想多所忽視，或視為不切實際、不符實

用的糟粕。筆者以爲，此乃近代中國文化、文明發展盲點之一，更是追求提振我民族自信心、強國強種以擠身世界列強的絆腳石。因此筆者擬就本身研究中國兵學的興好，盡綿薄之力從事研究中國兵學思想，或能藉拋磚之效而有所闡發以鼓動風氣，則不忝身爲炎黃世胄且畢生受惠於家國輔育之恩。

在宋代火器大量用於戰場開始，作戰進入冷熱兵器交互支援運用的時代，中國兵學也隨之在戰術、戰法上的演進加快了腳步；然而在以“人”爲互爭對象的作戰根本因素迄未改變下，做爲戰爭指導中心的思想謀略，則仍歷久彌新。換言之，「上兵伐謀、其次伐交、其次伐兵，其下攻城」〔註8〕的謀攻原則，不會隨「世事變化百年銳於千載」而有所更易；相反的，隨時代變遷可不斷賦予新闡釋的生命力，也正是中國兵學思想的最大特色。在詭譎多變的現世，強化對中國兵學的研究，除可凸顯傳統文武合一教育的優點之外；更不啻爲提供這蹺足可待的亂世針砭治道的一個正確思考方向。

第三節　研究範圍

大陸學者張文儒在《中國兵學文化・序言》中對怎樣對待中國的兵學文化指出兩條思路：

> 一條是就兵學言兵學，把兵學僅僅看成是談論兵戈劍戟、攻佔殺伐，
> 或者擴展爲戰略學、戰術學以及與之相關的軍事建設等一類的學
> 科。……另一條則是不爲具體的兵學內容所限，是透過兵學本身，
> 著重發掘其文化意識內涵、思維特色與人文睿智。在後一條思路下，
> 人們雖然也會看到體現兵學特點的“雕弓寶劍”和“殘鏃折戟”，
> 但看到更多的東西卻是藏在其背後的中華民族的人文意識及它所代
> 表的文化底蘊。〔註9〕

本論文，筆者也正是要沿著後一條思路，所研究的對像不純是稼軒的兵學思想；更涵蓋稼軒兵學的人文意識及他所代表的文化底蘊，這些均在軍事文學所涵蓋的內容之中。

秦統一中國後，一者由於諸侯間相互征伐的消失，對軍事人才需求的減少；再者由於“焚書坑儒”政策的施行，使兵學家少有人願冒大不韙去侈談兵學思

〔註8〕《孫子兵法》謀攻篇第二。
〔註9〕同註7，頁2。

想，此後我國兵學進入了大一統的平緩發展時期。漢、唐期間新的兵書撰著並不多見，反倒是"述而不作"地對前人著作的論註、箋校與闡發之作，則是愈來愈多，並有"後出轉精"的態勢。而在秦、漢開始建立中國大一統的帝制王朝後的時代背景下，言"兵"乃多由朝廷主宰；因此，民間普遍研究兵學的風潮乃漸趨平息。然在朝大臣、武官及守邊將弁等，對中國兵學的鑽研、運用則未曾稍懈；是以對兵學的延續闡發，實有繼絕存廢之效。尤其科舉制度建立，在十年寒窗而一舉成名後，大都必須掌一方之軍政大權，是以對兵學的研究運用，為成就功名所必要；中國特有的儒將得以產生，兵學思想的薪傳也得以不斷蓬勃發展。漢、唐兩代承繼中國大一統的局面，各有光輝燦爛的盛世；並俱有對外開拓疆域、抵禦強虜的戰爭。而期間夾以三國、魏晉南北朝戰事頻乃的紛爭時代，使兵學思想仍有許多發揮、拓展的空間。

「陳橋兵變」、「黃袍加身」開啓了趙匡胤的宋代王朝，「杯酒釋兵權」以不動干戈將兵權收歸中央後，一係列軍政措施，則造成終其代「積弱不振」的史實。客觀的評估，宋朝是中國史上難得人文薈萃、經濟發達、文化教育繁榮、歌舞昇平的一代，人才絕對濟濟，將才更是無虞；又有足夠的經濟後盾，更有先進的科技文明，那又怎會積弱終世呢？軍政制度的錯誤、領導者的庸弱無能、人臣謀事的不臧、苟且偷安的求生心態、樂而忘憂的偏安心理……等等，以致積非成是、正義難伸使然也。在這同時武器由"冷兵器"進化到"火器"，敵人依恃其"騎射"之戰術獨領風騷，以及活字印刷的發明等；都直接、間接影響當代兵學的蓬勃與創新發展，也是宋代兵學思想著述創新發達的原因所在。雖然統治者設防地採用祕藏不宣的辦法將兵書束之高閣，只供皇帝及統治集團上層人物閱覽，但在軍事作戰所必需的因素，必不得已的經過篩選整理而頒行天下，以求全民知戰、習武進而馬革裹屍效命疆場，冀能提昇整體戰力，以取得對外戰爭的勝利。中國第一部綜合性軍事學百科全書《武經總要》就是在這種必需的環境下，於仁宗慶曆四年（西元 1044）由天章閣待制曾公亮和尚書工部侍郎參知政事丁度等編撰刊印，供國防教育、文武官員研討使用；而至今廣為流傳運用的兵學叢書《武經七書》，也在朝廷為武學、武舉試士的需要，於神宗元豐三年（西元 1080 年）經命由國子監司業朱服、武學博士何去非等校定刊印問世，並頒布成為當時軍事學校學員和武舉考試必修習的課目。其他為順應戰事不斷的需要與戰爭形態的改變，不論是能貫通古今的權謀方略，或是因應作戰形態改變所必需推陳出新的戰術、戰法；均促使宋元期間兵書編註的豐

富與著述的創新，也造就中國兵學思想的創新發達。據《中國兵書知見錄》統計，兩宋編印的兵書多達 559 部 3865 卷之數；〔註10〕而從這時期兵書編撰的特點，可以並知中國兵學思想當其時的創新發展概況。

做為南宋的"歸正北人"，辛棄疾也承襲中國傳統儒將「文武合一」的特質，除了在詞學上造就了南宋「豪放詞家」的代表與兩宋詞作流傳最多的文學成就外；更因長期處在戰亂的環境背景，曾任帥臣而有機會主宰軍政於一方，且畢身矢志不移於圖謀恢復之大業，乃有深富兵謀的策、論之作流傳，後世學者亦咸以宋代兵學名著視之。可惜的是，在當時君臣普遍瀰漫消極求和以苟且偷安的氛圍下；終其一身以迄易朝，稼軒這些真知卓見且具體可行的兵學論著，卻從未真正被採用以印證。後世學者乃以其六百餘首之多，以豪邁見稱的詞作為研究主軸；甚少或僅附帶式的論及這些兵學論著，對研究中國兵學傳承的脈絡而言，殊為可惜。本論文則擬反其道以渠兵學思想為研究主軸，再以文學諸作對應兵學思想來相互呼應、印證；期能藉拋磚與獻芹之功，讓吾人能更進一步瞭解文能治國、武能克敵的稼軒。

基於以上的研究思路原則，本研究論文的研究範圍，以稼軒與兵學有關的奏策、議論文章為主軸，詞、詩為輔以佐證旁引之；以此推論，即以《美芹十論》、《九議》、〈論阻江為險須藉兩淮疏〉、〈議練民兵守淮疏〉、〈論荊襄上流為東南重地〉等奏議為主，而「以事入詩、詞」中與其兵學思想、報國之志、抗金作戰等相關的軍事文學創作為輔。

第四節　研究方法

前言本文係以「……不為具體的兵學內容所限，是透過兵學本身，著重發掘其文化意識內涵、思維特色與人文睿智。……」的思路來做研究，在「體現兵學特點的"雕弓寶劍"和"殘鉞折戟"」外，冀能「看到更多的東西卻是藏在其背后的中華民族的人文意識及它所代表的文化底蘊。」〔註11〕所研究的對象不純是稼軒的兵學理論，而主要是稼軒的兵學文化意識。因此，研究從認識宋朝整個大環境的政軍背景開始，近縮到南宋前期高、孝、光、寧四朝政軍的

〔註10〕見引王兆春《中國歷代兵書》，頁 23，北京：商務印書館，1996 年 12 月 1 版 1刷。

〔註11〕同注 9。

探討，再緊縮至影響稼軒所身歷的政軍實況；接著以稼軒悲壯坎坷的一生向上繫聯環境背景，最後歸結到「軍事文學與兵學思想」的論文主題。如此以循序漸進的方法，從環境到情境，由廣遠而切近；從大時代的環境背景，縮影到個人身歷其境的情感抒發，以探討稼軒所呈現文學作品與兵學思想的時代特色。

　　筆者沒有特別去鑽研、使用什麼"研究方法"的理論與名詞，只就多年來對中國文學與兵學思想的興趣而不斷學習、研讀中累積所得的知識，以最基本的思考、分析、歸納、整理與堆砌方式來呈現個人研究心得。在最早確立研究主題後，即開始著手文獻資料的搜集與閱讀；拜前述所謂家兄研究牙慧就近可拾之便，對研究稼軒相關文獻資料的獲得，本來就較容易與豐富。加以兩岸近年來在文化、學術交流頻密，大陸學者的研究資料也很容易取得，因此更豐富了相互比對研究成果的利機。當然，也因為如此而相對增加了更多研讀與研究分析的時間。茲簡單就各章研究寫作的脈絡與歷程，直陳如次：在第二章時代背景部份，個人以為它是研究兵學思想最根本、最重要的基礎；因此特就與兵學有關的軍政、戰史部份，加強分析論述。第三章稼軒的生平，則綜採鄭騫先生、鄧廣銘先生的兩本《辛稼軒年譜》與蔡義江、蔡國黃的《辛棄疾年譜》為經，比對整理兩岸各學者的研究為緯；就本論文研究主題的需要，摘錄稼軒從成長、起義、遊宦到退隱的一生。第四章稼軒的武功與政績，則延續上章加強論述稼軒生平的重大事蹟，以強化對渠軍事文學與兵學思想研究的基礎。第五、六章則進入本論的主題，對稼軒的軍事文學、兵學思想作通盤、精要的呈現。另以編年方式把稼軒一生的重要紀事、著作製作年表，並將其年代的重大時事對列於後，俾可更方便比對查證。總而言之，整篇論文是以彙整兩岸各學者對稼軒研究的豐富資料中，擷取兵學相關的研究所得；再加上個人對中國兵學的鑽研心得，相互比較論證而成。

第五節　名詞釋義

　　稼軒軍事文學與兵學思想為本文論述主題的精華，因此首先要釐清軍事文學與兵學思想的義含。

（一）軍事文學

「軍事」乃兵戎之事、軍旅之事，即用兵的一切事情；〔註12〕而戰爭只是

―――――――――――――――――――――――――――――――――

〔註12〕任昭坤《中國軍事文學史》〈緒論〉更明確的指出「軍事是以準備和實施戰爭為

其中的作戰行動。「文學」是人類情感的抒發，是一種社會意識形態，是當時代社會生活的反映。「軍事文學」又稱軍旅文學、軍事題材文學，西方慣稱戰爭文學（war literature），是一個按所表現的題材內容分類的文學概念；是以呈現軍事戰鬥、軍隊生活及人們對戰爭的態度和情緒反映等爲主要內容的文學作品。「軍事文學」反映的是關係國家安危和人民根本利益的爭戰，而非江湖俠士間的打鬥；是戰爭中運用戰略、戰術的描寫，是以戰爭爲背景的軍人生活反映與民情寫照，而不含雖在戰爭背景下不涉及戰爭的兒女私情、民情等其他社會生活的作品。可涵蓋先秦諸子以來反映軍事爭戰的文學散文，但不包含專論部隊訓練、裝備技術、佈陣戰略與戰術戰鬥等具體軍事知識的著述。

（二）兵學思想

不同於西方以戰爭理論對軍事研究的稱呼，我國傳統概以「兵學思想」這個名詞用來代表研究論述軍事上的學問。何謂「兵學」？《說文》：「兵，械也。」段注：「械者，器之總名；器曰兵，用器之人亦曰兵。……」後人衍義：泛指武器、軍隊、戰爭、戰術或以武器傷人、陰謀破害、恐怖攻擊……等；因此，研究與戰爭、戰術、武器、軍隊或以武器傷人、破壞……等相關的學問，是爲「兵學」。「思想」是個人的心智活動，是透過思考而得的想法；是將個人行爲或就已知事物納入思維而產生意識的現象，是每個人認知經驗的心理歷程。中國傳統概念係以「心」來泛指主宰人類的大腦思維，而思想最早係用之於人類情境的思念懷想；此曹植〈磐石篇〉所謂「仰天長太息，思想懷故鄉」。之後在與西方理哲學相互交流、牽引過程中，有別於所謂「理論」、「哲學」的譯稱，乃以「思想」泛指主宰人類大腦的所有思維。

中心的社會運動，除作戰行動外，還包括武裝力量的組建和訓練、戰略戰術的研究和運用、武器裝備的研制生產和使用、戰爭物資的儲備和供應、國防設施的計畫和建造、後備力量的動員和組織等」。成都：四川人民出版社，1999 年。

第二章　時代背景

　　時代背景的認識，是歷來研究人物傳記、社會事故、風土文物等所必須先瞭解的；尤其對歷史、戰史事蹟的研究探討，更為必要先認識的基本條件。此大陸學者孫崇恩所謂：

> 要看一位詩人和作家在文學發展史上佔有什麼樣重要地位，我們不能不看他是在怎樣的社會環境中以怎樣的思想感情描寫復雜的心靈波動和生命歷程并創造藝術形象的。同時又不能不看他在文學藝術創作中，向時代、社會、人民提供了什麼樣的作品，以及他所提供的作品具有什麼樣的社會價值和藝術價值，這些作品在同時代人和後代人們中產生了什麼樣的影響。〔註1〕

辛棄疾的出生年代，上距北宋因「靖康之難」而亡十三年，下（死後）離元滅南宋約七十年；基本上是戰亂頻仍、災難深重、各民族間矛盾衝突尖銳的時代。也就是在這樣困阨不安的年代，才造就稼軒這麼一位文能治國、武能救亂的悲劇英雄人物。

第一節　趙宋王朝的軍政概況

　　宋代（西元 960～1279 年）一直給人有「積弱」、「偏安」的印象，是一個國防力量薄弱，外患頻仍，對敵忍辱求和，終至亡於外患的衰弱時代。探究其因，固由於北宋哲宗以後朝廷多為委屈求全的主和勢力所把持，與當朝

〔註1〕　孫崇恩等主編《辛棄疾研究論文集‧前言》，北京：中國文聯出版公司，1993年 2 月版。

皇帝多有懼事苟安與企圖保有既得利益的私心，而寧可委屈偏安的態度所致。更重要的原因，宋代開國所承繼的是唐末沿襲而來的藩鎮割據政局，這種政局基本的現象是國擅於將，將擅於兵；因此，後周恭帝宗訓元年（西元960年）的「陳橋兵變」、「黃袍加身」所開啓的趙宋王朝，正是藩鎮割據時代基本現象的呈現。爲免重蹈覆轍，趙匡胤在帝位稍定後，以「杯酒釋兵權」和平削藩的方式將兵權收歸中央；形成"將從中御"地集權中央、防止武人擅權專兵，使地方吏治、財政、兵權均操之於中央。一系列集權中央和防止武人擅權專兵的軍政措施，如「樞密院三衙統兵體（兵符出於樞密而不得統其眾，兵眾隸於三衙而不得專其制），使統兵權與調兵權分離」、「更戍法令兵不知將，將不知兵」、「募兵制造成了大部怯懦無力的軍隊」等，〔註2〕終而造成「國防武力積弱不振」的史實。再加以開國之前「燕雲十六州」即已歸遼所有，陰山、燕山、恒山等本爲中原北方的天然防禦軍事屏障盡失；而對內「田制不立」、對外屈辱賠款的歲幣不斷等，致使財政困頓。最後在遼、夏、金、元等接續不斷的外患中，結束了十八主〔註3〕凡三百一十九年的趙氏王朝。

宋代開國原以漢唐強藩的本性，挾以魏晉竊取的用心；趙匡胤能在陳橋以黃袍加身兵變成功，主要是五代的積弊所致，所以他知道處境的困紲，一開始就戒慎恐懼悱惻難安。在謀臣趙普的策畫建議下，首先上演以和平方式將兵權收歸中央的歷史事件"在酒宴上以榮華富貴誘逼石守信、王審琦等手握兵權的禁軍將領交出兵符，以節度使名號使之在朝充任散官"完成了將禁軍兵權收歸中央的第一步。接著以同樣的方式尋求解決節度使在外擁兵自重的問題。一方面將各州政事、司法、經濟等職權分離出來由文臣掌握，另一方面命各州縣挑選本部強壯士卒送到京城充任禁軍，直接著手削弱其軍事力量；再重演「杯酒釋兵權」故技，趁諸藩入京朝觀之際，以盛宴招待將之計留京城改任環衛官等其他散職，達到完全掌控全國兵權的目的。趙匡胤這不同於漢高祖、明太祖殺戮功臣的做法，以爵位利祿籠絡藩鎮與武功之臣，使之優處京師同享富貴；不但收攬人心而有利於政權和社會的穩定，同時也達到政治、軍事、經濟三大國脈，總歸於皇帝中央獨權之下的統治傳統。而這

〔註2〕《兵家文化面面觀》，濟南：齊魯書社，2000年3月一版一刷，頁193；喬國華〈杯酒釋兵權是怎麼回事？〉

〔註3〕十八主：太祖、太宗、真宗、仁宗、英宗、神宗、哲宗、徽宗、欽宗、高宗、孝宗、光宗、寧宗、理宗、度宗、瀛國公（帝顯）、端宗、帝昺。

傳統更成爲宋室不成文「強幹弱枝、重文輕武」的統治“家法”，雖然使藩鎮之禍不復存在；但卻形成「上重下輕、地方空虛無權無力」的現象。在中央設參知政事以爲副相，設樞密使分掌兵權，立鹽鐵、度支、戶部三司使分管財權，三者各不相知，而都直接聽命於皇帝；在地方上諸道設轉運使、提點刑獄公事，諸州置通判管軍政，以相監督，使武將不專領軍隊；如此地方勢力無法與中央抗衡，以致本末俱弱地影響整體國防武力。尤其軍事上由中央掌「發兵之權」與地方將帥「握兵之重」的分離，嚴重違背中國傳統兵學所強調「將在軍，君命有所不受」、「將能而君不御者勝」〔註4〕的用兵定律；這國防戰略上根本的錯誤政策，乃造成對外用兵屢戰屢敗結果的主因。但無情的戰火不會因苟安、妥協、輸貢、稱臣等委屈求全的作爲而停止，遼、西夏、金、元不斷外患的戰爭一直與宋室相始終。

宋太祖、太宗最初也不是沒有圖謀奮發的志氣，趙匡胤取得帝位後採先易後難、先南後北的方針，陸續平定荊南、湖南、後蜀、南漢、南唐；太宗趙光義接著收服吳越、漳、泉，最後在太平興國四年（西元979）攻滅宋遼緩衝區的北漢，完成統一中國南北大部份漢人統治區，結束了唐末五代的分裂局面。意氣風發的趙光義接著把進攻矛頭指向契丹，企圖一舉奪回被後唐叛將石敬瑭所出賣給遼國的燕雲十六州（今北京至山西大同一帶）；然而太平興國四年、遼景宗雍熙三年（西元986）在幽州地區宋、遼兩次大規模的激戰，宋軍都不幸敗績；從此，宋朝的君臣們失去了收復失土的信心，對遼作戰改採守勢戰略而不再主動出擊。而遼兵卻連年進兵南侵，直到眞宗景德元年（西元1004）蕭太后率軍直逼澶州（今河南濮陽）城下，賴宰相寇準力主眞宗御駕親征而穩住陣腳後；雙方訂下著稱青史的“澶淵之盟”，在宋室屈膝地逐歲輸幣銀十萬兩、納絹二十萬匹的條件下，暫時緩和了宋遼二十五年的戰爭。與遼國相呼應爲患北宋的還有西北党項族的大夏（宋稱西夏），宋夏的爭戰從眞宗太平興國七年（西元982）李繼遷聯絡蕃眾起兵反宋開始，至靖康二年（西元1127）金滅北宋而止；在一百四十餘年互有勝負的爭戰過程中，北宋仍被迫委屈求全地以歲幣、納絹換取和議的方式獲得妥協。

被金兵逼迫南遷後的宋室，雖然最初有韓世忠、張俊〔註5〕、劉錡、岳飛

〔註4〕　分見《史記‧孫子吳起列傳》、《孫子兵法》謀攻第三。

〔註5〕　後來因張俊變節與秦檜同流加害岳飛等忠良，有人改以之後的張浚代替之。
　　　　參見《中國經典兵書》中冊，頁1555；于汝波、李興斌主編，濟南：山東友

等四大名將的中興氣象；其後又有孝宗在上提倡銳意恢復國土的企圖，但終究難抵祖宗「強幹弱枝、重文輕武」的統治“家法”與主和派苟且偷生、樂而忘憂的偏安心態。從徽宗宣和七年（西元 1125）宋金結盟滅遼，金兵隨即轉而南下攻宋，開啓了宋金戰爭；直到理宗端平元年（西元 1234）宋元聯合攻滅金止。百餘年的宋金和戰，在軍政制度的謬誤、人主的庸弱無能、臣僚的謀事不臧與夫普遍性苟且偷生的心態、樂而忘憂的偏安心理等，南宋仍然延續以歲幣、納絹取得和議以苟存；尤有甚者是更卑躬屈膝的稱臣受封，而完全失去了自主的國家尊嚴。最後雖然故技重施地聯合蒙古滅金，但也歷史重演的開啓宋元四十多年的戰禍，終抵於亡。

第二節　南歸之前的軍政形勢

　　北宋與遼、夏爭戰期間，崛起於東北的女眞族在完顏部首領阿骨打（完顏旻）的領導下，整合各部族起兵抗遼而建立了金國；徽宗宣和七年（西元 1125）宋金結盟滅遼後，金太宗（完顏晟）隨即兵分兩路轉而南侵攻宋，一路由粘罕（完顏宗翰）攻打太原、一路由斡離不（完顏宗望）進取燕京，開啓了百餘年宋金和戰史實。斡離不在佔領燕京後，即長驅南下兵臨汴京；在情勢危急下，徽宗（趙佶）傳位給兒子趙恒（欽宗）。最初在軍民強烈要下，雖罷逐弄權誤國的蔡京、童貫集團，任用李綱輔政整軍禦敵而保住京城；然在宋廷猶豫不決、徬徨無策與金人詭譎多變的謀略下，縱有太原守將王稟等頑強抗敵與右相李綱的堅守挫金，但終究無力回天。尤其在各地勤王軍陸續到達的有利態勢下，欽宗爲向金求和，竟罷李綱向金謝罪而坐失先機。靖康二年（西元 1127）春東都汴京（河南開封）淪陷，徽、欽二帝等被擄北去，北宋宣告滅亡。五月，爲延續宋室朝脈，河北兵馬大元帥康王趙構（徽宗之子、欽宗之弟）即位南京（河南商丘），改元建炎，是爲南宋高宗。而生性怯懦、苟安偷生的高宗，竟在數個月後放棄中原自行退却，把作戰防線從黃河流域南撤至淮河一線；這一來不但失去恢復中原王業的先機，更使江南因失去黃、淮間的緩衝而必需隨時面對敵人直接入侵的威脅。而最初金兵確也一再乘勢揮軍南侵，甚至將高宗逼到海上逃難；〔註6〕直到紹興十一年高宗政權漸漸穩

　　　誼出版社，2002 年 10 月。
〔註 6〕高宗建炎三年（西元 1129）金兵長驅直入至臨安，高宗倉促乘樓船次定海縣

固，而金軍也自知其兵力有限，無法一氣鯨吞整個中國，雙方達成了「紹興和議」（次年和議生效，史亦稱"壬戌之盟"），才暫緩金兵推翻趙氏政權的企圖，雙方在互有勝負下和戰百餘年。

靖康元年十一月，康王趙構奉欽宗之命出使金廷請和，途中適遇「靖康之變」，才免與皇室宗眾同遭北擄，而得以獲擁立成為南宋第一位皇帝，以續宋祚。北宋亡後的政治權力，因皇室全體成員皆被捕北送，表面上似乎陷入真空狀態與混亂局面；然而其支配體制與機構並未被完全破壞，更未失去各地效忠的臣子、兵將。且金軍自燕京（北京）、雲中（大同）一路殺到開封京城，雖對宋室中樞造成致命一擊；然而僅在軍事上構成點與線的支配，並未全面控制河北、河東（山西）地區。因此，高宗雖即帝位於惶惶不安的政局中，仍然得以在恢復權力中樞、整頓正規軍收掌軍事權，與士大夫、官僚階層的強力支持下；對金的軍事侵略採相對的因應作為，而穩住政權，並與金建立安定的互動關係。可惜的是，高宗仍追從宋朝祖宗所立的不成文"家法"〔註7〕，急於恢復中央集權的體制並確保帝位；因而對金軍的用兵以"偏安求和"為主要政策，無視於南渡之初，朝廷內有李綱、宗澤等棟樑之材，外有韓、張、劉、岳四大名將等所共同塑造的中興氣象。不但放棄恢復中原的良好契機，甚至為求得與金的和議與收掌兵權的需要，竟不惜壓抑、掩殺中興名將的，更教有志之士為之氣結。此誠如杜呈祥先生研究所指：

> 客觀形勢上，南宋的君臣們，並不是沒有收復失地的力量與機會，只因為宋高宗私心滔滔，害怕被擄的徽欽二宗放還，會奪取他的帝位；又害怕武將有了大功，會重演藩鎮之局，於是有可用之將、可用之兵與可以收復失土的機會，都棄而不用，一味聽信秦檜之言，與敵人言和……他有變更北宋的軍政制度和刷新政治風氣的機會，他卻一味顧念個人的權力地位，忍心委棄失地於不顧，殺大將、抑士氣，安於作金人的臣下，斷送了民族復興的生機，他不但是宋室

〔註7〕 據筆本棟研究指出：高宗即位之初為動員各種力量抵禦金軍的入侵，曾顧不得"家法"而「募河東、河北忠義之士能保有一方或力戰破敵者，授以節鉞，餘賞有差」，並在宋與金、齊的邊境上設置鎮撫使，分化和抵抗金兵的南侵；另令諸路將帥平定和收編大江南北的義軍、潰兵等小股武裝力量，鼓勵其招兵買馬，賦予其特權，高懸賞格，以抵抗金兵。後隨南宋朝廷立腳漸穩，境內民變與潰軍的擾亂漸被平定後，便又重回祖筆所奉守猜忌和抑制的家法了。《辛棄疾評傳》，南京大學出版社，1998年12月版。

> 而逃：事見《宋史·高宗本紀第二十五》。

　　的罪人，也是民族史上的一個最可痛恨的民族失敗主義者！〔註8〕
杜君所言或許過於激烈，然而南宋當朝乃「爲保障既得利益，寧可委屈求全」，
卻是古今學者一致的見解。〔註9〕就連正史上也記載高宗趙構曾說：

　　　　講和之策，斷自朕志，秦檜但能贊朕而已，豈以存亡，而渝定議邪？

其末論曰：

　　　　顧猶迫於敵鋒播奔而南，無異泛梗；竟定都浙西，棄天下之半與仇
　　　　爲和。何其巽懦不自振也。……〔註10〕

另《宋史·高宗本紀》贊亦云：

　　　　當其初立，因四方勤王之師，內相李綱，外任宗澤，天下之事宜無
　　　　不可爲者。顧乃播遷窮僻，重以苗、劉群盜之亂，權宜立國，确乎
　　　　艱哉。其始惑於汪、黃，其終制於姦檜，恬墮猥懦，坐失事機。甚
　　　　而趙鼎、張浚相繼竄斥，岳飛父子竟死於大功垂成之秋。一時有志
　　　　之士，爲之扼腕切齒。帝方偷安忍恥，匿怨忘親，辛不免於來世之
　　　　誚，悲夫！〔註11〕

似此論斷，已成共識。

　　康王趙構在軍政風暴中，經元祐皇后（祖母）的宣佈授位而成爲南宋第
一個皇帝，權位取得本有一些爭議；加以即位之初所面臨的是——金人將政
權中樞的皇室成員全部擄北，並扶植建立傀儡政權（僞楚張邦昌、僞齊劉豫）
以瓜代，遂使現實王朝的徹底滅亡；因此，高宗根本無法指望所繼承政權的
實力以抵抗金人的追擊。軍事武力方面，朝廷所賴以衛戍的主力——禁軍，
在開封包圍戰後完全崩潰，潰兵餘卒成了「兵匪」流浪到江淮之間；而賴以
在外抗金的各路勤王軍（義勇兵），隨著北宋的滅亡而無所歸屬，流散各地。

〔註8〕　杜呈祥《辛棄疾評傳》，正中書局印行，1979年9月臺五版，頁4～5。

〔註9〕　此一見解，歷來文史研究學者多所主張；如明文徵明詞「豈不惜，中原蹙，
　　　　且不念，徽宗辱！但徽欽既返，此身何屬？千載休談南渡錯，當時自怕中原
　　　　復。笑區區、一檜亦何能？逢其欲。」（《詞統·文徵明·〈滿江紅·題宋思陵
　　　　與岳武穆手敕墨本〉》下闋）可爲代表說明。

〔註10〕　以上並見明柯維騏《宋史新編》卷十〈高宗本紀〉，新文豐出版公司，1974
　　　　年11月初版，頁36、38。另《建炎以來繫年要錄》卷一七二，紹興二十六年
　　　　三月丙寅條，「詔書稱：『是以斷自朕志，決講和之策。故相秦檜但能贊朕而
　　　　已，豈以其存亡而有渝定議耶。』」意同而文字稍有出入。

〔註11〕　《宋史》卷三十二〈高宗九·贊〉，見楊家駱主編，鼎文書局印行，《宋史一》，
　　　　頁168。

此外，各地原有的民兵經當地土豪編組成地方自衛武力，一時間出現各種性質互異的軍事勢力，造成軍事上一片混亂。之後在有實力的軍事領導者號召、整理下，漸次集結成爲所謂的「家軍」〔註12〕體制；然而各家軍之間不但沒有連動性，反而形成各自獨立並相互牽制的關係，就連與朝廷（皇帝）之間的關係亦復如是。是以南宋政權誕生後，高宗所面臨的主要政治課題是：對外如何減輕金軍入侵的戰爭壓力，建立安定的互動關係；對內收攬人心，整合諸政治勢力向繼承政權靠攏支持，並承襲「家法」將軍事力量收歸全由皇帝統制掌控。這些課題在高宗專任權相秦檜，壓抑、誅殺抗金名將，於紹興十一年與金廷達成和議後，南宋政權漸趨於穩固而得到解決。接下來的課題則是，要如何調解北地南來的官僚、地主、士大夫階層等，與江南原住民地主群等階層間的矛盾衝突與相互傾軋；江南地域及南宋政權內部各種反亂的收拾、鎮壓，與重整紊亂的統治機構，尤其是朝廷與地方間繫聯關係的回復。而這些問題也就使稼軒南來歸附效力南宋朝廷之後，一直陷身於被歧視、排擠與惡意打壓之中，以致抑鬱而終。

對峙的金朝也好不到那裡去。在立國君主完顏阿骨打銳意圖強，與其後金太宗遣粘罕、斡離不、兀朮（完顏宗弼）……諸將的武力經營下，先後消滅遼國、北宋等；並據有黃河、淮河以北之中原精華山河，與南宋隔淮對峙。然而，金朝在此方一系列種族歧視政策的統治作爲，很快的造成佔領區漢民反壓迫抗暴的掣肘；加以其內在統治權位惡鬥的消磨〔註13〕，與夫「朝廷用事之人雜以契丹、中原、江南之士，上下猜防，議論齟齬……」〔註14〕的內耗等；外有京華歌舞的迷醉，權力傲慢的腐蝕。對南下軍事統一大業，在兀朮與海陵王（完顏亮）先後兵敗北撤；亦多採消極苟安的態度，而以既得的利益爲滿足，意主講和。金、宋雙方就在這種均消極求安的態度下，隔淮河流域軍事對峙近百年，直到先後亡於建立大元的蒙古王朝。

〔註12〕《建炎以來繫年要錄》卷一三七，紹興十年七月乙卯條：「今日之兵，隸張俊者則曰張家軍，隸岳飛者則曰岳家軍，隸韓世忠者則曰韓家軍；相視如仇讎，相防如盜賊。」〔宋〕李心傳撰。臺北：臺灣商務印書館，民國64年（四庫全書珍本別輯）

〔註13〕以宗室內亂，海陵王完顏亮弒主（亶）事爲最；其後亮亦在執意南向用兵時，金世宗趁機奪權，而亮爲部屬所殺。（參見徐漢明《稼軒集・美芹十論・審勢第一》所述，臺北：文津出版社，民國80年6月初版）

〔註14〕同前註，頁299。

第三節　置身南宋的軍政環境

南宋與金朝雖歷百餘年的和戰，然而眞正大規模的激戰爲數不多；較大的接觸可歸爲四期次：（一）建炎元年（西元 1127）金兵趁勢追擊高宗政權，一直到紹興十一年（西元 1141）岳飛被害雙方達成和議。在高宗對內收掌兵權、統一軍隊編制穩定政權，對外阻卻了金兵的江南侵略行動，改變金人消滅趙宋的企圖後，南北均衡共存的形態得以出現。（二）金主海陵王完顏亮在弒主（金熙宗）自立，經過內部一番誅殺鬥爭後，於紹興三十一年（西元 1161）執意揮大軍南侵，在采石兵敗內訌被殺後金軍北歸。南宋方面，甫繼帝位的孝宗蓄意奮發，亦趁勢揮軍北伐，然於隆興元年（西元 1163）符離兵敗銳氣頓挫，待隆興和議成，雙方又暫息金鼓。（三）寧宗開禧二年（西元 1206）韓侂胄弄權，爲轉移內部的矛盾，趁新興的蒙古攻金之際，舉兵北伐；在準備不足的情況下，才一交兵宋軍立呈潰勢，嘉定元年（西元 1208）重訂和議而暫止。（四）嘉定十年（西元 1217）至理宗紹定六年（西元 1234），在南宋與蒙古遠交近攻的夾擊下，金帝自殺，金朝滅亡。

稼軒在金主完顏亮大舉南侵之際，號召組織義軍抗金，隨後並歸附聲勢較大的耿京爲掌書記；紹興三十二年（西元 1162）奉表南歸時，因北方張安國等兵變而投效南宋。然被目爲「歸正北人」的稼軒最初僅獲任命爲江陰簽判的小官，而面對的是前文所述「北地南來的官僚、地主、士大夫階層等與江南原住民地主群等階層間的矛盾衝突與相互傾軋」所必然招致的歧視、排擠與打壓；這當然也和高宗朝廷本無積極圖謀恢復之志有關。繼高宗而起的孝宗趙昚，爲太子時即有恢復之壯志，即帝位後便相繼召回被秦檜貶黜在外的主戰派大臣胡銓、王十朋、辛次膺等，並任用主戰派的張浚爲相，表現出積極圖謀恢復中原的作爲；然而由於內部主和、主戰的政爭不斷，領軍各將帥互信不足、猜忌爭功而無法有效聯繫支援；以致在宿州符離之役敗戰後，主和派再度抬頭，加以孝宗患得患失的猶豫心態，又走入與高宗相似"主和求全"之路。此後，迄南宋覆亡，便一直爲朝廷應付外來武力威脅的主要政策。在稼軒晚年，朝廷所吹起一陣圖謀恢復的疾風，究實也不過是權相韓侂胄爲轉移內部政爭的矛盾，及鞏固個人政治權位的一種手段；最後還是在作戰形勢出現轉機的時候，被禮部侍郎史彌遠密謀殺害，并函其首以向金求和而終止。

胸懷恢宏大志兼備文韜武略投身南宋的稼軒，在所任各職期間本也是很積極努力而有所作爲的：滁州救荒於絕境、敉平茶商之造亂、江陵盜亂之整

治、創建地方自衛武力（飛虎軍）、潭州荒難之賑濟、整頓福建備安庫等等，都是他輝煌軍、政事功的呈現。但這些都無法抵擋朝廷上下對「歸正北人」的歧視、排擠與戒心，以致四十多年羈旅江南的生涯，泰半是被冷落賦閒的。孝宗時連續任職的近二十年間，竟被貶擢無常的更換了十多個職位（按：不久任一職實亦宋代軍政的不成文家法），且多非與其恢復大志相關的職務。光宗朝，年過半百被拔擢於福建復出，而朝廷內外客觀的環境並沒有太多的提昇、改變；以致才三年的時間，又被奏劾而匆匆落職。及至晚年，整個客觀環境愈益沉淪，以安享太平爲渾穆之王風，以恢復中原爲戰爭之霸術；在這種狀況下，稼軒雖被權謀的韓侂胄推舉出來作爲出兵金朝的標竿，但恢復卻已絕無成功的可能。而這時稼軒洞悉時機背景的改變，知已不能貿然行事而提出明睿的建言；還是在政爭的風暴中，被當成馬耳東風。朝廷倉促而草率用兵的結果，最後還是屈辱的議和了事。

　　綜上所述，宋室南渡以後，一方面或由於金國內部政局的多變，金人無暇也無力南下滅宋；另一方面從高宗、秦檜集團開始堅執和議無意恢復，並爲維護統治權力、秉承祖宗家法收回諸將手中兵權，益使客觀的恢復形勢捉襟見肘。加以北宋末年以來士風的日趨委靡頹敗，更使恢復志業窒礙難行；遂使宋、金兩國之間必然形成一種長期對峙，誰都無法吞併誰的局面。正因這種對峙局面長期存在，乃使南宋一代，任何有志恢復大業的努力，都必然歸於失敗。這是我們在研究、評價稼軒時，所必需首先瞭解的史實。

第三章　稼軒的生平

　　稼軒的生平，前人論述已多，惟均大同小異，少見週詳完備之作。本文
光以世系簡述、總論，再以南歸之前、游宦生涯、帶湖閒居、七閩復職、瓢
泉閒居、晚年復職等六個階段來探討稼軒的一生，期能藉由更細密的探研，
準確獲知稼軒各不同階段的環境背景、交遊情形、人生體驗與心思、志向等，
俾作爲探討稼軒軍事文學創作與兵學思想闡發的背景依據。

第一節　世系簡述

　　辛棄疾（西元 1140～1207 年），原字坦夫，後改字幼安；曾自號“六十
一上人”〔註1〕，又自號稼軒居士，死後追諡忠敏。其先祖維叶官至大理評事，
由隴西狄道遷山東濟南，遂世爲濟南人。高祖師古爲儒林郎，曾祖寂任賓州
司戶參軍，祖贊歷任金朝散大夫、隴西郡開國男、亳州譙縣令、知開封府、
贈朝請大夫，父文郁贈中散大夫。在辛氏家族中，唯祖父辛贊的官位較顯；
然卻是在淪陷區的金國，爲護持家業而無奈的仕宦。〔註2〕

　　稼軒自幼成長於淪陷金朝統治的山東濟南，承祖訓，志切國讎，深曉金

〔註1〕　〔元〕王惲《秋澗集一百卷・辛殿撰小傳》「初，公在此方時，與竹溪賞游泰
　　　　山之靈岩，題名曰：“六十一上人”，破“辛”字也。至元二十年，予按部
　　　　來游，其石刻宛在。」（景印文淵閣四庫全書）；〔明〕朱珪《名蹟錄六卷》卷
　　　　六〈印文集考跋〉條亦載：「辛稼軒印曰“六十一上人”，又以破其姓文。」
　　　　（四庫全書珍本三集）
〔註2〕　此稼軒於《十論》序文中所言「大父臣贊，以族眾拙於脱身，被汙虜官，留
　　　　京師，歷宿、亳，涉沂、海，非其志也。」

國形勢及兵學謀略；及長乘時於高宗紹興末年南歸效命宋室，初寓居京口，宦遊近二十年後，於孝宗淳熙中營室江西上饒縣城北靈山門外之帶湖（始自號稼軒居士，有躬耕於是之意）；寧宗慶元二年帶湖居宅燬於火，遂徙居鉛山縣期思市瓜山之下，卒後葬於縣南之陽源山，後世遂以鉛山爲籍。母系未詳。妻范氏〔註3〕，河北邢臺人；左宣教郎鎮江通判范邦彥（子美）之女，忠訓郎公安縣令范如山（南伯）之妹，去世應在稼軒之後（以無悼亡之詩文合理推論）。育子九人：稹、秬、椊、穮、穰、稏、秸、襃、鼉（早殤），有名曰鐵柱、嵩者，不知各爲某子之乳名。女至少二人，婿陳成父（字汝玉，福建寧德人）、范炎（字黃中，如山長子）；有名潭者，不知爲某女。侍妾可考者六人：名整整、錢錢、田田、香香、卿卿、飛卿等。記載所見兄弟輩有兩人：祐之是族弟，茂嘉十二弟則不知是何種親戚關係。〔註4〕

第二節　南歸之前

　　高宗紹興十年、金熙宗天眷三年五月十一日（西元 1140 年 5 月 28 日）卯時，稼軒出生在金朝統治之淪陷區——山東濟南府歷城縣的四風閘。〔註5〕父早逝，賴祖父辛贊撫養長大，據其上奏《十論》最前的〈序文〉云：

> 臣之家世，受廛濟南，代膺閫寄，荷國厚恩。大父臣贊，以族眾拙於脫身，被汙虜官，留京師，歷宿、亳，涉沂、海，非其志也。指畫山河，思投釁而起，以紓君父所不共戴天之憤。嘗令臣兩隨計吏抵燕山，諦觀形勢，謀未及遂，大父臣贊下世。

從這一段自敘中，我們可以理解：稼軒嚴華夏夷狄之辨的「報國」意志，是在投歸南宋的青壯年前，祖父辛贊從小鞠養造就孕育而來；並成爲其終身奮鬥的志向。年少時，在異族統治壓迫之下的痛苦環境中成長，加以祖父的銳意培養，「恢復中原」遂成爲其終身堅持奮鬥的目標。至於後人傳記所稱「其與黨懷英爲前途著草占卜，辛得“離”卦，遂決意南歸」之說〔註6〕，實屬茶

〔註3〕 或謂高宗紹興 32 年成婚（見鄧廣銘《辛稼軒年譜》，頁 29），或謂結褵於孝宗乾道 5 年（見蔡義江、蔡國黃《辛棄疾年譜》，頁 63）。

〔註4〕 以上并參見鄭騫《辛稼軒年譜》與鄧廣銘《辛稼軒年譜》。

〔註5〕 見喻朝剛《辛棄疾及其作品》，大陸時代文著出版社，1989 年 3 月一版一刷，頁 9。

〔註6〕 《宋史·卷四○一》「少師蔡伯堅，與黨懷英同學，號辛、黨。始筮仕，決以者，懷英遇坎，因留事金；棄疾得離，遂決意南歸。」

餘飯後閑談之資，不足採信。

　　在淪陷區成長的稼軒，也曾循科考功名的途徑，參加地方、中央的科舉考試；然而或許早已心存「驅逐韃虜、恢復中華」的異志，因此雖與党懷英同窗師事劉喦老（瞻）、以詩詞謁蔡光和少師蔡松年等，〔註7〕並有「辛、党」才名俱揚的事實；然而終未在科考上經營以成就事業，與党懷英致仕於金朝大異其趣。是以雖在金海陵王貞元二年（西元 1154、高宗紹興二十四年）、正隆二年（西元 1157、高宗紹興二十七年）兩次到京參加科考，均赴燕山"諦觀形勢"，探聽金軍虛實，爲後來起事預做準備；乃於廿二歲那年（南宋高宗紹興三十一年、金海陵王正隆六年、西元 1161 年）乘金海陵王完顏亮興兵南侵之際「投釁而起」，于山東濟南號召組織二千多人之游擊隊起義抗金。稍後爲統合抗金力量，無私地舉所部歸附農人背景的山東忠義軍首領——耿京〔註8〕，而受委以掌書記之職。此其間並有「因規勸聚眾千人起義之舊識僧義端歸附耿京，在義端一夕竊印叛逃時，獨自追斬其首以歸報」的壯舉，而有被喻爲「青兕」的事蹟。〔註9〕是年十一月虞允文敗金兵於采石磯後，完顏亮被內訌的部下所弒，金軍北還。十二月耿京在接受稼軒「決策南向」的建議後，遣派諸軍督提領賈瑞并同稼軒等隨從十餘人奉表南渡聯宋。次年（紹興三十二年、西元 1162）春正月一行抵建康時，高宗正在建康勞師，獲召見並嘉納之。朝廷正式任命耿京爲天平軍節度使，賈瑞爲敦武郎閤門祇候；稼軒則被授爲天平軍節度掌書記，補右承務郎。然而在隨京東招討使李寶所遣統制王世隆齎官誥節鉞北返傳達朝

〔註7〕　稼軒幼年隨祖父宦遊，與党懷英同學於劉瞻（喦老），才名俱揚，人稱「辛党」。正史所記兩人均師事蔡伯堅（松年）之說，以蔡爲金朝顯宦及金代文壇上享有盛名的詞作家之背景；或係辛、党赴京參加科考時，或有"以詩詞參請之"請謁就教之舉。另「大約在金熙宗皇統六年（1146 年）辛贊任譙縣令時，跟隨祖父在身邊的辛棄疾，開始從亳州劉瞻問學。……劉瞻爲海陵天德三年（1151 年）進士…則劉瞻當于此年赴官，離開亳州；辛棄疾師從劉瞻，最晚亦當止于此年…」（鞏本棟《辛棄疾評傳》，頁 35、37～40）

〔註8〕　據《三朝北盟會編》卷二四九所載：濟南農民耿京「怨金人征賦之騷擾，不能聊生」，聯絡李鐵槍、賈瑞等招募兵馬，很快發展到幾十萬人，據有鄆州、兗州等地，自號天平軍（鄆州）節度使，節制山東河北忠義軍馬軍。

〔註9〕　以上並見《宋史・卷四○一》：「金主亮死，中原豪傑並起。…僧義端者，喜談兵，棄疾間與之遊。及在京軍中，義端亦聚眾千餘，說下之，使隸京。義端一夕竊印以逃，京大怒，欲殺棄疾。棄疾曰：『匀我三日期，不獲，就死未晚。』揣僧必以虛實奔告金帥，急追獲之。義端曰：『我識君眞相，乃青兕也，力能殺人，幸勿殺我。』棄疾斬其首歸報，京益壯之。」

廷旨意，抵海州時，聞知北方有叛將張安國、邵進殺耿京降金之變；稼軒乃約同統制王世隆、忠義人馬全福等，以五十騎直入金兵五萬人大營中，生擒叛將張安國等，獻俘臨安，斬之於市；遂投身歸附南宋朝廷為之效命。仍授前官，改差江陰簽判。〔註10〕

　　在飽受異族統治壓迫中的青少年時期，稼軒於祖父「指畫山河，思投釁而起」〔註11〕的感召下，素負恢復中原的志節；稍長奮舉義旗勇敢無畏的投身抗金的實際行動，及勇武劫營殺敵的事蹟，在後來的詞作中，時有緬懷的作品出現。例如在〈水調歌頭〉（舟次揚州，和楊濟翁、周顯先韻）、〈阮郎歸〉（耒陽道中為張處父推官賦）中追憶當年奔馳抗金戰場的英武氣慨──「誰道投鞭飛渡，憶昔鳴髇血污，風雨佛狸愁。季子正年少，匹馬黑貂裘。」、「揮羽扇，整綸巾。少年鞍馬塵。」；〈鷓鴣天〉（有客慨然談功名，因追念少年時事，戲作）中描述馳馬渡江突入金營生擒叛將的情景──「壯歲旌旗擁萬夫，錦襜突騎渡江初。燕兵夜娖銀胡䩮，漢箭朝飛金僕姑。」；〈滿江紅〉（江行，簡楊濟翁、周顯先）中述說當年行軍所經的山川溪谷──「過眼溪山，怪都似舊時相識。還記得夢中行遍，江南江北。佳處徑須攜杖去，能消幾緉平生屐。笑塵勞三十九年非，常為客。」；以及到晚年登臨京口北固亭懷古遙望時，還記憶猶新的「烽火揚州路」（〈永遇樂〉）等等，都是稼軒這一段人生歷程的真情寫照。

第三節　游宦生涯

　　稼軒投歸南宋後，最初僅獲差任「江陰簽判」之職，而部眾萬餘人，則被當作南下的流民而散置在淮南各州縣。〔註12〕簽判是幕僚職，相當於掌理文卷的秘書，而當初投效他們起義抗金的部眾，又大都是為反抗異族統治、

〔註10〕鄭騫《辛稼軒先生年譜》參錄《宋史本傳》、《續資治通鑑》云：「耿京遣賈瑞奉表歸宋，瑞曰：『若到朝廷，宰相以下恐有詰問，不能對，願得一文士偕行。』乃遣稼軒與瑞同率七八千人南渡。……閏二月，張安國邵進殺京降金。時稼軒還至海州，與眾謀曰：『我緣主帥來歸朝，不期事變，何以復命！』乃約世隆及忠義人馬福全等，徑趨金營。安國方與金將酣飲，即眾中縛之以歸；金將追之不及，獻俘臨安，斬安國於市。…」

〔註11〕見《美芹十論·前序》

〔註12〕鄧廣銘《稼軒詞編年箋注·略論辛稼軒及其詞》云：「南宋政府從來就是害怕抗金義兵的，辛稼軒『壯歲旌旗擁萬夫』而南下之後，首先便被解除了武裝，稍後又被派往江陰軍去做簽判；他部眾萬餘人，只被當作南下的流民而散置在淮南各州縣當中。」見《稼軒詞編年箋注》，頁25，上海古籍出版社，1993

恢復漢制而賣命，才跟隨南來的；是以南渡後所遭受的這些際遇，對銳意抗金、企圖在沙場上收復中原以建立功業的稼軒而言，是何等嚴重的壓抑啊！且從此時以迄孝宗淳熙八年（西元 1181）任兩浙西路提點刑獄使、遭臺臣王藺彈劾落職之廿年間，先後受任廣德軍通判（孝宗隆興二年、西元 1164）、建康府通判（孝宗乾道四年、西元 1168）、司農寺主簿（乾道六年、西元 1170）、右宣義郎出知滁州府（乾道八年、西元 1172）、江東安撫司參議官、倉部郎官（孝宗淳熙元年、西元 1174）、江西提點刑獄加秘閣修撰（淳熙二年、西元 1175）、京西轉運判官（駐襄陽，淳熙三年、西元 1176）、知江陵府兼湖北安撫使、遷知隆興府兼江西安撫使（淳熙四年、西元 1177）、召爲大理寺少卿、湖北轉運副使（淳熙五年、西元 1178）、湖南轉運副使、知譚州兼湖南安撫使（孝宗淳熙六年、西元 1179）、加右文殿修撰復差知隆興府兼江西安撫使（孝宗淳熙七年、西元 1180）等十餘職，〔註13〕均無法直接參與抗金復國之工作。而且職務更替頻仍，甚有不滿一年即遭替換，如：知江陵府兼湖北安撫使、第一次知隆興府兼江西安撫使、湖南轉運副使等；或重復任職，如：知隆興府兼江西安撫使。就算有「恢復兵燹破壞後的滁州舊治規模」（任滁州知府）、「奉命敉平湖北茶商賴文政之亂」（任江西提點刑獄）、「整頓鄉社艱困中創建飛虎軍」（任知譚州兼湖南安撫使）等可充份表現他政、軍專業長才的卓著績效，然猶不能得到朝廷的有效任用，還不斷地遭到循吏、政敵的惡意攻訐。如：敉平茶商之亂後，樞密院事奏云：「江西捕茶寇，眞是有功；行賞太濫，卻須核實。」創建飛虎軍時，樞院大臣又劾奏以「聚斂民財」而遭「降御前金字牌」勒停；最後甚至在監察御史王藺（謙仲）奏劾以「用錢如泥，殺人如草芥」，〔註14〕朝廷不察而落職。近人鞏本棟《辛棄疾評傳》云：

> 在他由江陰簽判而一方帥臣乃至其後多年的仕宦生涯中，宋廷似乎並未完全把他當作一家人，他在一些朝臣和士人心目中的歸正人和忠義人的特殊出身，以及因此而受到的一些或隱或顯的輕視、排斥和沮抑，又不能不如陰雲一般時時掠過其心頭，給他本就因恢復之

〔註13〕據汪誠《辛棄疾——慷慨豪放的愛國詞家》附錄〈辛棄疾簡譜〉彙整，幼獅文化事業公司，1990 年 11 月，頁 190～197。另參考鄭騫先生《辛稼軒年譜》，華世出版社，1977 年 1 月補訂一版。

〔註14〕以上諸事，均可參見鄭騫先生《辛稼軒年譜》所載。喻朝剛在《辛棄疾及其作品》中記王藺的奏劾，則引《西垣類稿·辛棄疾落職罷新任制》載以「指公財爲囊橐、視赤子猶草菅」。（頁 49）

　　志難展而憂愁痛苦的心靈，更抹上了一層陰影。這樣，憂纏畏譏，

　　隱忍怨艾，隨著辛棄疾南歸後地位的逐漸提高，也愈益成為其較明

　　顯的一種心態，直至他被劾退居。〔註15〕

可說是為辛稼軒這一段辛酸的人生歷程，作了最正確的註解。

　　滿懷壯志南渡投效宋室的稼軒，一直到被惡意彈劾而首次落職的近二十年期間，正是他一生中最寶貴、最精華的青壯年時期。豪氣干雲、志醫國仇而力圖恢復的他，竟無奈的遭到長期排斥、歧視與壓抑；然而畢竟在他一生中所表現的是儒家入世、修身治國之特質，因此今天吾人所見稼軒一生最輝煌的軍政事蹟、各種策論與兵學思想的著述，大都是集中在這一期間內所完成。就連結婚成家〔註16〕，與開始創作留名後世的詞作也是在這時期肇端〔註17〕。

　　高宗雖無視於諸將戰勝的事實仍執意委屈求和，但卻無法阻止金人南侵的企圖；遂於稼軒南歸之年，將帝位傳給太子（趙瑗、改名昚），是為孝宗。孝宗即位之初，也曾企圖改變屈辱偏安的局面；但宿州符離一敗，便又恢復主和的苟安態度。在這種政局、風氣下，位卑卻不忘憂國的稼軒，懷著一片赤誠忠心，仍不斷積極的為抗金復國奔走呼籲，勤獻策謀。首先在江陰簽判任上，即壓抑不住滿腔的激情，而冒然面陳用兵的策謀與計畫給當時都督建康、鎮江府和江州、池州、江陰軍軍馬的張浚；此據後來朱熹的轉述：「辛棄疾頗諳曉兵事，云"……某向見張魏公，說以分兵殺敵之勢。……"」〔註18〕可知。然而人微言輕的「歸正北人」之建言，當然不會被採納運用。符離敗戰，在朝野一片失敗主義籠罩的氛圍下，堅毅不屈的稼軒仍不隨波逐流；乾道元年（西元 1165 年）於廣德軍通判任內，不顧官低職微毅然將他留傳後世的兵學名著——《美芹十論》（《禦戎十論》）越職上書給孝宗。這一本可付諸實施的具體收復故國之兵謀策論，也同樣未被採納實行；但是從

〔註15〕鞏本棟《辛棄疾評傳》，南京：南京出版社，1998 年 12 月版，頁 123～124。
〔註16〕稼軒出任江陰簽判前後，結識先期南歸的愛國志士范邦彥，兩人以忠相知，言行相互契合；范氏遂以女兒妻之，稼軒便在京口結婚成家。後來稼軒又以女兒嫁予妻舅如山之子范炎，而成辛、范兩家三世姻緣。
〔註17〕據鄧廣銘《稼軒詞編年箋註》，稼軒詞作最早見於孝宗隆興元年寓於京口時所作的〈漢宮春〉（立春日）；而這一時期的詞作，綜整計有八十八闋之數。
〔註18〕見《朱子語類》卷一一〇〈論兵〉（宋黎靖德編、王星賢校點，臺北：中華書局，1986 年版）。另有學者以為，此時稼軒有上議「練民兵守淮」之策（見杜呈祥《辛棄疾評傳》，頁 24，臺北：正中書局，1979 年臺五版），此與《語類》所載「只有沿淮有許多捍禦之兵」相吻合；亦或是曾先進言於張浚之策謀。

之後孝宗的某些施政作為，可以看出還是有一些影響力。諸如：這一年春，任命主戰派的虞允文為副相兼同知樞密院事；命淮西、湖北、荊襄帥臣措置屯田；十一月，招收兩淮流散忠義人等等；都顯示孝宗并未完全打消恢復故土的念頭。對稼軒而言，則是在此之後漸被朝廷所理解其用兵的能力與恢復的志氣，對他日後施展恢復的夙願起了較積極的作用。乾道四年（西元 1168 年），升任對金作戰的戰略要地、也是主戰派心目中的遷都之地的建康府通判，給稼軒進一步展現能力和才華提供了很好的機會。嗣後在乾道六年（西元 1170 年）建康通判任滿回臨安述職，蒙受孝宗於延和殿召見；乃得以面陳其恢復方策而進呈〈論阻江為險須藉兩淮〉、〈議練民兵守淮〉兩疏，繼《美芹十論》的〈守淮〉、〈屯田〉兩篇，更詳細明確的論述其戰守策略。只是召對之後，稼軒僅被任命為掌管朝廷倉廩、籍田和園囿等事務的司農寺主簿。然而心存匡復的稼軒並不氣餒，仍接著向當時的抗金名相虞允文進呈他另一長篇論兵名著——《九議》；除加強對「宋、金雙方武力對比和優劣態勢的分析」、「聲東擊西以主力出兵山東」等《美芹十論》中主要的戰略主張，作更具體、詳細的論述外；更提出派遣間諜、策反金國將士及「除戎器、練軍官、修軍政、習騎射、造海艦」〔註19〕等一系列具體的強兵措施。更重要的是，他把恢復大事提升到"為社稷、為國家、為民生"的高度層級，而不只是"紓君父不共戴天之憤"、"思酬國恥"而已。力主恢復的宰相虞允文雖礙於整體情勢而無法即予採行，但也不得不重視這麼一位才堪復國的將才；乾道八年（西元 1172 年）春，便任命稼軒為可獨掌一州之治的滁州（安徽滁縣）知府。滁州在建康西北，更接近與金對峙的淮水線界，地處抗金前線，戰略地位非常重要；雖然經連年兵燹與天災的侵襲而呈現一片殘破荒涼的景象，老百姓顛沛流離無所依靠，但卻是稼軒首次獨掌一州而可以施展才能抱負的機會。而稼軒確也充份展現了他的治國長才，"寬徵薄賦，招流散，教民兵，議屯田……"等積極拯災救敝的作為，使原趨於死寂的荒城活絡了起來。淳熙元年（西元 1174 年）滁州任滿，調往建康辟任江東安撫司參議官；深受江東安撫使兼行宮留守的葉衡所欣賞器重，在葉衡入朝為相後的力薦下，於臨安蒙孝宗的再度召見，授任以倉部郎官，負責掌管全國倉儲出納的政令。登對劄子上〈行用會子疏〉。淳熙二年（西元 1175 年）四月，茶商賴文政在湖北率眾以武力反抗朝廷；轉戰延及湖南、江西、廣東等地，聲勢浩

〔註19〕見《九議·其七》。

大，朝廷爲之震驚。六月，稼軒以具作戰經驗的專才，遷任江西提點刑獄「節制諸軍，討捕茶寇」；〔註20〕閏九月，誘殺賴文政，茶商軍平。十月以功加秘閣修撰。淳熙三年（西元 1176 年）秋冬之交，調任京西路轉運判官。四年春，改知江陵府兼荊湖北路安撫使；十一月，因疏奏論處江陵駐軍統制官率逢原縱容部曲欺壓百姓事，改任隆興府知州兼江南西路安撫使。五年春，召赴臨安任大理少卿；夏秋之交，出爲荊湖北路轉運副使。六年三月，又改任荊湖南路轉運副使；秋冬之交，旋又改知潭州府兼荊湖南路安撫使。短短三年內，稼軒被一再更動了七個職務；除了是宋朝祖傳「文不久任」的政策所致外，更因稼軒以「歸正北人」的身份成爲「方面大吏」，受朝廷的器重；但他却剛直不避權貴，又不屑與官僚們同流，反而每每從基層的角度立場，爲他們著想並向上反映爭取權益。這一切作爲，當然不能被南方既得利益的官僚們所容忍；被讒陷排擠，是必然的結果。湖南安撫使任內，鑑於地方武裝暴動頻仍；爲安定境內社會治安，乃致力於整頓鄉社和駐軍。留名青史的湖南「飛虎軍」就在這種背景下，緣稼軒剛毅堅定而果斷的推動以成；遙隸朝廷的樞密院和御前步軍司，就近則專聽安撫使的節制和調度。日後更成爲一支雄勁的地方抗金武力，被畏憚的金人稱之爲「虎軍兒」。這同時，稼軒本於悲憫基層老百姓的初衷，向孝宗上奏〈論盜賊箚子〉；直言指出，地方盜亂係由於貪官污吏對老百姓殘酷剝削，使民不聊生乃鋌而走險所致。淳熙七年（西元 1180 年）冬，加右文殿修撰，差知隆興府兼江西安撫使；這時的江西境內因遭旱災，農作欠收、物價大漲而人心惶惶。稼軒乃以強硬的手段「閉糶者配，強糴者斬」整頓之，穩定了人心，並逐漸恢復社會秩序。淳熙八年（西元 1181 年）七月，以救荒有功轉奉議郎；十一月，改任兩浙西路提點刑獄。隨即因顯露的鋒芒刺激了腐敗官僚們，終於在監察御使王藺彈劾下，黯然落職。

對於南宋朝廷官僚們的排擠與讒陷，稼軒自知身處險境，在淳熙六年上奏〈論盜賊箚子〉中即寫道：「臣生平則剛拙自信，年來不爲眾人所容，顧恐言未脫口而禍不旋踵……」；〔註21〕因此也就在這一年，稼軒開始籌措避禍退隱的處所，著人買下江西信州（今江西上饒）城北帶湖之畔的一塊地，並著手營建房舍。帶湖新居將成時，稼軒寫下：

〔註20〕見《宋史‧孝宗本紀》。
〔註21〕徐漢明編《稼軒集》，頁 345，臺北市：文津出版社，民八十年六月。

三徑初成，鶴怨猿驚，稼軒未來。甚雲山自許，平生意氣；衣冠人
笑，抵死塵埃。意倦須還，身閒貴早，豈為蓴羹鱸膾哉。秋江上，
看驚弦雁避，駭浪船回。　　　東岡更葺茅齋。好都把軒窗臨水開。
要小舟行釣，先應種柳；疏籬護竹，莫礙觀梅。秋菊堪餐，春蘭可
佩，留待先生手自栽。沉吟久，怕君恩未許，此意徘徊。〔註22〕

在嘆平生意氣總歸塵土（或云惹得一身塵埃）之餘，更如避弦的驚雁、遇駭
浪的回船般，心悸於危機四伏的宦場；只是當時尚有君主加恩的官職責任在
身，恐怕不允許東岡葺齋、臨水開軒、小舟行釣、餐菊佩蘭……等優遊自在
的生活享受吧。淳熙八年新居落成，作〈新居上梁文〉：〔註23〕

百萬買宅，千萬買鄰，人生孰若安居之樂？一年種穀，十年種木，
君子常有靜退之心。久矣倦遊，茲焉卜築。稼軒居士，生長西北，
仕宦東南，頃列郎星，繼聯卿月。兩分帥閫，三駕使軺。不特風霜
之手欲龜，亦恐名利之髮將鶴。欲得置錐之地，遂營環堵之宮。

文章一開始便充份表現出對宦海浮沉的厭倦，道出對這近二十年來的感慨；
出生西北來東南仕宦，雖已位列卿帥，得到卻是「不特風霜之手欲龜，亦恐
名利之髮將鶴」的結果。乃有置地營舍俾做安身隱退之處所。接著：

雖在城邑闤闠之中，獨出車馬囂塵之外。青山屋上，古木千章；白
水田頭，新荷十頃。亦將東阡西陌，混漁樵以交歡；稚子佳人，共
團欒而一笑。夢寐少年之鞍馬，沉酣古人之詩書。雖云富貴逼人，
自覺林泉邀我。望物外消遙之趣，吾亦愛吾廬；語人間奔競之流；「卿
自用卿法」。

既然屬意退隱，便效法他所景仰「結廬在人境，而無車馬囂」的陶淵明；期
許自己也能和陶氏一樣，置身山野林泉，安享天倫之樂。只是在厭倦而思退
隱的背後，卻仍心繫家國，「拋東樑，坐看朝暾萬丈紅。直使便為江海客，也
應憂國願豐年。」、可惜「拋北樑，京路塵昏斷消息。人生直合在長沙，欲擊
單于老無力。」只能慨嘆心有餘而力不足了。

　　淳熙九年（西元 1182）春，這位素懷恢復大志的勇者，便在自許「以稼
名軒，自號稼軒居士，有躬耕於是之意」的心態下，來到帶湖新居，過著退
隱出林的生活。

〔註22〕〈沁園春〉（帶湖新居將成）。
〔註23〕同注21頁346～347。

第四節　帶湖閒居

　　落職之後的稼軒，在先前營繕的上饒帶湖新居，開始過著近似退隱閑居的生活。然而表面恬淡平靜，心中卻仍燃燒著志復國仇與關懷國事的烈火；此期間除了大量創作詞文以抒情明志外〔註 24〕，就是與志同道合的好友、名士酬酢唱和並討論時政，直至光宗紹熙二年（西元 1191）冬，復被起用爲福建提點刑獄使止。但不同於眞正厭倦政治、逃避現實而挂冠遁隱的士大夫，稼軒是在朝廷當權政客的壓迫之下而不得不退隱的；因此，雖有儒家「用之則行，舍之則藏」（《論語・述而》）、「窮則獨善其身，達則兼善天下」（《孟子・盡心上》）、「通則一天下，窮則立貴名」（《荀子・儒效》）達觀而瀟洒的態度，其實胸中卻是翻滾著熱情澎湃的浪濤；雖然退閑鄉居，卻時時不忘收復中原的大業。而這種矛盾的情境，也只能靠詩詞文章來抒發鬱壘，所謂「飽飯閑游繞小溪，卻將往事細尋思。有時思到難思處，拍碎闌干人不知。」〔註 25〕正是這種情境最佳的寫照。

　　隻身南來投效宋室的稼軒，雖即在同年與范氏結縭建立自己的家庭，但是接著近二十年的宦海浮沉，幾乎沒有閒暇體會家庭生活的溫暖；直到退居帶湖，才有較多的機會享受天倫之樂。當大醉歸來時，見倚門候歸的愛妻在窗壁題有戒酒的警語，窩心的寫出「欲覓醉鄉今古路，知處；溫柔東畔白雲西。起向綠窗高處看，題遍；劉伶元自有賢妻」〔註 26〕之語；而不必再慨嘆「倩何人喚取，紅巾翠袖，搵英雄淚？」〔註 27〕了。而當愛妻生病時，則焦急得不惜以愛婢贈醫者以換取治癒妻子的病痛；事後並作〈好事近〉以誌之：「醫者索酬勞，那得許多錢物？只有一個整整，也盒盤盛得。下官歌舞轉悽惶，臢得幾枝笛。覷著這般火色，告媽媽將息。」此外還有爲岳母、愛妻、子女等生日祈福的詞作，哭幼子早殤的文章（〈哭䵑十五章〉）等等；這些都是在退隱閑居後，才多所見到的有關家庭生活之作。

　　另外稼軒透過遊山玩水對大自然的歌詠、對田野鄉村的描述等，所呈現

〔註 24〕單就詞作而言，據鄧廣銘先生編年統計，在帶湖閒居的十年間（西元 1182 孝宗淳熙九年～西元 1191 光宗紹熙二年）共創作了 228 闋之多，佔了稼軒留傳近六百三十首詞作的三分之一強，亦爲各期之冠。

〔註 25〕〈鶴鳴亭絕句四首〉之一。

〔註 26〕《稼軒詞》四卷本乙集〈定風波〉（大醉自諸葛溪亭歸，窗間有題字令戒飲者，醉中戲作）。

〔註 27〕〈水龍吟〉（登建康賞心亭）。

山水、農村的另類詞風，也是在這同時大量的出現。根據後人研究所指的二十六首農村詞中，就有十六首之多是在這個時期所完成的。在記載山水方面，根據辛詞所見，有上饒東南的博山〔註28〕，是稼軒常來遊覽之地；山中有名為能仁寺者，更是稼軒經常駐足讀書的處所。還有上饒西南的鵝湖山，山麓有禪師所建的仁壽院（鵝湖寺），也是稼軒足跡常到；與好友陳亮著名的"鵝湖之會"，就是在這裡相見。此外還有上饒近郊的崇福寺，其西的黃沙嶺、雲洞，西北的葛溪，其南的西巖、期思，西南的南巖，以及鄰縣的玉山（今江西境）、永豐（今江西廣豐）等地；稼軒都留下許多寫景詠物的篇章。其對地方誌記的相關記載，也有佐證之功。

　　與好友的交往酬唱，是這個時期最重要的活動之一。因為在政壇上屢遭排擠打壓，最後以「用錢如泥，殺人如草芥」與「奸貪凶暴、虐害田里、憑陵上司、肆厥貪求」等駭人聽聞的虛構罪名被劾落職，"門前冷落車馬稀"本屬人間冷暖，庸俗勢利之徒避之猶恐不及亦屬平常；然而還是有許多秉持公理正義的理念、不隨世浮沉之朋輩往來相勉惕厲，所以彌足珍貴。也是在與這些好友同道交往酬唱中，稼軒矢志不移的恢復理念才藉以獲得抒發，抵消些許鬱鬱不平的塊壘。稼軒在帶湖閑居時的交遊，除少數知心朋友外，多數是任職信州與附地區的大小官員；他們以文會友相互酬唱贈答，對了解稼軒這時期的生活狀況與心思狀態，提供了豐富寶貴的文獻資料。舉其要者如：

一、韓元吉，字无咎，號南澗，河南許昌人，官至吏部尚書；北宋潁川韓維玄孫，南渡後徙家江西上饒。乾道中稼軒任建康通判，韓也正在建康任江南東路轉運判官，兩人皆力主恢復，故相識後關係極為融洽。只是稼軒退隱帶湖後五年（淳熙十四年、西元 1187）元吉便去世，兩人在上饒往來酬唱之詞作頗多，而主題盡繞在收復中原、統一祖國的共同志願上。巧的是大稼軒二十三歲的元吉，生日只差一天（五月十二日）；每年生辰之際，雙方總要在一地飲酒賦詞相互祝壽；賀詞上也盡是光復國土，重整大宋乾坤的共同理想。例如淳熙十一年雙方調寄〈水龍吟〉的賀壽詞：

　　渡江天馬南來，幾人真是經綸手？長安父老，新亭風景，可憐依舊。
　　夷甫諸人，神州沉陸，幾曾回首！算平戎萬里，功名本是，真儒事，
　　公知否？　　況有文章山斗，對桐陰滿庭清晝。當年墮地，而今試

〔註28〕鞏本棟《辛棄疾評傳》，頁 80 記云：博山古名通元峰，因山形似盧山香爐山，所以叫博山。

看：風雲轟走。綠野風煙，平泉草木，東山歌酒。待他年整頓，乾
坤事了，爲先生壽。（稼軒甲辰歲壽韓南澗尚書之作）

南風五月江波，使君莫袖平戎手。燕然未勒，渡瀘聲在，宸衷懷舊。
臥占湖山，樓橫百尺，詩成千首。正菖蒲葉老，芙蕖香嫩，高門瑞，
人知否？　　夜涼光躍牛斗，夢初回、長庚如畫。明年看取，鋒旗
南下，六贏西走。功畫凌煙，萬釘寶帶，百壺清酒。便留公剩馥，
蟠桃分我，作歸來壽。（韓元吉壽稼軒之作）

　盡是憂國憂民，平戎復國之志；這也正是他們之間深摯友誼的思想基礎。

二、楊炎正，字濟翁，江西吉水（吉安）人，詩人楊萬里之族弟。稼軒早在
　　淳熙五年（西元 1178）赴任湖北轉運使途經揚州便與相會，並同遊鎮江
　　北固山、登多景樓，而留下〈水調歌頭〉（舟次揚州，和楊濟翁、周顯先
　　韻）、滿江紅（江行，簡楊濟翁、周顯先）等數闋相和唱的詞作。其後在
　　稼軒任隆興知府兼江南西路安撫使時，楊炎正爲其部屬，而有「詩書帥，
　　坐圍玉，塵揮犀。興方不淺，領袖風月過花期。只恐梅梢青子，已露調羹
　　消息，金鼎待公歸。回首滕王閣，空對落霞飛。」〔註 29〕盼望稼軒能回
　　朝廷承擔重任相勉之作。落職帶湖之初，楊炎正也隨著同來；稼軒與之唱
　　和有「可惜春殘風不又。收拾情懷，閒把詩僝僽。楊柳見人離別後，腰肢
　　近日和他瘦。」與「老馬臨流癡不渡，應惜障泥，忘了尋春路。身在稼軒
　　安穩處，書來不用多行數。」〔註 30〕等憂時感世的詞作。炎正也有「壽
　　酒如澠，拼一醉，勸君休惜。君不記，濟河津畔，當年今夕。萬丈文章光
　　焰里，一星飛墮從南極。便御風，乘興入京華，班卿棘。君不是，長庚白；
　　又不是，嚴陵客。只應是，明主夢中良弼。好把袖間經濟手，如今去補天
　　西北。等瑤池，侍宴夜歸時，騎箕翼。」知稼軒是經邦治世之才而相賀勉
　　之作。詞風與稼軒相近，可目爲辛派詞中的一員。

三、鄭汝諧，字舜舉，自號東谷居士，浙江青田人；淳熙十一年繼錢象祖爲
　　信州郡守，與稼軒一見如故，往來酬唱頻繁。稼軒曾贊以「此老自當兵十
　　萬，長安正在天西北。」〔註 31〕而勉以爲恢復事業做出貢獻。鄭汝諧的

〔註29〕楊炎正〈水調歌頭〉（呈辛隆興），見臺灣商務，1983 景印文淵閣四庫全書，
　　　　楊濟翁詞集《西樵語業》。
〔註30〕分別見〈蝶戀花〉（和楊濟翁韻，首句用丘宗卿書中語）、〈繼楊濟翁韻餞范南
　　　　伯知縣歸京口）兩闋。
〔註31〕見〈滿江紅〉（送信守鄭舜舉被召）。

住所"蔗庵"在上饒城內一座小山上,古木成蔭、修竹連綿,環境優美清靜;是稼軒交遊閒談常到之處所,也在此留下許多交遊酬唱的詞作。對鄭汝諧以"厄言"為名的小閣,稼軒不同意他以此表示自謙的說法,有詞云:「厄酒向人時,和氣先傾倒。最要然然可可,萬事稱好。滑稽坐上,更對鴟夷笑。寒與熱,總隨人,甘國老。　少年使酒,出口人嫌拗。此箇和合道理,近日方曉。學人言語,未會十分巧。看他們,得人憐,秦吉了。」〔註32〕指出莊子〈寓言〉所云,是諷刺那些只會隨聲附和、人云亦云的應聲蟲,而非謙虛;同時借題發揮,指桑罵槐的暗指當權官場上腐敗庸俗的普遍現象。淳熙十三年(西元 1186)冬,鄭汝諧奉召入都,稼軒賦詞餞別;除勉以獻身恢復大業外,並且說:「車馬路,兒童泣。風雨暗,旌旗濕。看野梅官柳,東風消息。莫向蔗菴追語笑,只今松竹無顏色。問人間誰管別離愁,杯中物。」〔註33〕依依難捨,情見乎辭。據《青田縣志・人物志》所載:「……入為大理少卿,持公論釋陳亮。……」可知陳亮因案繫獄,曾獲鄭汝諧的在朝緩頰。

四、范開,字廓之,原籍洛陽人,北宋史臣范祖禹之後裔;南渡後移居與信州相鄰的衢州,在稼軒退隱信州帶湖,便來從其求學執弟子禮。在杖履追隨八年期間,師徒相聚甚歡〔註34〕,除留下許多詞作外,范開更於淳熙十五年(西元 1188)編成四卷本《稼軒詞甲集》,收錄詞百餘首,是《稼軒詞》最早的刊本。范開並撰序文說:「器大者聲必閎,志高者意必遠。知乎聲與意之本原,則知歌詞之所自出,是蓋不容有意於作為。而其發越著見於聲音言意之表者,則亦隨其蓄之淺深,有不能不爾者存焉耳。世言稼軒居士辛公之詞似東坡,非有意於學坡也,自其發於所蓄者言之,則不能不坡若也。坡公嘗自言與其弟子由為文□多而未嘗敢有作文之意,且以為得於談笑之間而非勉強之作為。公之於詞亦然……是亦未嘗有作之之意,其於坡也,是以似之。雖然,公一世之豪,以氣節自負,以功業自許,方將歛藏其用以事清曠,果何意於歌詞哉?直陶寫之具耳。故其詞之為體,如張樂洞庭之野,無首無尾,不主故常;又如春雲浮空,卷舒起滅,

---

〔註32〕〈千年調〉(蔗菴小閣名曰厄言,作此詞以嘲之)。
〔註33〕同前〈滿江紅〉(送信守鄭舜舉被召)。
〔註34〕稼軒於〈醉翁操〉題辭自云:「…念廓之與予遊八年,日從事詩酒間,意相得歡甚……」引見鄧廣銘《稼軒詞編年箋註》,頁 262,上海古籍出版社,1993年。

隨所變態，無非可觀。無他，意不在於作詞，而其氣之所充，蓄之所發，詞自不能不爾也。其間固有清而麗、婉而嫵媚，此又坡詞之所無，而公之所獨也。昔宋復古、張乖崖方嚴勁正，而其詞洒復有穠纖婉麗之語，豈鐵石心腸者類皆如是耶！……」是對稼軒詞最早評論的作品。次年（西元1189）光宗即位，命國朝勳臣子孫之無見任者官之，又先有屢詔甄錄元祐黨籍家之故，范開赴都應仕；稼軒賦詞送別：

> 長松，之風。如公，肯余從，山中。人心與吾兮誰同？湛湛千里之江，上有楓。憶送子于東，望君之門兮九重。女無悅己，誰適爲容？　不龜手藥，或一朝兮取封。昔與遊兮皆童，我獨窮兮今翁。一魚兮一龍，勞心兮忡忡。憶命與時逢。子取之食兮萬鍾。

〔註35〕

有珍重友誼的惜別之情，有知音難尋的感嘆，有要爲朝廷奉獻的勸勉，也有時不我予、生不逢時的怨嘆。

五、陳亮（1143～1194），字同甫（父），婺州永康（今屬浙江）人；以卒葬龍窟馬鋪山，故世稱"龍川先生"，是南宋著名的愛國志士。「生而目光有芒，爲人才氣超邁，喜談兵，論議風生，下筆數千言立就」〔註36〕，與稼軒志同道合，情誼深厚。兩人的相知相交在淳熙五年（西元1178）〔註37〕，陳亮以布衣身份詣闕臨安上書，暢論形勢、分析時事，力主北向抗金以圖謀恢復宋室舊觀；這同時稼軒自江西安撫使被召赴臨安任大理寺少卿，兩人意氣相投，一見如故，遂爲莫逆之交。這期間陳亮兩度遭陷繫獄大理寺，經稼軒力援得免。稼軒退隱帶湖，陳亮即於次年春（淳熙十年）致書相約秋後來訪，未成行；隔年陳亮又遭陷下獄，坐兩個多月的牢獄磨難，使兩人相會一再延宕。直到淳熙十五年（西元 1188），陳亮在高宗駕崩有恢復之機可乘而前往健康、京口考察山川形勢，並繼續上書孝宗力圖恢復之策，徒遭朝臣譏諷訕笑而無結果後；冬，致書相約朱熹與稼軒同到紫溪（鉛山南，福建、江西間的要道上）相會，俾能共商國事、極論時事以籌策恢復事業。雖然辛陳十日的紫溪相會，並沒有等到朱熹的前來共遊，卻在雙方

〔註35〕見同前註。
〔註36〕見《宋史・列傳第一九五》卷四三六。
〔註37〕另有學者研究指出，辛、陳相識於乾道六年（1170）：時稼軒爲臨安司農主簿，透過呂祖謙（東萊）的關係而相識。（見蘇淑芬撰《辛派三家詞研究》，頁49～52，東吳大學中文研究所博士論文，民國87年4月）

酬和唱答中，造就了辛陳留名青史的「鵝湖之會」。陳亮的來訪，再度激發稼軒對恢復事業的滿腔熱血，「憩鵝湖之清陰，酌瓢泉而共飲，長歌相答，極論世事。」稼軒在〈祭陳同父文〉中紀錄了這一段歷史；而之後的以詞作酬答更具體唱出兩人所共有慷慨悲壯的恢復大志。「……佳人重約還輕別。恨清江天寒不渡，水深冰合。路斷車輪生四角，此地行人銷骨。問誰使君來愁絕？鑄就而今相思錯，料當初費盡人間鐵。長夜笛，莫吹裂。」稼軒首先在因風雪所阻而無法追趕上陳亮的遺憾下，道出別後的戀戀之情；「老去憑誰說？看幾番神奇臭腐，夏裘冬葛。父老長安今餘幾？後死無讎可雪。猶未燥當時生髮！二十五弦多少恨，算世間那有平分月。胡婦弄，漢宮瑟。　　樹猶如此堪重別。只使君從來與我，話頭多合。行矣置之無足問，誰換妍皮癡骨。但莫使伯牙絃絕。九轉丹砂牢拾取，管精金只是尋常鐵！龍共虎，應聲裂。」陳亮則和章於上片道出「國仇家恨待雪，漢賊不能兩立」的一貫主張；下片則應和兩人莫逆相知的情誼，與志同道合的契合，並以尋常鐵可百煉成鋼來砥勉稼軒堅定抗金的意志。稼軒再和以「……事無兩樣人心別。問渠儂神州畢竟，幾番離合？汗血鹽車無人顧，千里空收駿骨。正目斷關河路絕。我最憐君中宵舞，道男兒到死心如鐵。看試手，補天裂。」慷慨悲壯的道出其恢復之心亦堅定如鐵、至死不渝的意志，並痛斥主和、苟安的當權者不顧神州的陸沉，共勉以「補天裂」圖謀恢復大業、撥亂反正的決心。之後陳亮再回覆的兩闋：「離亂從頭說。愛吾民金繒不愛，蔓藤纍葛。壯氣盡消人脆好，冠蓋陰山觀雪。虧殺我一星星髮。涕出女吳成倒轉，問魯為齊弱何年月？丘也幸，由之瑟。　　斬新換山旗麾別。把當時一樁大義，拆開收合。據地一呼吾往矣，萬里搖肢動骨。這話欀只成癡絕。天地洪爐誰扇鞴，算於中安得長堅鐵。淝水破，關東裂。」、「話殺渾閑說。不成教齊民也，為伊為葛。尊酒相逢成二老，卻憶去年風雪。新著了幾莖華髮。百世尋人猶接踵，歎只今兩地三人月。寫舊恨，向誰瑟？　　男兒何用傷離別。況古來幾番際會，風從雲合。千里情親長晤對，妙體本心次骨。臥百尺高樓斗絕。天下適安耕且老，看買犁賣劍平家鐵。壯士淚，肺肝裂！」在面對壯氣消磨殆盡、歲月催人老去的現實下，雖慨嘆後繼無人，猶仍不減豪邁的恢復意志，期望能於天地洪爐中覓得堅鐵般的濟世良才，破淝水直搗關東收復山河。只是在朝廷主和客觀環境的壓抑與不饒人的歲月催促下，眼見大環境苟安於現狀的難以挽

救，只能無奈地捶裂肝肺灑落壯士熱淚，表達無比的憤慨。這些酬答詞作的內容，除深切表達兩人對友情的誠摯珍惜與感念外，更多是兩人對共有的恢復壯志之暢懷抒發；亦成就了以分析時局、謀劃恢復為主題的「鵝湖之會」。〔註38〕辛陳兩人共同的的豪氣志向，在稼軒所寄給陳亮的〈破陣子〉一詞中，可以讓人一目瞭然：「醉裏挑燈看劍，夢回吹角連營。八百里分麾下炙，五十絃翻塞外聲。沙場秋點兵。　　馬作的盧飛快，弓如霹靂弦驚。了却君王天下事，贏得生前身後名。可憐白髮生！」（爲陳同甫賦壯詞以寄之）雖洋溢著高亢昂揚的奮進精神，但最後一句「可憐白髮生！」卻反映出無情現實的矛盾。

隱居帶湖期間與稼軒往來較密的還有既是族弟又爲連襟的辛助（祐之），以及多次出現在詞作題辭的湯邦彥（朝美）、李泳（子永）、李大正（正之）、趙善扛（文鼎）、徐安國（衡仲）、楊明瞻、陳德明（字光宗，仁和知縣）、王秉（桂發）、王自中（道夫）、余禹績（伯山）、余伯熙、余叔良、楊世長……等人，其中多爲任職信州與附近地區的大小官。

四十到五十歲之間，應該是人生最有作爲的黃金壯年時期，但命運多舛的稼軒，卻泰半是在無可奈何的痛苦壓抑中，被迫退隱閒居中度過。然而當權的統治者能壓抑使他投閒置散，卻無法壓制他滿腔熱血的愛國精神。因此投閒置散反而使他有更多的時間、更悲壯的豪情、更超邁的氣勢、更灑脫的態度、更淒壯動人的故事體裁，以詞來抒寫胸中塊壘；乃成就以豪放詞風及最多產詞作留名的稼軒。而或許老天也不願眞的妒沒英才吧，淳熙十四年（西元 1187）在宰相王淮的舉薦，雖遭同居相位的周必大反對，稼軒在賦閒五、六年後，仍重獲主管沖佑觀的祠官；雖然只是宋代常用來安置賦閒或反對派的一種每月可固定拿俸祿而不必到任的官職，但仍激盪起稼軒內心些許悸動的漣漪。次年春天寫下「誰向椒盤簪綵勝？整整韶華，爭上春風鬢。往日不堪重記省，爲花長把新春恨。　　春未來時先借問，晚恨開遲，早又飄零近。今歲花期消息定，只愁風雨無憑準。」〔註 39〕正是這種悸動心情的寫照，也

<hr />

〔註38〕按：淳熙二年（西元 1175）四月，呂祖謙爲調和朱、陸兩家之間的思想學術之爭，曾約請陸九齡、九淵兄弟與朱熹及其弟子們相會於鵝湖寺，就理學方法論等問題進行論辯；史亦稱「鵝湖之會」。

〔註39〕〈蝶戀花〉（戊申元日立春，席間作）。另見鄧廣銘先生按：「王淮、周必大同爲丞相，自淳熙十四年二月起至十五年五月止，此間王淮擬除稼一帥之議見沮於周必大，遂以稼軒主管宮祠，以備緩急之用。稼軒罷歸六、七年之後始得奉祠，

是清人陳廷焯《白雨齋詞話》（卷一）所評「蓋榮辱不定，遷謫無常，言外有多少哀怨，多少疑懼」；而借春花爲喻，心中則又潛藏著些許希望和興奮。蓋從客觀的環境來看，前一年始終以主和爲國策的太上皇高宗駕崩，著實給有意恢復的志士重燃起一絲希望；只要孝宗圖謀恢復，已無太上皇的掣肘。只是在一上臺就銳意恢復的孝宗，經過十幾年的磨蹭，已經是銳意全消；在同年的多天，便下詔命太子趙惇在議事堂參決庶務，已流露出禪位之意。兩年後（淳熙十六年二月），正式下詔禪位，移居重華宮當太上皇去了。而稼軒萬萬也沒想到，新政權的鼎替反而是他再獲重用的契機；光宗紹熙二年（西元1191）末，稼軒被任命爲福建提點刑獄，舖出稼軒再度仕宦近四年的片斷人生。

第五節　七閩復職

　　紹熙三年（西元1192）春，稼軒啓程赴閩就任；賦〈浣溪沙〉（壬子春，赴閩憲，別瓢泉）以誌：「細聽春山杜宇啼，一聲聲是送行詩。朝來白鳥背人飛。　　對鄭子眞巖石臥，赴陶元亮菊花期。而今堪誦北山移。」退隱十年後忽蒙見召，對素懷恢復大志的稼軒容或有重獲契機的愉悅；但對這十年來的山水花鳥與人情事故的懷念與不捨，也是人之常情。是以藉山水花鳥對離別的不捨，更反襯了稼軒內心眞正的不捨。而久經宦海浮沉與現實打壓的稼軒，當然也不會那麼樂觀的認定這重獲的契機是可靠的；所以拿不屈其志而耕於巖下的鄭子眞、放棄利祿概然歸隱的陶元亮來反諷自己，猶如孔稚珪〈北山移文〉中所要嘲諷 "利欲薰心，卻冒充隱士以沽名釣譽的人"。這是稼軒懂得進退份際與自我反省警惕的性格表現。

　　在赴閩途中，稼軒順訪退居崇安（今福建轄內）武夷精舍的朱熹，並就政治、學術向朱熹請益討論；朱熹熱情的陪同暢遊縣南的武夷山名勝，稼軒則留下〈游武夷，作棹歌呈晦翁十首〉詩作，記錄兩人這一段共游的歷史。其中寫道「巨石亭亭缺嚙多，懸知千古也消磨。人間正覓擎天柱，無奈風吹雨打何！」、「山中有客帝王師，日日吟詩坐釣磯。費盡煙霞供不足，幾時西伯載將歸？」〔註40〕雖推崇備至的將朱熹比作襄助興周的姜太公，但也同時慨嘆這遭千古消

故不能不深致歎息。此詞作於戊申元日，然借春花爲喻，以其開遲且又飄零過早，故有『往日不堪重記省，爲花長把新春恨』及『今歲花期消息定，只愁風雨無憑準』之句，蓋於此頗致其感慨也。」（見《稼軒詞編年箋注》，頁230）。

〔註40〕見《稼軒集‧稼軒詩鈔》，頁277。

磨的巨擘，終亦難敵無情的風吹雨打啊！歌吟朱熹，也反襯自己。而朱熹則以「臨民以寬，待士以禮，馭吏以嚴」〔註41〕相勉。從此兩人交往情誼深篤，稼軒在第二年（紹熙四年，西元 1193）春天應召赴臨安途中，再訪朱熹於建陽（今屬福建）；並規勸其赴廣右就經略安撫使，以經世致用報國淑世。七年之後（寧宗慶元六年，西元 1200），朱熹在朝廷方以偽學嚴禁朱子學派（慶元黨禁）時辭世，而門生故舊因朝廷所禁不敢送葬之際；稼軒獨毅然為文前往哭送：「所不朽者，垂萬世名。孰謂公死，凜凜猶生。」〔註42〕可見兩人之深厚情誼，與稼軒臨事果敢而無所顧忌的豪情堅志。

　　稼軒到福州上任後，即以朱熹所勉「臨民以寬，待士以禮，馭吏以嚴」的態度從事，折獄定刑，務從寬厚；因而在短時間內即有顯著的政績〔註43〕，也贏得了老百姓的擁護、支持與感念。當時的福建安撫使林枅與稼軒不和，在林枅於九月過世後，即由稼軒代攝安撫使之職。一有機會就勇於任事、亟思有所作為的稼軒，即帥位後，除了內政上立刻對貪橫腐敗的官吏展開整頓，俾藉"馭吏以嚴"達到"臨民以寬"的效果外；更針對社會經濟和人民生活需要，向朝廷疏奏〈論經界鈔鹽箚子〉，提出有關推行丈量清查土地的"經界"（清查地畝所有權）、均平賦役負擔與改善"鈔鹽法"以便民除弊、增加稅賦等攸關地方人民生活的重大政事。只是這一些作為，對於地方豪戶、地主及相與利益結合的貪官污吏，均有所不利；以致當年歲末，到福建不到一年的稼軒，在新任福州知州兼福建安撫使鄭僑十二月到任後，便奉召赴都（臨安）。赴召前稼軒賦詞「長恨復長恨，裁作短歌行。何人為我楚舞，聽我楚狂聲？余既滋蘭九畹，又樹蕙之百畝，秋菊更餐英。門外滄浪水，可以濯吾纓。　……富貴非吾事，歸與白鷗盟。」〔註44〕以明志。

　　紹熙四年初，光宗召見於便殿，稼軒乘機奏疏有關國防上抗金禦守的《論荊襄上流為東南重地》箚子，提出重兵防守「荊襄上流」為鞏固東南的軍事遠見；並預言如果南宋不能適時恢復失地，可能出現第三種政治、軍事勢力

〔註41〕見《朱子語類》卷一三二〈中興至今人物〉。
〔註42〕參見《宋史》卷四○一稼軒本傳。
〔註43〕據載：稼軒在提點刑獄任內有調福清縣主簿傅大聲至長溪縣審案，並親審辨釋五十人冤獄（陳思《稼軒先生年譜》引《福建通志》）；派上杭令鮑粹然至汀州審結多年疑獄（真德秀《真西山集·卷四十六·朝散大夫常德府鮑公墓誌銘》）；及尋醫治癒懷安縣尉楊岳眼疾（《朱文公大全集·卷六十四·答鞏仲至書》）……等事蹟。
〔註44〕〈水調歌頭〉（壬子三山被召，陳端仁給事飲餞席上作）。

來統一天下。只是身患疾病又受制於李后的光宗，亦難有所作爲，這次的奉召，獲遷太府卿；同年秋加集英殿修撰知福州兼福建安撫使。稼軒在兩度攝福建帥事期間，深知福建地區山多耕地少，土狹民稠經濟落後；且「前枕大海，爲賊之淵，上四郡民頑獷易亂……」〔註45〕，乃籌設「備安庫」積錢五十萬緡，用來修建郡學、糴米備荒、糶米存款，或供宗室和軍人補給等，以備不時之需。另準備造鎧甲、招募壯丁補充軍額，嚴格訓練，加強治安武力，以防海盜、邊民之患。無奈的是這些福國淑世的周備計劃，沒來得及全面施行；一連串的政治迫害又接踵而來。紹熙五年（西元 1194）七月，在光宗被迫禪位寧宗的同時，稼軒遭右司黃艾劾以「殘酷貪饕，奸贓狼籍」被罷帥任，仍主建寧府武夷山沖佑觀；九月御史中丞謝深甫再劾奏以「交結時相，敢爲貪酷」，降充秘閣修撰、朝議大夫；十二月謝奏劾中書舍人陳傅良時，語又涉及稼軒。十個月後，稼軒雖已退歸上饒，仍續遭御史中丞何澹劾以「酷虐裒斂，掩帑藏爲私家之物，席捲福州，爲之一空……」於是秘閣修撰的貼職也被免去。寧宗慶元二年（西元 1196），再被諫官劾以「贓污恣橫，唯嗜殺戮。累遭白簡，恬不少悛。今俾奉祠，使他時得刺一州、持一節、帥一路，必肆故態，爲國家軍民之害」於是主管武夷山沖佑觀的祠官也被罷除。〔註46〕

　　勤政愛民、心懸恢復的稼軒，在爲帥一方時積極的整頓吏治、加強稅收與修郡學、補軍額、備荒年等，有益於國家社會與民生的施政擘劃；換來的卻是「殘酷嗜殺、貪饕營私」等扭曲的政治打壓，真叫堂堂有熱血之軀的志士情何以堪啊！紹熙五年秋，稼軒寫下「白鳥相迎，相憐相笑，滿面塵埃。華髮蒼顏，去時曾勸，聞早歸來。　　而今豈是高懷？爲千里蓴羹計哉！好把移文，從今日口，讀取千回。」〔註47〕藉白鳥以自我嘲諷，一位文能治國，武能斬將搴旗的英雄鬥士，如今已是「滿面塵埃、華髮蒼顏」；只有無奈的再度踏上歸沒林泉的隱居生活了。

第六節　瓢泉閒居

　　第二次退職閑居，到寧宗嘉泰三年（西元 1203）復出的九年之間，稼軒

〔註45〕見《宋史》卷四〇一稼軒本傳。
〔註46〕以上併見《宋會要輯稿‧職官》七三之五九。（〔清〕徐松纂輯，臺北：新文豐出版公司，民國 65 年版）
〔註47〕《稼軒詞編年箋注》卷三〈柳梢青〉（三山歸途，代白鷗見嘲）

意氣風發的雄心壯志，幾乎銷磨殆盡。稼軒大半輩子是在宋金對峙的各種矛盾中掙扎度過，而信州前後兩度近二十年的投閒退隱，更是達到矛盾痛苦的頂端；尤其是再次在政途上遭遇阻阨，被迫罷歸瓢泉，嚴重的失落感使之消沈落寞。而如筆者前述「投閒置散反而使他有更多的時間、更悲壯的豪情、更超邁的氣勢、更洒脫的態度、更淒壯動人的故事體裁，以詞來抒寫胸中塊壘；乃成就以豪放詞風及最多產詞作留名的稼軒」，此即「國家不幸詩家幸，賦到滄桑句便工」的道理。統計稼軒近六百三十首的詞作中，就有四百五十三首之多是出自這兩個時期所著；如果再就部份學者將七閩時期三十六首風格相近的詞作納入併計〔註48〕，則有近八成的稼軒詞是集中在這段時間所完成。因此吾人可以理解，對稼軒以豪放著名詞壇的研究，信州退隱時內心生活的情境，實為最主要的背景因素。第一次落職退隱帶湖，雖然苦悶卻還存有一絲東山再起的自信與期待；第二次落職退隱瓢泉，則意氣全消，對恢復之志已有美人遲暮的老態。雖仍潛藏矢志不移的恢復志向，但卻更認清現實環境不容許他暢伸所願的客觀事實。也因此，這時期所呈現的詞作，有較能溶匯自然的意趣而飄逸曠遠，也有因長期閒置之精神折磨所帶來的悲憤沈痛；兩相矛盾情感交織下，乃成就稼軒獨樹一格豪邁縱放的曠世詞作。這時期稼軒的日常生活，仍延續第一次帶湖閒居的模式，投身大自然、鄉村田野的遊玩，及與志趣相投的友朋往來酬唱；只是這時與稼軒交往較密切的，除朱晦庵、辛祐之、楊民瞻等舊識及鉛山縣尉吳紹古（子似）、縣丞陳擬（及之）等幾位地方官員外，多數是當時在野或以隱居為尚的人物。如元汝楫（濟之）、傅為棟（巖叟）、徐文卿（斯遠）、趙不遏（茂嘉）、趙蕃（昌父）、趙不迂（晉臣）、杜旃（仲高）、杜遊（叔高）、韓淲（仲止）及生平不詳的葉仲洽、諸葛元亮、趙國興、趙國宜等，都是雖有抱負卻在仕途上不得意的知識份子。而稼軒則仍堅持"親君子遠小人"的交友原則，不同流合污、隨俗浮沉；憎惡那些「說底話非名即利」的"俗客"。〔註49〕

〔註48〕參見何湘瑩碩士論文《稼軒信州詞研究》，頁66所指「七閩時期的詞作，所以也列入信州詞的範圍，是因為這一時期作品的風格情調，並不具有單獨的階段性，而是近似瓢泉期憤懣消沈的基調。所以七閩之什，實際上可視為瓢泉之什的前奏……」。

〔註49〕《稼軒詞編年箋注》卷四〈夜游宮〉（苦俗客）「幾箇相知可喜，才廝見說山說水。顛倒爛熟只這是。怎奈向，一回說，一回美。有箇尖新底，說底話非名即利。說得口乾罪過你。且不罪；俺略起，去洗耳。」

稼軒這時期的主要活動地區瓢泉，在上饒西南鉛山縣（今江西縣西南）
東的期思村；〔註50〕原名周氏泉，狀如瓢而據以改名。早在帶湖閒居時，稼
軒便已到遊，並有詞：

> 飛流萬壑，共千岩爭秀。孤負平生弄泉手。嘆輕衫短帽，幾許紅塵；
> 還自喜，濯髮滄浪依舊。　　人生行樂耳，身後虛名，何似生前一
> 杯酒？便此地結吾廬，待學淵明，更手種門前五柳。且歸去父老約
> 重來；問如此青山，定重來否？〔註51〕

已見卜居之意。陳亮到訪時，兩人也在這兒留下共遊的蹤跡。稼軒七閩復職
之前，就經常往來於瓢泉；赴閩就職時，就是從瓢泉出發的。〔註52〕再度落
職，稼軒乾脆到期思（瓢泉）營造新居，乃寫下：

> 一水西來，千丈晴虹，十里翠屏。喜草堂經歲，重來杜老；斜川好
> 景，不負淵明。老鶴高飛，一枝投宿，長笑蝸牛戴屋行。平章了，
> 待十分佳處，著箇茅亭。　　青山意氣崢嶸，似爲我歸來嫵媚生。
> 解頻教花鳥，前歌後舞；更催雲水，暮送朝迎。酒聖詩豪，可能無
> 勢，我乃而今駕馭卿。清溪上，被山靈卻笑：白髮歸耕。〔註53〕

時光宗紹熙五年；稼軒雖自比杜甫、陶潛面對勝景的怡然自得，並擬人的透
過物我感情的交流，更昇華自豪勝過古人而能馳騁駕馭當前美景；然而，最
後仍透過大自然對自己的訕笑“空負白髮，還不是一樣被迫歸田”，來表達
內心的隱痛和憤懣。就在新居落成的第二年（寧宗慶元二年，西元1196），帶
湖舊居忽遭祝融，稼軒遂舉家遷到瓢泉新居以終。

　　在稼軒閒退瓢泉前後，南宋朝廷內部政權的矛盾鬥爭愈演愈烈。先是孝
宗崩逝時，光宗不願成服執喪，在高宗吳太后的同意下，由知樞密院事趙汝
愚與外戚韓侂冑等擁立太子趙擴即帝位（寧宗），光宗被迫退位。之後趙、韓
兩人又展開另一波政爭，結果韓侂冑勝出執掌朝政大權；趙汝愚及其所拔擢
的人士，陸續被貶謫流放，稼軒也因而被羅織所謂「交結時相，敢爲貪酷」

〔註50〕原名奇獅或碁師，經稼軒考據而改名。（見〈沁園春〉詞小序：「期思舊呼奇
　　　　獅，或云碁師，皆非也。余考之荀卿書云：孫叔敖，期思之鄙人也。期思屬
　　　　弋陽。此地舊屬弋陽縣。雖古之弋陽、期思，見之圖記者不同，然有弋陽則
　　　　有期思也。橋壞復成，父老請余賦，作沁園春以證之」）
〔註51〕〈洞仙歌〉（訪泉於奇師村，得周氏泉爲賦）
〔註52〕見《稼軒詞編年箋注》卷三，〈浣溪沙〉詞序：「壬子春，赴閩憲，別瓢泉。」
〔註53〕《稼軒詞編年箋注》卷四，〈沁園春〉（再到期思卜築）

的罪名。慶元三年（西元 1197），更進一步擴大將趙汝遇、留正、周必大、朱熹等打入"僞學逆黨"，株連迫害甚廣，史稱「慶元黨禁」。朱熹就在這場政爭中於慶元六年（西元 1200）辭世，稼軒聞訊，賦〈感皇恩〉（讀莊子，聞朱晦菴即世）「案上數編書，非莊即老。會說忘言始知道；萬言千句，不自能忘堪笑。今朝梅雨霽，青天好。　　一壑一丘，輕衫短帽。白髮多時故人少。子雲何在？應有玄經遺草。江河流日夜，何時了！」〔註 54〕上比揚子雲來稱許朱子的紹繼儒家道統；並不顧朝廷的禁制，毅然爲文前往哭送之。

　　寧宗即位後，最初也企圖有一番作爲；曾詔命大臣「事關朝政，慮及邊防，應天之實何先？安民之務何急？」〔註 55〕皆上書直言。而韓侂胄在完全掌控朝政後，上承帝意，也圖有所作爲；在貶斥趙汝愚、朱熹之黨羽同時，也起用部份元老大臣，以爲支撐並備不時之用。就在這詭譎的政治氛圍下，慶元四年（西元 1197）稼軒奉詔恢復集英殿修撰及主管建寧府武夷山沖佑觀官銜。實質上已退隱多時，並要求日日讀取千回〈北山移文〉〔註 56〕以惕屬自己別再被名利所羈絆的稼軒，仍難掩興奮的寫下「老退何曾說着官，今朝放罪上恩寬；便支香火眞祠俸，更綴文書舊殿班。扶病腳，洗衰顏，快從老病借衣冠。此身忘世渾容易，使世相忘卻自難。」〔註 57〕說明自己雖然想離開塵世的紛擾，但塵世還是沒有把他給遺忘。當然「心似傷弓寒雁，身如喘月吳牛」〔註 58〕的稼軒，也沒有馬上被續獲重用。寧宗嘉泰二年（西元 1202），朝廷北伐的意向已較明朗，乃解除黨禁，追復趙汝愚、朱熹等，並起用久被閑置的元老大臣。稼軒也在這時候，重新被朝廷起用。

第七節　晚年復職

　　稼軒晚年的復出，是在朝廷經過一番政爭後，以韓侂胄爲首的主戰派，企圖借重元老大臣威望支撐，來強化其向外求戰立功、俾內除異己以完全掌控朝政的背景下，被當作政治鬥爭的一個有利棋子；因此，稼軒從未被眞正任用可以運籌帷幄、主導抗金之職。然而六十四高齡的稼軒，只要有一線希

〔註 54〕見《稼軒詞編年箋注》，頁 470。
〔註 55〕見《續編兩朝綱目備要》卷三，中華書局，1995 年版。
〔註 56〕見前文頁 39、註 47 所引〈柳梢青〉（三山歸途，代白鷗見嘲）。
〔註 57〕《稼軒詞編年箋注》卷四，〈遮鴣天〉（戊午拜復職奉祠之命）。
〔註 58〕《稼軒詞編年箋注》卷四，〈雨中花慢〉（吳子似見和，再用韻爲別）。

望能實現其報效國家的宿願，絕不放棄遂行其「達則兼善天下」之志；自比老將廉頗以「烈士暮年，壯志不已」的鬥志，願為收復中原、統一故國貢獻自己最後的心力。

寧宗嘉泰三年（西元 1203）春，奉召赴臨安；為感念韓太師似乎有知遇之恩，曾寫下頗為後世爭議為「媚詞」之一的〈六州歌頭〉：〔註59〕

> 西湖萬頃，樓觀矗千門。春風路，紅堆錦，翠連雲，俯層軒。風月都無際，蕩空蔚，開絕境，雲夢澤，饒八九，不須吞。翡翠明璫，爭上金堤去，勃窣媻姍。看賢王高道，飛蓋入雲煙。白鷺振振，鼓咽咽。　記風流遠，更休作，嬉遊地，等閒看。君不見：韓獻子，晉將軍，趙孤存；千載傳忠獻，兩定策，紀元勳。孫又子，方談笑，整乾坤。直使長江如帶，依前是（存）趙須韓。伴皇家快樂，長在玉津邊，只在南園。

詞中「韓獻子，晉將軍，趙孤存；千載傳忠獻，兩定策，紀元勳。……依前是（存）趙須韓。」等語對韓侂冑過度稱頌，不免為後人高度質疑。就連時人黃榦，也要致函譏議：

> 拜違几舄，十有餘年，禍患餘生，不復有人世之念。以是愚賤之跡，久自絕於門下……恭維明公以果毅之資，剛大之氣，真一世之雄也；而抑遏摧伏，不使得以盡其才。一旦有警，拔起於山谷之間，而委之以方面之寄。明公不以久閒為念，不以家事為懷，單車就道，風采凜然，已足以折沖於千里之外。……古之立大功於外者，內不可以無所主……今之所以主明公者何如哉？黑白雜揉，賢不肖混淆。佞諛滿前，橫恩四出。國且自伐，何以伐人？此僕所以深慮夫用明公者，尤不可以不審夫自治之策也。國家以仁厚揉馴天下士大夫之氣，士大夫之論，素以寬大長者為風俗；江左人物，素號怯懦，秦氏和議又從而銷靡之，士大夫至是，奄奄然不復有生氣矣。語文章者多虛浮，談道德者多拘滯。求一人焉足以持一道之印，寄百里之

〔註59〕《稼軒詞》中歌頌韓侂冑的詞有〈六州歌頭〉、〈西江月〉及〈清平樂〉三闋，歷來對是否為稼軒所作，頗受爭議；筆者參考各方論述，就稼軒畢生以恢復為志的宿願，在韓相似有知遇與「主張北伐、收復中原」大方向相同的背景下，寫出歌頌的酬唱，應屬合理之人情事故。與他同時的愛國詩人陸游也在韓相生日時寫〈韓太傅日〉詩，及作〈南園記〉、〈閱古泉記〉以頌賀，正可印證。

命，已不可復得，況敢望其相與冒霜露、犯鋒鏑、以立不世之大功乎？……〔註60〕

函中雖然稱頌稼軒的英雄豪邁，但卻以自己受害不愉快的人生經驗，提醒稼軒要認清當權者的是非混淆、佞諛當道，尤當審慎自持；況且國家整體環境是不務進取，款款警告稼軒切勿輕言復出，而為怯懦不能任事的當權者所用。但"烈士暮年，壯志不已"的稼軒並沒有把這些話聽下去；還是執意抱一線恢復希望，做最後一搏。六月，奉詔知紹興府兼兩浙東路安撫使，馬上積極疏奏〈察劾州縣害民之弊〉，論州縣害農事六條；奏請添置諸暨縣尉，省罷稅官，以肅清吏治、樹立官威。並採取改革食鹽專賣法諸措施，減輕百姓負擔，以消弭鹽梟之害。雖然在浙東的任職不到半年，公務之餘，稼軒仍與隱退鏡湖的陸游以及張鎡、姜夔、劉過、丘崇等多有往來酬唱；乃重新創建「秋風亭」，並賦詞以明志：〔註61〕

> 亭上秋風，記去年嫋嫋，曾到吾廬。山河舉目雖異，風景非殊。功成者去，覺團扇便與人疏。吹不斷斜陽依舊，茫茫禹跡都無。　　千古茂陵詞在，甚風流章句，解擬相如。只今木落江冷，眇眇愁余。故人書報：『莫因循忘卻尊鱸。』誰念我新涼燈火，一編太史公書。

全詞以漢武帝〈秋風辭〉「少壯幾時兮奈老何？」壯士暮年的悲壯心境為背景，引東晉丞相王導見南渡諸公樂遊新亭時之徒然傷悲，直言詰責「當共戮力王室，克復神州，何至作楚囚相對。」〔註62〕的史事來印證；雖悲歡沉淪的山河景物依舊，恢復之事毫無進展，而他也年事已高，但仍要效法古人，為寫歷史而繼續努力。這「新涼燈火，一編太史公書。」正是他畢身堅定恢復以留名青史的雄心壯志。

嘉泰三年冬（12月28日），在政局不穩加以蒙古日漸強大的威脅下，金國已露敗亡之象；朝廷乃有意動兵。稼軒再奉召赴臨安行在奏事，陸游特作長詩以送行，詩曰：〔註63〕

> 稼軒落筆凌鮑謝，退避聲名稱學稼；

〔註60〕以下引文參見黃榦《黃勉齋先生文集・卷一・與辛稼軒侍郎書》，臺北市青山書店，1957年。

〔註61〕《稼軒詞編年箋注》卷五，〈漢宮春〉（會稽秋風亭懷古）

〔註62〕見劉義慶著、徐震堮箋《世說新語校箋》，頁50，文史哲出版社，1985年7月。

〔註63〕《劍南詩稿》卷五十七〈送辛幼安殿撰造朝〉詩。

十年高臥不出門，參透南宗牧牛話。

功名固是券內事，且茸園廬了婚嫁。

千篇昌谷詩滿囊，萬卷鄴侯書插架。

忽然起冠東諸侯，黃旗皂纛從天下。

聖朝仄席意未快，尺一束來煩促駕。

大材小用古所嘆，管仲蕭何實流亞。

天山掛旆或少須，先把銀河洗嵩華。

中原麟鳳爭自奮，殘虜犬羊何足嚇。

但令小試出緒餘，青史英豪可雄跨。

古來立事戒輕發，往往讒夫出乘罅。

深仇積憤在逆胡，不用追思灞亭夜。

詩中高度稱許稼軒的文武能才，實不遜於管仲蕭何；期勉盡棄個人前嫌，戮力於成就可留名青史的恢復大業。同時也委婉告戒，謹言慎行以免遭妒受讒。四年（西元 1204）春，在寧宗召見時，稼軒即面陳用兵之利，指出金國國勢已衰，亂亡必至；建請將恢復之事，托付元老大臣積極準備，見機猝然可以應變恢復。隨後受詔「加寶謨閣待制，提舉神佑觀，奉朝請」；三月，出知抗金前線的鎮江，并賜金帶，以圖進取。乃積極地「遣諜偵察敵情、造紅衲萬領、準備招募沿邊土丁以應敵。」〔註64〕為作戰做準備，並因應情勢的改變，調整積極出兵北伐的作為，建言以謀定而後動的機略；並舉南朝宋文帝「元嘉草草，封狼居胥，贏得倉皇北顧」〔註65〕無廟算的謀略而輕率出兵所導致敗戰結果的史例，來印證規勸當權者應慎謀遠慮。然而這些諫言當然不為急功求利以穩定權位的韓相所認同，在達到表面上借重元老大臣以支持用兵的目的後，一連串政治打壓的戲碼又在稼軒身上重演。先是寧宗開禧元年（西元 1205）三月，因所薦舉通直郎張諤不法，而官降兩職為朝散大夫；六月，改知隆興府，復遭參劾以「貪財好色，淫刑聚斂」〔註66〕未就新任便遭罷新

〔註64〕程珌《洺水集·丙子輪對箚子（二）》指出「數年來，稼軒屢次遣諜至金，偵察其兵騎數，屯戍之地，將帥之名，帑廩之位置等。並欲於沿邊招募土丁以應敵。至鎮江，先造紅衲萬領備用。」《洺水集三十卷》臺北商務，1971 年（景印四庫全書珍本）

〔註65〕《稼軒詞編年箋注》卷五，〈永遇樂〉（京口北固亭懷古）

〔註66〕《宋會要·職官》七五之三七「開禧元年七月二日，新知隆興府辛棄疾與宮觀，理作自陳。以臣僚言棄疾好色貪財，淫刑聚斂……」

職，僅與宮觀（奉祠）。如此一來，他不惜接受頗遭非議的韓太師之徵召而染間接污名，也要完成畢生抗金復國的大志；在繼續遭受無情的政治打壓後，真正是徹底地絕望了。

> 江頭一帶斜陽樹，總是六朝人住處。悠悠興廢不關心，惟有沙州雙白鷺。　仙人磯下多風雨，好卻征帆留不住。直須抖擻盡塵埃，卻趁新涼秋水去。

> 江頭日日打頭風，憔悴歸來邴曼容。鄭賈正應求死鼠，葉公豈是好真龍。　孰居無事陪犀首，未辦求封遇萬松。卻笑千年曹孟德，夢中相對也龍鍾。〔註67〕

多年來回於朝廷所在的江淮，遇到盡是六朝士大夫般不關心國家盛衰興亡的人物，一味偷安追求沙洲白鷺般的悠遊閒暇；如今拿定不再過問恢復事業的心意，任它再大的風雨再也留不住已卸除征帆的我，抖去凡塵俗埃，趁新涼美好的秋意而歸。接著更進一步對當權者撻伐。先是自比有如漢朝養志自修與人無爭的邴曼容，在朝廷無情不斷的打壓下憔悴不堪；可恨這些當權人物，要的是只能被操弄如死鼠般的人物，有誰能真正識得人中之龍？本來也是賦閒在野，卻被追逐名利的韓相所騙出仕，如今悔不當初而黯然神傷。歲月無情，恐怕像「烈士暮年，壯志不已」〔註68〕的曹孟德，夢中相對也一樣是老態龍鍾的衰翁吧。把自己暮年出仕的感慨，發抒無遺。在沉重吼出這時的心中塊壘之後，便一再堅決辭受「紹興府兼兩浙東路安撫使」、「龍圖閣待制知江陵府」、「兵部侍郎」等職差。開禧三年（西元 1207）九月初十，在病魔侵害下，未受「樞密院都承旨」之職，鬱鬱而終，享年六十八歲。可笑的是，在他死後次年（西元1208）攝給事中倪思猶劾奏他「迎合開邊，請追削爵秩，奪從官卹典」；〔註69〕真是天妒英豪，何其罔極？

　　綜觀稼軒一生，始則成長於異族壓迫統治的淪陷區，在祖父辛贊銳意的培養下，自幼萌發嚴華夏夷狄之辨的民族意識；繼則乘勢號召聚眾起義於山東，後挾叛將張安國投效宋室而成為「歸正北人」，「恢復中原」乃成為其終身堅持奮鬥的目標。雖對內有為人稱道的治績、敉平內亂、創建地方武力的

〔註67〕併見《稼軒詞編年箋注》卷五，玉樓春（乙丑京口奉祠西歸，將至仙人磯）、〈瑞鷓鴣〉（乙丑奉祠歸，舟次餘干賦）

〔註68〕曹孟德所作〈龜雖壽〉中之句。

〔註69〕鄧廣銘《辛稼軒年譜》，頁 164。

軍功與宏遠的軍政謀略；然事與願違，朝廷的懦弱、主政者的抑制與對「歸正人」的防範排斥心態，致終其一身不斷遭到政治上無情的刻意打壓。最後在滿懷有志難伸的塊壘下，含恨而終。稼軒之體貌、志趣、文才及以詞人之名傳世，據鄧廣銘描述：

> 稼軒膚碩體胖，目光有稜，背胛有負；紅頰青眼，迄至晚年，精神猶壯健如虎。而又才兼文武，調度高放，謀猷經遠，智略無前。精明豪邁，任重有餘。平生以氣節自負，功業自許。素少許可之理學宗師及其門徒，亦莫不相推重。然而讒擯銷沮，南歸四十餘年間，強半皆廢棄不爲時用，用亦不得盡其才。遂乃自詭放浪林泉，藉歌詞爲陶寫之具。而世亦竟以詞人稱焉。稼軒於詞家別開生面：悲壯激烈，發揚奮屬。本色自見，不主故常。橫絕六合，掃空萬古。而又胸貯萬卷，融會如神。蓋前代詞家所未有也。文章議論則英偉磊落，智略輻湊。書法亦飛動奇絕。惜年遠散沒，今則多已無可考見云。〔註70〕

先是時人崔敦禮亦贊云：「侯有文武材，偉人也。」〔註71〕可見對稼軒的推崇，古今如一。筆者在此亦謹以「窮則獨善其身，達則兼善天下」的傳統儒家精神論贊之，仰望高風，竊願效法於萬一。

〔註70〕見鄧廣銘《辛稼軒年譜》，頁 6～8。
〔註71〕見崔敦禮《宮教集》卷六〈代嚴子文滁州奠枕樓記〉，臺北：商務印書館，1971年（景印四庫全書珍本）。

第四章　稼軒的武功與政績

　　稼軒以「歸正北人」的身份來到偏安江左的南宋，雖然胸懷恢復大志，並擁有軍事謀略專才與衝鋒陷陣的作戰經驗，但卻是在政治權謀之利用與打壓的極端矛盾下，有志難伸地滿懷塊壘而終其一生。然而一旦有可伸展其抱負的契機，不問是否為政治權謀的利用，稼軒也從不放棄報國淑世的機會；此從其投歸南宋後，所受命各職官任內的積極表現可獲見證。而這些積極的表現，也正是稼軒諸多優質文學與兵學著作所歸根的環境、思想背景；因此，探討稼軒軍事文學與兵學思想，對稼軒畢生武功、政績的瞭解，實為首先必要的課題。

第一節　傳奇的武功

　　在異族統治、遭受種族歧視與欺凌下而成長的稼軒，幼承祖訓所陶鑄而懷抗金復國的壯志，終其一生沒有得到具體的實現；雖擁有軍事謀略長才與實際作戰經驗，但畢身圖以軍事長才恢復大業的宿志，終究被嫉害而未能伸展。只有來歸南宋前集地方及個人武力所展現的事功，來歸後任職地方帥臣時所敉平民亂與整備軍武的事蹟，為後人在研誦其多產詞作之外所津津稱道者。確切的說：「他是一位誓死抗金、以恢復中原為己任、文武雙全的英雄；是胸有韜略、滿腹經綸的軍事家；又是揮戈躍馬馳騁沙場，能以五十騎衝入敵營捉拿叛徒如雄鷹銜鵁兔的孤膽勇士；又是一個未遇明主、報國無門、壯志難酬、含憤而終的悲劇性人物！」〔註 1〕正因為有如此矛盾的身世背景，所以成就他在中國詞

─────────────────────────

〔註 1〕　見汪誠著《辛棄疾‧慷慨豪放的愛國詞家》，頁 3，幼獅文化事業公司，1990

壇上能於「剪紅刻翠之外，屹然另立一宗」〔註2〕，以反映出時代的哀怨、悲憤和民族的災難、願望等為主軸的悲壯激烈、縱橫豪放的詞風。

一、號召起義

正當金朝海陵王完顏亮在弒主自立，經過一番內部誅殺鬥爭後，於紹興三十一年（西元 1161）執意揮大軍南侵；長期在金人鐵蹄壓迫下的民眾，乃紛紛投入以武力抗金的行列。先後有張旺、徐元舉義旗於東海縣，魏勝起義於海州，開趙反於密州，王友直舉於河北，耿京發於山東……等，〔註3〕一時之間黃河南北出現抗金復國的大好形勢。此際，二十二歲的稼軒亦奮臂而起，於山東濟南號召組織了二千多人的游擊隊伍，起義抗金；其後為統合抗金力量，率所部投效歸附以耿京為首的山東農民起義軍，而受委以書記之職。據稼軒之後所進〈美芹十論·箚子〉自云：

> 粵辛巳歲，逆亮南寇，中原之民，屯聚蜂起。臣嘗鳩眾二千，隸耿京，為掌書記，與圖恢復。共籍兵二十五萬，納款於朝。

另徐夢莘《三朝北盟會編》卷二四九亦詳載：

> 濟南府民耿京怨金人徵賦之騷擾，不能聊生，乃結集李鐵鎗以下得六人，入東山，漸次得數十人，取萊蕪縣、泰安軍，……自此漸盛，俄有眾數十萬。〔註4〕

李心傳《建炎以來繫年要錄》卷一九六記載：

> 京怨金人徵賦之橫，不能聊生，與其徒六人入東山，漸得數十人，取萊蕪縣，有眾萬餘。……乃以棄疾權掌書記。〔註5〕

《宋史》稼軒本傳載以

年 11 月出版。

〔註2〕 《四庫全書總目提要·集部·詞曲類》，臺北：商務印書館，民國 72 年影印《文淵閣四庫》。

〔註3〕 章穎撰劉、岳、李、魏四將傳，魏勝傳云：「時亮舉兵瑜淮。太行山之東，忠義之士蠭起：開趙起於密州，有眾十餘萬，以助膠西之師。王世隆起兵援海道。夏俟取泗州來歸。耿京起濟南，取兗州。陳亨祖復陳州。孟俊焚虜舟而守順昌。李雄復鄧州而抗劉萼。王友直復北京。潼關以東，淮水以北，奮起者不可殫紀。」引自鄧廣銘《辛稼軒年譜》，頁 27，上海古籍出版社，1997 年 5 月。

〔註4〕 宋徐夢莘撰《三朝北盟會編》卷 249，文海出版社，1977 年 12 月再版，第四冊頁 366。

〔註5〕 宋李心傳《建炎以繫年要錄》，大陸中華書局，1988 年版。

金主亮死，中原豪傑並起，耿京聚兵山東，稱天平節度使，節制山
東、河北忠義軍馬。棄疾爲掌書記，即勸京決策南向。……〔註6〕

雖「金主亮死」之時事略有錯置，但都明確記載稼軒這段趁隙而起，踐履自
幼所承報國淑世、完成恢復大業的祖訓，與爲實現祖父遺志而無所顧念的慷
慨義舉。而稼軒雖富有韜略與文章的才能，卻能以恢復大業之全局爲重，甘
願屈身投效僅農民背景忠義軍領袖耿京帳下；更呈現有大志、謀大事者不拘
小節與不計個人利害的卓卓風範。

　　在這期間，稼軒另因遊說同時聚眾千人起義之舊識僧義端歸附耿京，在
義端一夕竊印叛逃時，獨自追斬其首以歸報的壯舉，而有被喻爲「青兕」的
個人武功事蹟；史書上是這樣寫著：

僧義端者，喜談兵，棄疾間與之遊。及在京軍中，義端亦聚眾千餘，
說下之，使隸京。義端一夕竊印以逃，京大怒，欲殺棄疾。棄疾曰：
『勾我三日期，不獲，就死未晚。』揣僧必以虛實奔告金帥，急追
獲之。義端曰：『我識君眞相，乃青兕也，力能殺人，幸勿殺我。』
棄疾斬其首歸報，京益壯之。〔註7〕

韜略方面，稼軒則爲了延續這一股抗金復國的勢力，主張南向聯結宋室以取
得官軍的支持，擴大恢復中原的形勢。是年十一月，金兵敗於采石磯完顏亮
被內訌的部下所弒後，金軍北還。十二月，耿京聽諫決意派遣諸軍提領賈瑞
奉表南向聯結宋室，俾延續抗金復國的氣勢；賈瑞以「如到朝廷，宰相以下
有所詰問，恐不能對」〔註8〕爲由請一文人同往，稼軒遂奉命隨同凡十餘人南
行聯宋。之後的行程，據《三朝北盟會編》卷二四九所載：

到楚州，見淮南轉運副使楊抗，發赴行在。是時，上巡幸在建康。
乙酉，瑞等入門，即日引見，上大喜，皆命以官：授京天平軍節度
使，瑞敦武郎閤門祗候，皆賜金帶；棄疾右儒林郎，改右承務郎；
其餘，統制官皆修武郎，將官皆成忠郎。凡補官者二百餘人，悉命
降官告。令樞密院差使臣二員與瑞等詣京軍。樞密院差使臣吳革、
李彪齎京官告、節鉞及統制官以下告身。至楚州，革、彪不敢行，

〔註6〕　見《宋史》卷四○一〈稼軒本傳〉
〔註7〕　同前註。
〔註8〕　宋李心傳《建炎以繫年要錄》卷一九六，臺北：商務印書館，民國64年版。
　　　　《會編》第四冊頁366亦有記載。

請在海州伺候，京等到來即授告節。

從以上的記載，可知稼軒南向聯宋的謀略建言，是正確且受到重視的；不但同來聯宋的同僚均蒙賜官祿，還擴及耿京所部凡二百餘人。試想，在海陵王完顏亮伏誅之後，先前自立於遼陽的金世宗已漸穩住北方政局，中原抗金勢力已無乘金廷矛盾內鬥所獲得的利機；加以面臨金兵正規軍的武力鎮壓與離間分化，勢必走向衰敗滅亡。因此，聯結南渡宋室獲得與正規軍人力、物力的結合奧援，實爲延續抗金勢力的命脈，伺機恢復中原的唯一選擇。只是「不幸變生肘腋，事乃大謬」〔註9〕，客觀形勢的變化——叛將張安國、邵進殺死耿京投降金軍，阻礙這次南北聯合抗金復國的機會。而從南宋朝廷客觀形勢觀察，宋室也沒有積極北伐興復的作爲。蓋從權相秦檜當政、紹興議和以來，「將堅好以息民，申有永之懽盟，欲無易老成之舊德」〔註10〕，二十餘年苟且偏安江左的普遍心態，迄今已到高宗主政的末年，實無庸再論趙構會有興復宋室的積極作爲。就連樞密院奉命執官告節鉞代表朝廷北上授告節的官員，都畏縮不敢前進深入敵境的態度，已可見一斑。

二、擒拿叛將

在稼軒等圓滿達成南來聯宋的任務，並獲高宗朝廷正式任命各項職銜之際；北方抗金形勢卻發生逆勢的變化。當一行人齎官誥節鉞北返宣達朝廷旨意抵海州之際，北方卻傳來叛將張安國、邵進等掩殺義軍領袖耿京投降金軍的巨變；且金廷急於穩定北方政局，二月庚子金世宗詔告：「前戶部尙書梁銖、戶部郎中耶律道安撫山東百姓，招諭盜賊或避賊及避徭役在他所者，併令歸業，及時農種，無問罪名輕重，併與原免。」〔註11〕造成整個抗金形勢頹敗的局面。義憤塡膺的稼軒乃夥同統制王世隆、忠義人馬全福等，以五十騎直入金兵五萬人大營中，生擒叛將張安國等；南返獻之於臨安，斬之於市街。《宋史·稼軒本傳》記其始末：

> 會張安國、邵進已殺耿京降金。棄疾還至海州，與眾謀曰：『我緣主帥來歸朝，不期事變，何以復命？』乃約統制王世隆及忠義人馬全

〔註9〕 語見稼軒《美芹十論·箚子》。
〔註10〕 《建炎以來繫年要錄》卷一八二，紹興二十九年六月申朔、丁亥條。紹興二十五年秦檜遺言。
〔註11〕 《金史》卷六〈世宗本紀〉。

福等徑趨金營。安國方與金將酣飲，即眾中縛之以歸。金將追之不
及。獻俘行在，斬安國於市。仍授前官，改差江陰簽判。

友人洪邁亦云：

余謂侯本以中州雋人，抱忠仗義，章顯聞於南邦。齊虜巧負國，赤
手領五十騎，縛取於五萬眾中，如挾兔兔，束馬銜枚，間關西奏淮，
至通晝夜不粒食。壯聲英概，懦士為之興起，聖天子一見三歎息，
用是簡深知。〔註12〕

對稼軒之忠義勇武，推崇極至。事隔近四十年，稼軒在晚年退隱瓢泉聞客慨
然談論功名時，想起這一段英勇往事，曾寫下〈鷓鴣天〉：「壯歲旌旗擁萬夫，
錦襜突騎渡江初。燕兵夜娖銀胡䩮，漢箭朝飛金僕姑。」〔註13〕也為此留下
有力的註腳。

有關擒殺叛將張安國乙事，史書、史料等文獻記載略有出入；《宋史》卷三
十二〈高宗本紀〉載云：「閏月癸丑……張安國等攻殺耿京，李寶將王世隆攻破
安國，執之以獻。」而卷四〇一〈稼軒本傳〉則記以：「……（稼軒）乃約統制
王世隆及忠義人馬全福等徑趨金營。安國方與金將酣飲，即眾中縛之以歸。金
將追之不及。獻俘行在，斬安國於市。」《宋史紀事本末》記載〔註14〕略同〈稼
軒本傳〉；而友人洪邁之論贊已如上述，朱熹也記述以「耿京起義兵，為天平軍
節度使。有張安國者亦起兵，與京為兩軍。辛幼安時在京幕下為記室，方銜命
來此致歸朝之義，則京已為安國所殺。幼安歸後，挾安國馬上，還朝以正典刑。」
〔註15〕有人認為洪、朱之言係「交友頌譽之誇張」〔註16〕。章穎撰劉、岳、李、
魏四將傳之魏勝傳則云：

耿京由太行遣人以表至，即拜檢校少保、天平節度使；未及拜命，
其徒張安國殺京。時葛王雍已立，大赦曰：『在山者為盜賊，下山者

〔註12〕洪邁《文敏公集》卷六〈稼軒記〉。（鄧廣銘《辛稼軒年譜》，頁27）
〔註13〕〈鷓鴣天〉（有客慨然談功名，因追念少年時事，戲作），鄧廣銘《稼軒詞編
　　　　年箋註》卷四，頁483）
〔註14〕《宋史紀事本末》卷七十四〈金亮南侵〉所載「閏月，辛棄疾至山東，值耿京
　　　　將張安國已殺京降金，棄疾還至海州，與眾謀曰『我緣主帥來歸朝，不期事變，
　　　　何以復命』乃約統制王世隆，忠義人馬全福等，徑趨金營，即帳中縛安國。獻
　　　　於臨安，斬之。」，臺北：商務印書館，民國55年4月臺初版，頁611～612。
〔註15〕《朱子語類》卷一百三十二〈中興至今人物〉，〔宋〕黎靖德撰，北京中華，
　　　　1999年版。
〔註16〕蔡義江、蔡國黃《辛棄疾年譜》，頁41，濟南：齊魯書社，1987年8月版。

爲良民。』中原忠義所在保聚以待,而往來議和使命相踵於道。中原之民,乃乘赦宥,歸保田里,故張安國貪虜重賞殺京。其後張浚開督府,嘗問孰能爲我生致安國者,王世隆應募願往,浚命以五百騎與之,世隆辭焉,止以所部二十騎往。時安國已受僞命知濟州,世隆以一騎至濟州,謁入,安國駭曰:『世隆已南歸,胡爲至此?』使其人出視之,曰『貌瘠而赤鬚也。』果然。出見之,世隆拔刀劫之上馬出郊議事,庭下莫敢動。且曰:『王師十萬至矣。』及交所隨騎,每四五里則置一二騎,盡二十騎而驅安國並馬而南矣。督府以安國詣行在所,下廷尉,劾反覆狀。初,京以表進,世隆、安國俱列姓名矣。安國服罪,戮之都市。

如此詳盡的記載,似乎不可能毫無根據;然證諸其他史料,這裡所記載並無隻字道及稼軒,顯然有所缺漏。蓋就稼軒號召起義、追斬僧義端的勇武氣概,在併隨賈瑞與王世隆等北返覆命,聞張安國叛逆情事,定當義憤塡膺而有積極的反應;是以約同王世隆、馬全福等共赴金營劫擒叛賊,實爲最合理的作爲。至於過猶不及的認定「其首功則稼軒也」〔註17〕、或隻字不提稼軒參與其事,應係出諸個人好惡,不足採信。只是在這一事件之後,北方已無稼軒容身之地,乃投身歸附效命南宋朝廷;奉改差江陰簽判,從掌理文卷的幕僚之職幹起。

三、敉平茶亂

學者研究南宋政權初期所面臨亟待解決的政治課題,「江南地域及南宋政權內部各種反亂的收拾、鎮壓」〔註18〕,爲其中極重要的一項。茶商的反亂,除了延續北地南來的官僚、士大夫階層等與江南故有土著地主群、原住民間所必然產生的糾葛、衝突外;更大的原因在於統治階層、地方官吏的貪瀆與對農民殘酷的剝削,造成民不聊生的社會問題所致。此即稼軒在之後任職湖南撫使時上疏孝宗〈論盜賊箚子〉中所云:

比年以來,李金之變、賴文政之變、姚明敎之變、陳峒之及今李接、陳子明之變,皆能攘臂一呼,聚眾千百,殺掠吏民,死且不顧,重

〔註17〕鄧廣銘《辛稼軒年譜》,頁28,上海古籍出版社,1997年5月。

〔註18〕寺地遵遵著,劉靜貞、李今芸譯《南宋初期政治史研究》,頁23~25;臺北:稻禾出版社,民國84年7月。

　　煩大兵翦滅而後巳，是豈理所當然哉？臣竊伏思念，以爲實臣等輩
　　分閫持節、居官亡狀，不能奉行三尺，斥去貪濁，宣布德意，牧養
　　小民，孤負陛下所致。

更具體分確指出「官府聚歛之弊」的暴征苛歛，與「田野之民，郡以聚歛害
之，縣以科率害之，吏以取乞害之，豪民大姓以兼并害之，而又盜賊以剽殺
攘奪害之」層層剝削的現象等，是以受迫害的人民「不去爲盜，將安之乎？……
民者國之根本，而貪濁之吏迫使爲盜。……」茶商賴文政就是在這種政治與
社會氛圍下，於孝宗淳熙二年（西元 1175）夏四月聚眾起事於湖北，轉入湖
南、江西、廣東各地，官軍數爲所敗；〔註 19〕朝廷爲之震驚。而誠如當時兵
部侍郎周必大在八月一日上奏所指：

　　姑以近日茶寇言之：四百輩無紀律之夫，非有堅甲利兵也，又非有
　　奇謀秘畫也，不過陸梁山谷間轉剽求生耳。自湖北入湖南，自湖南
　　入江西，今更睥睨二廣，經涉累月，出入數路；使帥守監司路分將
　　官稍有方略，用其所部之卒，自可殄滅。顧乃上煩朝廷遠調江鄂之
　　師，益以贛吉將兵，又會合諸邑土軍弓手，幾至萬人，猶未有勝之；
　　但聞總管失律，帥臣拱手，提點刑獄連易三人，其他副將巡尉犇北
　　夷傷之不暇。小寇尚爾，倘臨大敵，則將若何？〔註 20〕

可見當時官軍之腐敗無能。就在這種情勢之下，有實戰經驗的稼軒，承宰相
葉衡的薦舉，六月十日奉命出任江西提點刑獄，節制諸軍，進剿茶商之亂。

　　稼軒到任後，研判敵情、形勢，並協調獲得地方政府的後勤支援；〔註 21〕
即調集贛州、郴州與桂陽等地區的卒眾、弓手，精擇勇壯士卒，並召募敢死
隊，分委偏將扼守茶商軍流的要衝，或追逐奔馳於山谷之間；另以荊鄂之師
養威持重以爲後援，乘敵頹憊，截其後路。〔註 22〕茶商軍原恃其據谿谷險阻

〔註 19〕《宋史·孝宗本紀》「淳熙二年夏四月」記事。
〔註 20〕周必大《奏議》卷四〈論任官理財訓兵三事〉（淳熙二年八月一日）。（《文忠
　　　　集二百卷》臺灣商務，民國 72 年景印文淵閣四庫全書）
〔註 21〕《贛州府志》（江都縣志，〔明〕張華、陸君弼修）卷四十二〈名宦〉：「陳天
　　　　麟，字季陵，宣城人。紹興進士。由廣德簿知襄陽事，所至有惠政。尋知贛
　　　　州。時茶商寇贛吉間，天麟預爲守備，民恃以安。江西憲臣辛棄疾討賊，天
　　　　麟給餉補軍。事平，棄疾奏：今成功，實天麟方略也。」臺南永康：莊嚴出
　　　　版社，民國 85 年（四庫全書存目叢書）
〔註 22〕鄧廣銘《辛稼軒年譜》，頁 52 引《平園續稿》卷三十四〈朝奉郎袁州孫使君
　　　　逢辰墓誌銘〉：「淳熙二年茶寇轉剽江西，君請精擇上軍，參以贛辛、郴桂弓

之地，奔馳出沒於叢林之中，實施遊擊作戰；認定鄉軍弓矢所不能及，也不是披甲荷戈的官軍所能列陣馳逐。孰料在稼軒扼守出入要衝（地形要點）、徵調諸縣鄉兵熟悉鄉土地理環境者深入山中搜索追逐、及鄉兵與官軍精密佈置層層包圍等反游擊策略下，茶商軍頓失所恃的環境優勢，逆轉陷入不利的處境。稼軒乃乘勢誘降，九月派遣興國縣尉黃倬、錢之望赴茶商軍營勸降；其酋首賴文政見大勢已去，乃親自向稼軒投降，接受朝廷的招安。稼軒則將之押到江州，竟予斬殺〔註23〕，結束為期半年多的商茶兵亂。

這一戰是稼軒投效南宋朝廷十多年後，展現其武功與軍事謀略能力的首次；雖然不是他抗金復國宿志的體現，但卻充分顯露他深謀遠慮的軍事才能。他不急功躁進，首先觀察分析茶商軍所憑據為亂的兩湖、江西起伏不定丘陵地形之險阻，研判選擇出入要衝的地形要點，妥置精兵扼守以阻斷亂兵的通行自由；並與地方政府取得良好的協調互動，在作戰地區就近獲得軍餉糧秣的後勤補給。接著汰除老弱篩選勇壯的士兵，區分卒眾的專長、特性部署編配，分別賦予不同的作戰任務。地方鄉兵熟悉當地地形環境者，賦予深入山區搜索追逐反游擊茶軍的任務，外地調集來的官軍則扼守地形要點，阻斷茶軍通路。再協調臨近的荊、鄂官軍做後備、後援的預備部隊，配合殲捕流竄的茶商軍餘孽。就在這種有條不紊、層層協同配合的作戰謀略之運籌策畫並有效執行下，圓滿完成平息茶商兵亂。充份展現稼軒統兵作戰、運籌帷幄的高度能力。

雖然兵部侍郎周必大對稼軒這一戰有不同看法的貶損〔註24〕，但在"勝者為是"的定律下，稼軒這一戰是被多數人肯定與讚賞；就連孝宗也下詔指出「江西茶寇已勦除盡……辛棄疾已有成功，當議優與職名以示激勸。」、「辛棄疾捕寇有方，雖不無過當，然可謂有勞，宜優加旌賞。」〔註25〕而孝宗這

〔註23〕 手，別募敢死軍，分委偏將，或扼賊要衝，或馳逐山谷間；而命荊鄂之師養威持重，乘賊憊，尾於後。…已而上命辛棄疾繡衣持斧乘傳來，竟如君策。」，同前，頁56引《朝野雜記甲集》卷十四〈江茶〉：「……自江南產茶既盛，民多盜販，數百為群，稍詰之則起而為盜。淳熙二年茶寇賴文政反於湖北，轉入湖南江西，侵犯廣東，官軍數為所敗；辛棄疾幼安時為江西提刑，督諸軍討捕，命屬吏黃倬、錢之望誘致，既而殺之江州。都統制皇甫倜因招降其黨隸軍。……」

〔註24〕 周必大《奏議》卷五淳熙二年九月五日〈論平茶賊利害〉「今聞辛棄疾所起民兵數目太多，不惟揀擇難精，兼倍費糧食，今乞令精選可用之士，毋貪人數之眾。至於方略則難遙授。但觀其為人，頗似輕銳，亦須戒以持重。」

〔註25〕 并見《宋會要輯本》〈兵一九之二六〉、〈兵一三之三二〉，楊家駱，臺北世界書局，1964年版。

「雖不無過當」也不必然是同意周必大所奏對稼軒的譎語，筆者以爲很可能是對稼軒誘殺降首賴文政之舉而言。此就周必大《省齋文稿》卷二十〈金谿鄉丁說〉所載：「茶商軍久未平……某對，上曰『卿前日論撫州民兵甚好，但慮所過擾人耳。』亦會辛棄疾誘賊戮之，遂不復問……」〔註 26〕這「遂不復問」不正有對「誘賊戮之」之舉有不以爲然的隱意！蓋"義不殺投降將、卒"，本爲將兵者應有的修爲，而中國傳統兵學思想對戰爭的要求，也強調適可而止、哀矜勿喜的「愼戰」觀念；所謂「善有果而已。……果而勿矜，果而勿伐，果而勿驕。……」、「夫樂殺人者，則不可得志於天下矣。……殺人之眾，以悲哀泣之，戰勝以喪禮處之。」〔註 27〕因此史事所記，對掩殺投降將卒之舉，是多所指謫的。例如司馬遷撰寫〈李將軍列傳〉中特別強調這麼一段：

> 廣之從弟李蔡與廣俱事孝文帝……蔡爲人在下中，名聲出廣下甚遠；然廣不得爵邑，官不過九卿，而蔡爲列侯，位至三公。諸廣之軍吏及士卒，或取封侯。廣嘗與望氣王朔燕語曰：『自漢擊匈奴，而廣未嘗不在其中。而諸部校尉以下，才能不及中人，然以擊胡軍功取侯者數十人；而廣不爲後人，然無尺寸之功以得封邑者，何也？豈吾相不當侯邪？固命也？』朔曰：『將軍自念，豈嘗有所恨乎？』廣曰：『吾嘗爲隴西守，羌嘗反，吾誘者而降，降者八百餘人；吾詐而同日殺之。至今大恨，獨此耳！』朔曰：『禍莫大於殺已降，此乃將軍所以不得侯者也。』〔註 28〕

司馬遷或許是藉相者王朔之語來表達對掩殺降眾之舉的撻伐，所謂「禍莫大於殺已降」正是前所謂將兵者所應惕厲的修爲。當然，漢朝大將軍李廣終究沒有封侯的事實，是否就是相者所指「有所恨」的"冥報"造成？吾人無從、也不宜任意附和無所根據的鬼神幽冥之事；然而，稼軒一生恢復宿願有志難伸，最後落得鬱鬱而終的結果，就其早年誘降賴文政而"戮之於市"之舉，與《史記·李將軍列傳》所言，實有不謀而合的巧合。

四、創建「飛虎軍」

湖南「飛虎軍」的創建，是稼軒展現另一種軍事才能的事蹟，也是稼軒

〔註 26〕見鄧廣銘《辛稼軒年譜》，頁 54～55。（周必大《省齋文稿》）
〔註 27〕語出《老子》第三十、三十一章。
〔註 28〕《史記·李將軍列傳第四十九》（卷一百十九）

勇於任事、堅毅果敢性格的呈現。稼軒在數爲地方帥臣，並實際執行茶商兵亂的平復作戰後，已認清江南地區各種民間反亂的形成，吏治不清實爲根本禍因；在悲憫芸芸眾民而上奏〈論盜賊箚子〉提治療禍根之方策後，獲孝宗親手詔諭懲治盜賊之旨意：

> 卿所言在已病之後，而不能防於未然之前，其原蓋有三焉：官吏貪求而帥臣監司不能按察，一也；方盜賊竊發，其初甚微，而帥臣監司漫不知之，坐待猖獗，二也；當無事時，武備不修，務爲因循，將兵不練，例皆占破，纔聞嘯聚而帥臣監司倉黃失措，三也。夫國家張官置吏當如是乎？且官吏貪求，自有常憲，無賢不肖皆共知之，亦豈待喋喋申諭之耶？今已除卿帥湖南，宜體此意，行其所知，無憚豪強之吏，當具以聞。朕言不再，第有誅賞而已。

同時宣諭宰執「批答辛棄疾文字，可箚下諸路監司帥臣遵守施行。」〔註29〕有皇帝這樣在上面支持推動，稼軒當然更可以放心著手整頓工作。

首先整治湖南地方武力"鄉社"，延續高宗以來「重整亂上加亂的統治機構，回復國家與鄉村紐帶關係」〔註30〕的政治課題。湖南鄉社是由地方豪酋所控領的地方武裝組織，大者統領數百家，小者亦有二三百人；或名「彈壓社」，或名「緝捕社」，在閉塞的鄉下地方，多數成爲各土豪劣紳欺壓鄉民的工具。而各州縣在推動政令時，也常遭鄉社的阻撓反抗，甚至公然爲敵；因此歷來地方官員，多有奏請盡予罷廢的主張。稼軒則認爲應予因勢利導，有效列管：「鄉社皆雜處深山窮谷中，其間忠實狡詐，色色有之，但不可一切盡罷。今欲擇其首領，使大者不過五十家，小者減半，屬之巡尉而統之縣令，所有兵器，官爲印押。」〔註31〕在獲得皇帝的支持認可下，終能有效控管湖南的地方武裝組織。

接著稼軒進行湖南地方軍事武力的整建。南宋的軍隊，不論是朝廷的禁軍還是地方州縣的廂軍、鄉兵，在朝廷"將從中御"、"統兵權與調兵權分離"、"更成法令兵不知將，將不知兵"及"募兵制造成了大部怯懦無力的軍隊"等根本錯誤的軍政政策外；地方統治、統兵者人謀不臧的結果，更造

〔註29〕以上并見徐漢明《稼軒集》，頁346，附錄引《中興聖政卷五十七・淳熙六年八月壬辰記事一則及宋孝宗批答手詔》，文津出版社，1991年6月版。（《宋史全文》卷二十六，臺灣商務，1983年，景印文淵閣四庫）
〔註30〕寺地遵遵著，劉靜貞、李今芸譯《南宋初期政治史研究》，頁24。
〔註31〕李心傳《建炎以來朝野雜記甲集》卷十八〈湖南鄉社條〉。

成普遍風紀敗壞不堪、士氣萎靡不振的情形。稼軒所面對的荊湖地區，也是一樣節制和統帥事權不一，士兵為將校所私自佔用，甚至作為私人僕役。更有甚者，將帥出資使喚士兵為商賈、列市販賣以為營利工具；而士兵普遍亦樂於為將校之心腹，以取得升遷、飽暖生活衣食。因此，這些地方軍隊平時毫無教騎習戰、操練技勇的訓練，也無軍隊應有的規矩和紀律；根本不成其為正規軍隊，更談不上為保家衛國所應具備的戰鬥能力了。有鑑於此，稼軒乃上疏孝宗，建議比照廣東「摧鋒軍」、荊南「神勁軍」、福建「左翼軍」，擬在湖南創建「飛虎軍」；上隸朝廷樞密院和前步軍司，就近則專責安撫使的節制、調度。在獲得孝宗的認可，並下詔「委以規畫」後，稼軒便果斷剛毅的積極執行這一建軍備戰的計畫。《宋史》稼軒本傳詳記載一段史事：

> 又以湖南控帶二廣，與溪峒蠻獠接連，草竊間作，豈惟風俗頑悍、抑武備空虛所致。乃復奏疏曰：「軍政之敝，統率不一，差出占破，略無已時。軍人則利於優閒宴坐，奔走公門，苟圖衣食，以故教閱廢弛，逃亡者不追，冒名者不舉。平居則奸民無所忌憚，緩急則卒伍不堪征行。至調大軍，千里討捕，勝負未決，傷威損重，為害非細。乞依廣東摧鋒、荊南神勁、福建左翼例，別創一軍，以湖南飛虎為名，止撥屬三牙、密院，專聽帥臣節制調度，庶使夷獠知有軍威，望風攝服。」詔委以規畫。乃度馬殷營壘故基，起蓋砦柵，招步軍二千人，馬軍五百人，廉人在外，戰馬鐵甲皆備。先以緡錢五萬於廣西買馬五百匹。詔廣安撫司歲帶買三十四。時樞府有不樂之者，數沮撓之，棄疾行愈力，卒不能奪。經度費鉅萬計，棄疾善幹旋，事皆立辦。議者以聚斂聞，降御前金字牌，俾日下住罷。棄疾受而藏之，出責監辦者，期一月飛虎營柵成，違坐軍制。如期落成。開陳本末，繪圖繳進，上遂釋然。時秋霖幾月，所司言造瓦不易，問須瓦幾何？曰：「二十萬。」棄疾曰：「勿憂。」令廂官自官舍、神祠外，應居民家取溝匜瓦二。不二日皆具，僚屬歎伏。軍成，雄鎮一方，為江上諸軍之冠。〔註32〕

作者用四百餘字佔稼軒本傳五分之一的篇幅來描寫創建飛虎軍這一段歷程，可見其在稼軒一生事蹟的重要性；而傳文中把稼軒建軍備戰的能力，堅毅果決的性格表露無遺，更藉以體現稼軒敢於力行"將在軍，君命有所不受"便宜行事的作為，實具備優良將帥所應有的性格。建軍備戰是國防武力的根本，

〔註32〕見《宋史》卷四○一稼軒本傳。

而從無到有，更是最艱辛的工作；稼軒在深知地方武力的弊病所在，奏疏分析軍政弊病以取得皇帝的認可後，即有規畫的積極著手籌辦。從營壘的整治興建、兵眾的招募編集與後勤補給的取得等等，運用個人善於幹旋的手腕，一一突破困難如期完成。而暗藏皇帝御前金字牌，繼續加緊督促完成；權變解決秋天霪雨缺瓦之苦的作為；「許僧民得以石贖罪，皆鑿於潭中，所取不勝計。」〔註33〕斷然便宜行事，令由當地囚徒以石贖罪，調發至潭州駝嘴山開鑿提供整建營壘、拓修道路所急需的大量石材；以及「欲自行贍養，多方理財，取辦酒課，乃始獻議於朝，悉從官賣。」〔註34〕改行榷酒法及由官府專賣，俾取得花費不貲的軍資等等。更顯示他勇於任事、堅定果敢去完成既定任務目標的將帥領導特質，備見他的軍事才幹與慎謀機略。

湖南飛虎軍雖然不是稼軒針對抗金復國的宿願創建，而是因應民間盜亂無法有效扼止與地方軍事武力又廢弛不振的現象所另外籌創的；但卻是以建立永久可用的地方軍事武力為目標，冀望整建成為對內可以敉平盜賊反亂、對外可以禦敵復國的地方正規部隊。否則誠如《朱子語類》所載云：

> 本朝養兵盡國，更無人去源頭理會，祇管從枝葉上去添兵添將……
> 潭州有八指揮，其制皆廢弛，而飛虎一軍獨盛，人皆謂辛幼安之力。
> 以某觀之，當時何不整理親軍，自是可用，卻別創一軍，又增其費。
> 〔註35〕

只要有效整訓既有編制內廢弛之軍隊，既簡省又快速；何必冒可能砍頭的不大韙抗旨行為，耗費不貲的另外整訓一支新的作戰部隊，然後又刻意的建請納入朝廷正規軍「止撥屬三牙、密院，專聽帥臣節制調度。」俾有效調度，止亂制敵。雖然周必大最初反對擴大飛虎軍編訓成為朝廷重要的一支正規部隊而提出書生揣度之見解：

> 湖南帥臣辛棄疾以本路地接蠻徭，時有盜賊，創飛虎一軍，免致緩急調發大兵。……蠻徭僻在溪洞，惟土人習其地利，可與角逐，所用鎗牌器械，專務便捷，與節制之師全然不同，此則辛棄疾創軍伍之本意；今若一切教以三衙戰陣之法，深慮所招新軍用違所長，……

〔註33〕見洪邁《夷堅志》卷八〈湘鄉祥兆〉條，臺北：商務印書館，民國70年版。
〔註34〕宋真德秀《西山文集》卷九〈潭州奏復稅酒狀〉，《四庫全書》本；臺北：商務印書館，民國72年。
〔註35〕引《朱子語類》卷一三〇〈自熙寧至靖康用人〉所載，黎靖德、王星賢作，北京：中華書局，1999年。

三衙偏裨，日赴教閱紀律甚嚴，不容少怠，聞有外路優輕去處，必

是計會請行，在步軍先減見成之人，於飛虎未見其益……〔註36〕

但在飛虎軍建立成為「雄鎮一方，為江上諸軍之冠」的地方武力，並有「……
湖南歲有徭人強盜，自得此項軍兵，先聲足以彈壓，是為曲突徙薪計……」
〔註37〕、「……數年以來，盜賊不起，蠻徭帖息，一路賴之以安」〔註38〕的
具體成效，而為各方所爭相請求支援敉亂，或建請屯赴荊襄與金軍對峙前線
抗敵等事實後；也正面肯定而具體提出的建議：

臣伏御筆詢問飛虎軍出戍荊南事。……適亦曾與郭杲商量，……惟
是以屯田為名，恐軍士疑其薄己；若祇令杲具奏，以謂潭州去三衙
太遠，密邇荊南，乞改隸御前駐劄諸軍，就正軍額支破請給，俟三
數月間，杲自措置起發，庶幾樂從。……〔註39〕

荊襄乞飛虎不已，若歲令一半往來江陵間，使習知大軍紀律，又有
以繫懷土之心……〔註40〕

可惜的是飛虎軍雖甫成軍即雄視江上，互數十年而猶為勁旅，並曾讓金軍畏
稱「虎兒軍」；〔註41〕但是在稼軒離開湖南帥任後，其指揮、訓練、建制配屬
等，顯有每下愈況的情形：「異論紛起，或謂非便、或請改隸、或主移屯；又
以主持非人，風紀莫保，亦遂時染驕悍之習，使稼軒艱難締造之成果，坐此
而幾至全行廢敗。」；〔註42〕即便後來"開禧用兵"也嘗調發前線禦敵，終究
還是因為「統御無術，分隸失宜，兵將素不相諳」〔註43〕以致挫敗，教人扼
腕痛惜。但無論如何，稼軒在建軍備戰的另一個軍事專才，透過湖南飛虎軍
的創建，在歷史上是深獲肯定的。

〔註36〕 鄧廣銘《辛稼軒年譜》，頁77～78，引《周必大奏議》卷十〈論步軍司差撥將
佐往潭州飛虎軍〉。
〔註37〕 同前頁80，引《周必大書稿》卷九〈與趙德老彥逾書〉
〔註38〕 同前頁80，引《朱文公大全集》卷二十一〈乞撥飛虎軍隸湖南安撫司箚子〉。
〔註39〕 鄧廣銘《辛稼軒年譜》，頁79，引《周必大奉詔錄》卷一〈移飛虎軍御筆〉（淳
熙十五年七月）
〔註40〕 同前頁80，引《周必大書稿》卷十淳熙十二年〈與林黃中少卿書〉
〔註41〕 《歷代名臣奏議》卷一八五去邪門〈衛涇奏按郭榮乞賜鐫黜狀〉云：「臣對照
湖南飛虎一軍，自淳熙間帥臣辛棄疾奏請創置，垂四十年，非特彈壓蠻徭，
亦足備禦邊境，北虜頗知畏憚，號虎兒軍。」明陽士奇、黃淮奉勅編，臺灣
商務，1983年，景印文淵閣四庫全書。
〔註42〕 鄧廣銘《辛稼軒年譜》，頁78按言。
〔註43〕 引《歷代名臣奏議》卷一八五去邪門〈衛涇奏按郭榮乞賜鐫黜狀〉條。

五、整頓「備安庫」

　　福建「備安庫」的籌設，也是稼軒另一與軍事有關謀略作爲的展現。稼軒在被讒落職而退隱帶湖閑散十年後，雖然說是銳意全消；但當再被起用爲福建提點刑獄使，一有報效家國的機會就積極想有一番作爲的本性，便又自然流露。在福州上任後，即以赴任道上順訪朱熹所獲期勉「臨民以寬，待士以禮，馭吏以嚴」的態度從事；其後代攝閩帥，乃嚴實的澄清吏治：「厲威嚴，輕以文法繩下，官吏惴栗，惟恐奉教條不逮得謫。」〔註44〕並留意到福建地區面臨大海，每有寇盜爲亂，老百姓生性頑獷難馭，緩急無計可施的現象；〔註45〕認清福建多山，地狹人稠，要負擔宗室、軍隊需索，便已窘困無著；一旦歲收不好，還有賴向臨近地方（廣東）的入糴才能支應的事實；〔註46〕乃有自籌軍備、完善自給自足的後勤補給，及仿照湖南飛虎軍建立足以防盜自衛的地方軍事武力的謀畫。

　　稼軒初任閩憲（提點刑獄）「臨民以寬」，折獄定刑務從寬厚，雖得到基層老百姓的肯定與愛戴；但「馭吏以嚴」地對僚屬嚴予繩墨、而使「官吏惴慄」的作風，在因循苟且的政風背景下，勢必招致怨尤與譏讒。就連當時閩帥（福建安撫使）林枅，都頻傳與之不和的情事。〔註47〕而在林枅辭世代攝閩帥時，稼軒更又積極上疏〈論經界鈔鹽〉箚子；于地方豪戶、地主及相與利益結合的貪官污吏，均有所不利。以致當年歲末，到福建才近一年的稼軒，便奉召赴臨安遷太府卿之閒職。〔註48〕所幸在稼軒仍堅決懷抱恢復之志，於

〔註44〕蔡義江、蔡國黃《辛棄疾年譜》，頁 201，引真德秀《西山文集‧少保成國趙正惠公希懌墓誌銘》載云；濟南：齊魯書社，1987 年 8 月版。

〔註45〕見《宋史》卷四〇一稼軒本傳「福州前枕大海，爲賊之淵，上四郡民頑獷易亂，帥臣空竭，急緩奈何？」。

〔註46〕見《宋史》卷四〇一稼軒本傳「謂閩中土狹民稠，歲儉則糴於廣，今幸連稔，宗室及軍人入倉請米，出即糶之。……」

〔註47〕見蔡義江、蔡國黃《辛棄疾年譜》，頁 200，引《朱文公大全集‧續集‧四‧答劉晦伯書》：「林帥固賢，然近聞其與憲司不協，亦大有行不得處。……」及黃榦《勉齋集》卷四〈與晦庵先生書〉：「……劉仲則來訪云：『渠見攝帥幕，帥與同列多不相下，辛憲又非能下人者，一旦有隙，則禍有所歸……』」

〔註48〕蔡義江、蔡國黃《辛棄疾年譜》，頁 206 所按：「據《宋史‧朱熹傳》載，當時宰相留正反對經界，故辛之內調可能與留正有關。」，作者雖係 "附志以待研究"；筆者認爲應屬合理之推論，故予引用。從稼軒對奉召後不悅的心情，賦〈水調歌頭〉（壬子三山被召，陳端仁給事飲餞席上作）「……余既滋蘭九畹，又樹蕙之百畝，秋菊更餐英。門外滄浪水，可以濯吾纓。……」以明志，亦可得到反證。

光宗召見時乘機疏奏有關國防〈論荊襄上流爲東南重地〉抗金禦守箚子，同年秋加集英殿修撰並任命爲福州知州兼福建安撫使；這一來他才有施展儲備後勤資源，策謀籌建地方軍事武力的機會。履任後，稼軒便「務爲鎮靜」於「積鏹至五十萬緡」後，正式張牓揭示所籌設之儲備後勤機構爲「備安庫」；並規畫用來修建郡學、糴米備荒、糶米存款，及供宗室、軍隊之補給等，以備不時之需。接著策畫準備製造鎧甲、招募壯丁補充軍備、軍額；然後施以嚴格訓練，加強地方防衛、治安武力，以防海盜、邊民之患。這一連串計畫周備的綢繆作爲，再度展現稼軒高度的軍事策謀與執行能力。

　　幅員遼闊的中國，在邊境國防與內部治安上，本有待各所在地方武力與中央軍隊綿密的搭配、協調合作，才能周備而有所成就；前文我們探討過，宋朝屢戰屢敗積弱不振的國防武力，成因雖多，然過度強調集權中央"強榦弱枝"的軍政措施，則是其中最根本、最重要的一個因素。稼軒充份瞭解這種沈痾的軍制弊病，每爲地方帥臣，都有整建足供防盜、自衛之地方武裝力量的作爲。可惜的是，這些完備地方武裝力量俾能壯國強兵的規畫，總是在苟且偷安的政風、妒才忌能的譏讒與對「歸正北人」的排斥壓抑下，少有善果。這一次「備安庫」後的整軍經武，還沒來得及全面推動施行，也同樣在一連串劾以所謂「用錢如泥沙，殺人如草芥，旦夕望端坐閻王殿」〔註49〕、「殘酷貪饕，奸贓狼籍」與「交結時相，敢爲貪酷」〔註50〕等政治迫害下，無疾而終。

第二節　卓著的政績

　　前文筆者曾論及：傳統中國的儒士在科舉制度建立，十年寒窗而一舉成名後，經過歷練，便可出掌一方之軍政大權。而後人在評斷這些歷史人物的功過，也往往依循文治、武功的方向來探討。對稼軒的研究，除數量稱冠宋朝以豪邁傳世的詞學作品外，對他遊宦各方的政績，也是不可或缺的重要課題。

〔註49〕見《宋史》本傳謂係臺臣王藺所劾，史實王藺劾辛，事在淳熙八年，本傳實誤載。
〔註50〕見前文所引：紹熙五年七月諫官黃艾劾以「殘酷貪饕，奸贓狼籍」被罷帥任，仍主建寧府武夷山沖佑觀；九月御史中丞謝深甫再劾奏以「交結時相，敢爲貪酷」，降充秘閣修撰。

　　大陸學者汪誠形容「他是一個卓越幹練、踏實精明、敢作敢為、直道而行，雖在調動頻繁、屢遭誣陷而政績卓著的封疆大吏！」〔註51〕可說是精確道出稼軒從政的性格與態度。稼軒投效南宋朝廷後，帶著「歸正北人」有色彩的身份背景，面對南宋朝廷仍奉行祖宗「不久任一職」等不成文家法，而整體朝政、士大夫風氣仍普遍瀰漫苟且偏安的心態，及當朝循吏多有結黨、善妒的慣性等惡質的政治環境；被排斥、壓抑是可想知的。致使前後為宦二十餘載，竟更替了近二十次的官職；而雖在「調動頻繁、屢遭誣陷」的情況下，稼軒猶仍抱持經世致用、福國淑世「達則兼善天下」的一貫態度，更見其超拔卓越、自然偉大的人格。

一、滁州救荒

　　乾道八年（西元 1172）稼軒自司農主簿遷任以右宣義郎出知滁州府，這是他投效南宋朝廷十年後第一次為帥臣於一方。滁州（今安徽滁縣）屬南宋時淮南東路，地處江淮之間，為宋、金對峙往來之要衝；稼軒前來主政，正是他可以展現抗金復國抱負的機會。尤其滁州位在雙方接戰前線，而稼軒前不久才繼《美芹十論》後分別進呈《九議》、〈論阻江為險須藉兩淮疏〉、〈議練民兵守淮疏〉等諸抗金復國具體軍事謀略的奏章，更可以藉由這一次為帥前線而獲得實地驗證的機會。然而現實卻不能讓他稱心如意，這時候的滁州景況，在宋、金連年征戰中，屢遭兵燹，是戰爭破壞最為慘重的地方之一；加以連年的旱災之苦，老百姓的生活真可謂民不聊生，以致絕大多數的百姓都逃難在外。據時人崔敦禮所云：

> 八年某月，滁州闕守，詔用右宣教郎辛侯幼安。至之日，周視郛郭，
> 蕩然成墟，其民編茅藉葦，寄于瓦礫之場，廬宿不修，行者露蓋，
> 市無雞豚，晨夕之須無得。〔註52〕

蕩然如同廢墟的滁州，留下的百姓只能編葺茅葦寄居於瓦礫堆中，往來行旅也只能露宿於街頭；老百姓連民生最基本的三餐飲食，都無法獲得滿足……，此情此景是何等淒慘啊！而稼軒自己也這樣形容：

〔註51〕汪誠《辛棄疾・慷慨豪放的愛國詞家》，頁 3，幼獅文化事業公司，1990 年 11 月出版。

〔註52〕引崔敦禮《宮教集》卷六〈代嚴子文滁州奠枕樓記〉，商務印書館，1971 年。（四庫全書珍本三集）

滁之爲州，地僻而貧，其俗勤於治生而畏官府，自力田之外無復外慕，故比他郡爲易治。然處於兩淮之間，用兵者之所必爭，是以比年以來蒙禍最酷。〔註53〕

因此，稼軒拯災救荒猶恐不及，那能稱心如意的施展他抗金復國的工作？然而稼軒並不氣餒，首先檢討「自乾道初元迨今八年矣，天子之涵養綏拊兩淮者至矣，而滁之水旱相乘凡四載，民之復業者十室而四。」〔註54〕爲何在符離兵敗隆興議成，兩淮各地獲得涵義生息；而獨滁州仍舊荒蕪依然？乃以帥臣的身份自省認爲：「是可已也耶？自兵休迄今，江北所在寧輯，雞鳴犬吠，邑屋相接，而獨滁若是，守土者過也，余何辭！」〔註55〕應該是主政者的過失。因此，也惟有先安輯災民於水深火熱之後，才能逐步實施他守淮保江進圖恢復的戰略作爲。

到任後他首先奏請朝廷特別豁免當地農民所欠官府的稅賦（五百八十餘萬錢），接著實施寬征薄賦招撫流散民邙、製陶伐木借貸建屋以絕風火毀屋之災、利用公家富餘的稅財招募賦閒的遊民營造商旅客邸以招徠四方商賈等等〔註56〕，一連串惠民活商的德政，終使「流逋四來，商旅畢集，人情愉愉，上下綏泰，樂生興事，民用富庶。」〔註57〕半年之中使滁州重現商旅活絡、州民安居樂業的蓬勃生機。這同時稼軒也沒有忘記「教民兵、議屯田」等訓練州民建立自衛武力以鞏固州境防衛的能力，把先前自己在《美芹十論》、《九議》、〈議練民兵守淮疏〉等所提練兵、屯田等建議在這裡實地施行。組織當地壯丁及北方逃避戰亂南來的流民，平時教以農事施行"屯田"，利用農閑進行軍事訓練，授以禦敵格鬥之術，以備盜亂之急；必要時也可提供抗金復國之需，期盼他所主張寓兵於民、亦兵亦農練兵以據淮保的戰略，能在這裡獲得實踐。

眼見一切努力漸有所成，稼軒同時見「郡之酤肆，舊頹廢不治，市區寂然，人無以爲樂」，乃就舊有館肆整建「繁雄館」，並「即館之旁，築逆旅之邸，宿息屏蔽，罔不畢備；納車聚橐，各有其所；四方之至者，不求皆予之以歸。」以招徠客旅；然後在逆旅之邸上籌建「奠枕樓」，提供人們辛苦之餘利

〔註53〕 見周孚《蠹齋鉛刀篇》卷二十三〈滁州奠枕樓記〉（引稼軒所言）。

〔註54〕 見同前註。

〔註55〕 見崔敦禮《宮教集》卷六〈代嚴子文滁州奠枕樓記〉。

〔註56〕 參見周孚《蠹齋鉛刀編》卷二十三〈滁州奠枕樓記〉。

〔註57〕 以下所引併見見崔敦禮《宮教集》卷六〈代嚴子文滁州奠枕樓記〉。

用閒暇以登樓取樂，俾使「面城邑之清明，俯閭閻之繁夥，荒陋之氣一洗而空矣。」在奠枕樓落成之日，稼軒舉酒昭告百姓父老：

> 今日之居安乎？壯者擐甲冑，弱者供轉輸，急呼疾步，勢若星火，時則思太平無事之爲安；水旱相仍，秉耒耜者一墢不得起，糴甚貴，衾裯不得易斗粟，時則思豐年樂歲之爲安；驚懼盜賊，困逼於饑饉，蕩析爾土，六親不得相保，時則思安堵樂業之爲安。今疆事清理，年穀順成，連甍比屋之民各復其業，吾與父老登樓以娛樂，東望瓦梁、清流關，山川增氣，鬱乎葱葱，前瞻豐山，玩林壑之美，想醉翁之遺風，豈不休哉？

將自己在滁州居安思危、未雨綢繆地完成多項軍政措施，與終使民眾安居樂業、沉浸於山川林壑之美的成效，藉此昭告表白。並有與友人唱和的詞句，誌記當地盛況：

> 征埃成陣，行客相逢，都道幻出層樓。指點簷牙高處，浪涌雲浮。
> 今年太平萬里，罷長淮千騎臨秋。憑欄望：有東南佳氣，西北神州。
> 千古懷嵩人去，還笑我身在、楚尾吳頭。看取弓刀陌上，車馬如流。
> 從今賞心樂事，剩安排酒令詩籌。華胥夢，願年年人似舊游。〔註58〕

滁州因戰亂饑饉以致人口流失、商旅不行，經其費心經營後已呈「征埃成陣，行客相逢，都道幻出層樓……車馬如流……」的繁榮景象。雖然籌建"奠枕樓"是「從今賞心樂事，剩安排酒令詩籌」的場所，但對友人周孚說明：定名「奠枕」，不是爲了游樂觀賞的奢華生活；而是在「今歲又宜麥而美禾，是天相吾民也」樂歲的背景下「以誌滁人至是始有息肩之喜，而吾亦得以偷須臾之安也」之意。周孚則作〈奠枕樓記〉一文〔註59〕，詳記稼軒治滁立樓之

〔註58〕〈聲聲慢〉（滁州旅次登奠枕樓作，和李清宇韻）
〔註59〕以上所引周孚《蠹齋鉛刀編》卷二十三〈滁州奠枕樓記〉：乾道八年春，濟南辛侯自司農主簿來守滁，時滁人方苦於饑，商旅不行，市物翔貴，民之居茅竹相比，每大風作，惴惴然不自安。侯既至，釋民之負於官者錢五百八十萬有奇。凡商旅之過其郡，有輸於官，令減舊之十七。侯又陶瓦伐木，貸民以錢，使新其屋，以絕火災。夏麥大熟，商旅坌集，榷酤之課倍增，流亡復還，民始蘇。侯乃以公之餘錢，取材於西南山，役州之閒民，創客邸於其市，以待四方之以事至者。既成，又於其上作奠枕樓，使民以歲時登臨之。是歲秋，予客游滁，侯爲予言其名樓之意曰：「滁之爲州，地僻而貧，其俗勤於治生而畏官府，自力田之外無復外慕，故比他郡爲易治。然處於兩淮之間，用兵者之所必爭，是以比年以來蒙禍最酷。自乾道初元迨今八年矣，天子之涵養綏拊兩淮者至矣，而滁之水旱相乘凡四載，民之復業者十室而四。吾來承之而

始末；並贊曰：

> 夫君子之仕，凡事之在民者，皆我所當盡力也，盡吾力而不成，吾
> 無憾焉。苟曰吾樂大而狹小，豈民望哉。今以侯之仕進而較其同列，
> 蓋小屈矣，人意侯不樂於此也，而侯勿惰勿媮，以登於治，亦可謂
> 賢矣。故樓之役雖小，而侯之心其規規然在民尚可驗也。夫敏以行
> 之，不倦以終之，古之政也，其可無傳哉！

《宋史》稼軒本傳雖然僅以「出知滁州。州罹兵燼，井邑凋殘，棄疾寬征薄
賦，招流散，教民兵，議屯田，乃創奠枕樓、繁雄館。」短短三十五個字記
錄這一段歷史，但也充滿肯定褒崇的春秋之意。

二、江陵治盜

　　稼軒在滁州解荒救災展現其治理一方的長才後，不久又被委以緝盜平亂
的重任；敉平茶商賴文政一役，充份顯露其軍事謀略方面的專才；也因此，
稼軒在南宋朝廷已取得被相當肯定的地位。差知江陵府兼湖北安撫使，就是
在這種氛圍下，因江南地方的各種反亂一再發生〔註60〕，而朝廷一直無法有
效根治，稼軒乃又被委以嚴治地方盜亂的重任。

　　淳熙四年（西元 1177）三月間，稼軒赴江陵知府兼湖北安撫之任，迄同
年冬因「江陵統制官率逢原案」徙知隆興府兼江西安撫；雖在江陵府任上不
到一年的時間，但稼軒以「治亂世用重典」的嚴厲方法，終能根絕盜亂。據
樓鑰撰〈朝請大夫曹君墓誌銘〉云：「君諱蛊……調江陵令。……大卿辛公棄
疾帥江陵，治盜素嚴。有盜牛者，配江州，吏緣其意，欲沉之江；君慨然稟
白，公改容歡賞，卒俾如令。」〔註61〕其後接任江陵帥臣的姚憲亦云：「故帥

> 政又拙，幸國家法令明備，循而守之，無失闕敗。今歲又宜麥而美禾，是天
> 相吾民也。吾之名是樓，非以奢游觀也，以誌滁人至是始有息肩之喜，而吾
> 亦得以偷須臾之安也。子以為何如？」予以為天下之事，常敗於不樂為者。
> 夫君子之仕，凡事之在民者，皆我所當盡力也，盡吾力而不成，吾無憾焉。
> 苟曰吾樂大而狹小，豈民望哉。今以侯之仕進而較其同列，蓋小屈矣，人意
> 侯不樂於此也，而侯勿惰勿媮，以登於治，亦可謂賢矣。故樓之役雖小，而
> 侯之心其規規然在民尚可驗也。夫敏以行之，不倦以終之，古之政也，其可
> 無傳哉，故予樂為之書。十月三日左迪功郎新差充真州州學教授濟北周孚記。

〔註60〕據稼軒〈論盜賊箚子〉云：「比年以來，李金之變、賴文政之變、姚明敎之變，
陳峒之變，及今李接、陳子明之變，皆能攘臂一呼，聚眾千百……」

〔註61〕見《攻媿集》臺北：商務印書館，民國 54 年（四部叢刊初編縮本）

得賊輒殺，不復窮究，姦盜屏跡。……」〔註62〕可見稼軒嚴厲治盜之一斑。至於江陵統制官率逢原放縱部屬欺凌百姓乙事，稼軒以持平態度詳加調查瞭解後，認係「曲在軍人」而向上劾奏；更可見稼軒不循私相護、不畏懼強權的凜然正氣。

稼軒為政的用心、治理百姓的態度，從其後所奏〈論盜賊箚子〉中，可以窺見其關心民瘼、主張以仁政統治的悲天憫人之心。首先，不一味的把反亂事件歸咎於百姓的刁蠻；而是以自我反省檢討的罪己心態，認係「臣等輩分閫持節、居官亡狀，不能奉行三尺，斥去貪濁，宣布德意，牧養小民，孤負陛下使令所致。」〔註63〕並以史為鏡，舉唐太宗與群臣論盜所言：「民之所以為盜者，由賦繁役重，官吏貪求，饑寒切身，故不暇顧廉恥爾。當輕徭薄賦，選用廉吏，使民衣食有餘則自不為盜，安用重法耶。」來印證說明其所認為盜賊滋生的原因，以及根絕此一亂象的主張。接著，檢討官府層層暴征苛歛與豪民因勢兼并掠奪的現況：朝廷所不許：「多取百姓斗面米〔註64〕、將百姓租米折納現錢、科罰人戶錢貫」的政令，至地方官府，貪吏卻是「一歲所取反數倍於前、一石折納至三倍者、旬日之間追二三千戶而科罰者、已納足租稅而復科納者，更有已納足、復納足、又誣以違限而科罰者。……有以賤價抑買、貴價抑賣百姓之物，使之破蕩家業、自縊而死者。……」、「州以趣辦財賦為急，縣有殘民害物之政而州不敢問；縣以並緣科歛為急，吏有殘民害物之狀而縣不敢問；吏以取乞貨賂為急，豪民大姓以兼并害之，而又盜賊以剽殺攘奪害之。」致使貧民百姓「不去為盜，將安之乎？」長此以往，慨嘆「民者國之根本，而貪濁之吏迫使為盜；今年勦除，明年掃蕩，譬之木焉，日刻月削，不損則折。」可能削折動搖國本，懇切建請朝廷「深思致盜之由，講求弭盜之術，無恃其有平盜之兵。」徹底檢討根治此一弊害的方法；並主動向皇上請纓賦予他「按察之權，責臣以澄清之任」，則他將不畏強權地「封部之內，吏有貪濁，職所當問。……當不畏強禦，次第按奏，以誅明憲，庶幾荒遐遠徼民得更生，盜賊衰息，以助成朝廷勝殘去殺之治。」以嚴肅吏

〔註62〕 見宋・施宿撰《嘉泰會稽志・卷十五・人物志》姚憲本傳；臺北：國泰文化事業公司，民國69年
〔註63〕 本段以下引文并見稼軒淳熙己亥〈論盜賊箚子〉
〔註64〕 斗面米：又稱斛麵米。用斗量租糧和稅糧時，將斗內的糧食平面堆高，藉以多取租糧和稅糧之謂。宋代地方官員斗麵實際成為加幾升甚至幾斗的附加稅，有些地方斗麵糧額甚至超過正稅額。

治。並請朝廷同時申勅州縣「自今以始，洗心革面，皆以惠養元元爲意，有違棄法度、貪冒亡厭者，使諸司各揚其職，無徒取小吏按舉以應故事，且自爲文過之地而已也。」如此一來，才能根絕盜亂滋擾的現象。從稼軒這篇奏箚，我們看到了一個眞正用心政事的地方父母官；更可以驗證稼軒於文學、軍事之外的政治才能。時人項安世以詩論贊肯定地紀錄了稼軒治政的成效：

> 十五年前號畏途，只今開闢盡田廬；分明總是辛卿賜，誰信兜鍪出袴襦。（辛卿名棄疾，前此帥荊，弭絕盜亂）〔註65〕

三、湘、贛賑災

淳熙六年（西元 1179）秋冬之交，稼軒經數度調遷後改知潭州兼湖南安撫使；這數度的調遷，除淳熙五年春短暫在中央任大理少卿外，他遊宦於江西、兩湖地區，出任隆興知府兼江西安撫使、湖北轉運副使、湖南轉運副使等地方要職。此期間稼軒的治績，除前述敉平盜亂，整建地方自衛武力，並憐憫民瘼上奏論盜亂的病因及根治之方外；賑災救荒爲稼軒另一值得後人追述、探討的政治事蹟。

世亂、年荒加上地方官吏的貪瀆腐敗，是造成南宋江淮、荊鄂等地民不聊生的主要原因；因此，除了從執法上嚴治盜亂、政治上澄清吏治外，經濟上的調整供輸以賑災救荒，實爲平亂除弊的不二法門。稼軒在滁州帥任時，即有免欠稅、薄徵賦與招徠商旅以活絡經濟等整治災荒的經驗；如今，在江西、兩湖地方任官治盜期間，他更果決的控制糧食買賣，俾免囤積、劫奪之害，並運用方法調度熟稔、災荒地區的供輸；更不受圉地域之限全面強制救賑，終能有效解決贛、湘、鄂等地的災荒。根據記載，稼軒賑災救荒的作爲略有：淳熙七年（西元 1180）春，以官米募工，濬築陂塘，因而賑給；一方面使官米遍及百姓，一方面興修水利、溝渠灌漑以供農需；另釋出椿積米糧賑糶湖南永州（零陵）、邵州（邵陽）、郴州（郴縣）等荒災的地區。進一步興縣學、擢人才、劾貪庸〔註66〕，從作育人才、端正政風根本做起。淳熙七

〔註65〕項安世詩〈文村道中〉（辛卿名棄疾，前此帥荊，弭絕盜亂）詩，見《永樂大典》卷三五七九〈村字韻・文村條〉，中華書局，1984 年版。

〔註66〕以上參見《宋史・孝宗本紀》「淳熙七年二月己亥，出湖南椿積米十萬石振糶永、邵、郴三州。」另《宋會要輯稿》一五二冊〈水利〉「淳熙七年二月四日，知潭州辛棄疾言，欲令常平司本路諸州郡措置以官米募工濬築陂塘，因而賑給，一則使官米遍及細民，二則興水利，從之」、一六〇冊〈賑貸〉「淳熙七年

年冬，稼軒再度被任命知隆興府兼江西安撫使〔註67〕，到任後立即張貼榜文「閉糶者配、強糴者斬」，強制囤積穀米的糧商大戶糶賣存糧，禁止缺糧百姓向糧商強行劫奪，以穩定人心；接著昭告地方官吏、士紳、商賈百姓等，薦舉精明能幹有採買販運專才的人物，由官府不計息貸予本錢，限期一個月內四出購買糧食運回地方糶賣，以平整物價供應民需。這同時，鄰近信州（江西上饒）境內也罹荒災，而前來求助。稼軒不顧僚屬的反對，以「均爲赤子，皆王民也」不分彼此的態度，賑予十分之三的米舟解荒；使荒區人民能安然度過災難，而沒有發生饑饉流亡或鋌而走險的盜亂，有效穩定社會秩序。他這種善用方法、便宜行事的卓越政治才幹，精練治理能力〔註68〕，與「民胞物與」的從政態度，深獲君皇的賞識肯定，亦足爲後世治國理政者之表率。

　　稼軒理政講求方法，處事剛毅果斷、大公無私、賞罰分明；雖然最終還是沒能成就其驅逐韃虜恢復中原的宿願，但他秉持「達則兼善天下」的儒家精神，在軍事、文學之外，充份發揮了福國淑世的政治長才。

四、其　他

　　除了以上所述的治績外，稼軒還有許多治理政務的事蹟爲後人所樂道。《宋史》稼軒本傳記下他秉公爲朝廷擢拔人才的一段事蹟：

> 帥長沙時，士人或愬考試官濫取第十七名《春秋》卷，棄疾察之信
> 然，索亞牓《春秋》卷兩易之，啓名則趙鼎也。棄疾怒曰：『佐國元
> 勳，忠簡一人，胡爲又一趙鼎！』擲之地。次閱《禮記》卷，棄疾
> 曰：『觀其義論，必豪傑士也，此不可失。』啓之，乃趙方也。

毅然剔除名實不符有舞弊之嫌的趙鼎，秉公擢拔有眞才實學的趙方（彥直），

　　二月十七日詔，湖南安撫辛棄疾於前守臣王佐所獻椿積米內有五萬石，應付
　　邵州二萬石、永州三萬石賑糶。以棄疾言溪流不通，舟運艱澀故也。」一一
　　四冊〈教授〉「六月四日詔，郴州宜章縣、桂陽軍臨武縣並置學，從知桂陽軍
　　徐大觀及帥臣辛棄疾請也。」
〔註67〕淳熙四年十一月稼軒因奏劾「江陵統制官率逢原案，曲在軍人」，首度遷任此
　　　　職數月。
〔註68〕見《宋史》卷四百一〈稼軒本傳〉：「時江右大饑，詔任責荒政。始至，榜通衢
　　　　曰：『閉糶者配、強糴者斬。』次令盡出公家官錢、銀器，召官吏、儒生、商賈、
　　　　市民各舉有幹實者，量借錢物，逮其責領運糶，不取子錢，期終月至城下發糶；
　　　　於是連檣而至，其直自減，民賴以濟。時信守謝源民乞米救助，幕屬不從，棄
　　　　疾曰：『均爲赤子，皆王民也。』即以米舟十之三予信。帝嘉之，進一秩。」

正是稼軒揚善懲惡的一貫態度。而趙方在他的提拔下，淳熙八年舉進士，歷任湖北安撫使等職，成爲南宋的名臣，也證實稼軒識人的卓見與爲國舉才的用心。〔註 69〕還有很多舉薦人才、奏劾貪吏之事蹟，諸如：薦舉贛州通判羅願「政清訟簡，化美風俗」，奏陳常德府武陵縣令彭漢老之政績，檄令有才幹的潭州衡山縣尉戴翊世代行縣令之職等，〔註 70〕而贛州太守施元之繩吏過急而害政、知興國軍黃茂材過數收納百姓苗米的貪瀆，知桂陽軍趙善珏「昏濁庸鄙，窠問軍伍，散失軍器，百姓租賦科折銀兩贏餘入己。」〔註 71〕均遭奏劾罷黜。可見稼軒一生處事賞罰分明、剛嚴果決的從政風格。然稼軒治事雖嚴，並不剛愎自用；此從淳熙八年（西元 1181）再度任江西安撫使，新建縣令汪議和先是獨斷專行大忤其意，後又勸阻疏濬豫章東湖游賞之勝二事，稼軒均能從善如流而不堅持已見，可見一斑。〔註 72〕

嘉泰三年（西元 1203 年），六十四歲的稼軒，被起用爲紹興知府兼兩浙東路安撫使，雖然是在韓侂冑企圖藉伐金以自固的背景下受命；但稼軒還是「不以久閒爲念，不以家事爲懷」〔註 73〕，凜然就道，爲國爲民恪盡職責。他瞭解浙東地方貪官污吏、土豪地主魚肉百姓的情況後，馬上奏疏〈論述州縣害農甚者六事〉〔註 74〕，請朝廷責成官吏「嚴加察劾，必罰無赦」；其中所

〔註 69〕據〔宋〕彭百川等撰《錢塘遺事》卷三〈趙方威名〉：「方初登第，作尉時，嘗訪辛稼軒，留三日，劇談方略；辛喜之，謂夫人曰：『近得一佳士，惜無可爲贈。』夫人曰：『我有絹十端尚在。』稼軒遂將添作贐儀，且奉以數書，云諸監司員文字，趙極感之。」這一段記載雖與史未必盡符，然亦可見稼軒獎掖後進的用心。臺灣商務，1983 年。

〔註 70〕以上分見鄧廣銘《辛稼軒年譜》，頁 59、63、84。

〔註 71〕以上分別引見鄧廣銘《辛稼軒年譜》，頁 58、66、75

〔註 72〕宋袁燮《絜齋集》卷十八〈侍御史贈通議大夫汪公墓誌銘〉：「…宰隆興之新建，時歲大祲，府檄公視之，而使人私焉，曰：『幸以郡計爲念。』已而謁帥，首言：『旱甚，十蠲其八矣。』帥艴然曰：『不我告而專之可乎！』公曰：『農民已困，將爲餓殍，賦安從出？明示以所減數，俾户知之，猶足以繫其心；必待稟明，緩不及事，奈何！』大忤其意，以語見侵；公曰：『某頭可斷，言不可食。』帥黽勉從之。……府有東湖之勝，歲久不治，屬公浚之，計工五十餘萬，日役數千人；公言『取之諸邑，寧免追胥？賦於近郊，徒資游手，於饑民無預。且游觀之所，非今所急也。』議由是寢。時淳熙八年也。」這時江西的帥臣，正是稼軒。臺北新文豐，1984 年。

〔註 73〕見宋黃榦撰《勉齋集・與辛稼軒侍郎書》，臺北：商務印書館，民國 72 年。

〔註 74〕〔元〕馬端臨《文獻通考・田賦考卷五》，臺北：商務印書館，民國 72 年，景印文淵閣四庫全書。

指地方官吏利用「折變」〔註75〕、「斗面米」〔註76〕多收錢貨對百姓的侵害尤甚，更可見其一貫以民爲本的政治理念。此與其早年關心民瘼上疏〈論盜賊箚子〉與毫無私心的救濟災荒等種種作爲，所呈現的「民本思想」，毫無二致。

　　另稼軒心中長存恢復志向，也一直在其施政作爲上可見端倪。除前文所述滁州屯田、湖南飛虎軍、福建備安庫等較具體卓著的事蹟外，諸如：淳熙五年奏請申嚴沿邊州縣耕牛戰馬出疆之禁，淳熙八年遣客舟載牛皮運赴淮東總領以供軍用，與晚年復出知鎮江府屢遣諜至金偵察兵情及積極沿邊招募土丁以應敵〔註77〕等等，均可印證稼軒矢志不忘謀畫恢復故國山河的宿願。

〔註75〕折變：宋代民户繳納國税，通常是以一斗爲率，繳納穀物；政府有時需要錢帛，即要民户改納錢帛。而地方官吏在以穀物折合錢帛時，總把穀價估得很高；例如每斗十文，卻硬要民户繳納二十文之類。

〔註76〕參見前註64。

〔註77〕以上分見鄧廣銘《辛稼軒年譜》，頁67、85、148。

第五章　稼軒的軍事文學

　　「軍事文學」是以呈現軍事戰鬥、軍隊生活及人民對戰爭的態度和情緒反應等爲主要內容的文學作品。中國軍事文學源遠流長，廣義而言，可涵蓋先秦以來反映軍事爭戰的文學散文；但不包含專論部隊訓練、裝備技術、佈陣戰略與戰術戰鬥等具體軍事知識的著述，也不含雖在戰爭背景下卻不涉及戰爭的兒女私情、民情等其他社會生活的作品。〔註1〕

　　前文曾述及，宋自趙匡胤建朝以來，鑑於過去藩鎮割據的教訓，把軍權收歸中央，使武將不得專領軍隊；雖然使地方勢力不能與中央抗衡，但也削弱了整體國防力量，以致對外作戰屢遭失敗，每以屈辱求和換取苟且偷安。處在這一時代的有志之士，對這種現象的義憤，及成就馬革裹屍、效命疆場的功名之感情與企圖心非常強烈；從而產生貫穿在文學之中的愛國主義精神，而成爲宋代軍事文學的最基本特色。

　　以「收復中原建立功業」爲畢身宿願的稼軒，早年即萌生「驅逐韃虜、恢復華夏統治」的壯志，其後實地投入軍事行動號召起義、參與抗金的武裝鬥爭，並掌軍中書記工作；投歸南宋後，數任一方帥臣，掌握各該轄地之政、軍實權。因此對中國兵學思想的研究、琢磨與運用，實爲其成就功名、主持地方政軍事務所必須具備的基本能力；這也就是中國傳統文武合一教育所強調，成就事功必備的本職學能。歷來對稼軒的研究，雖然以其詞著爲主流，也莫不兼及其政治事功與軍事思想；尤其對豪壯詞著之闡釋，更有賴從其生命中「沙場功名」之意志與理念的本體來深入推論，才能得其精髓。只是對

稼軒軍事、政治事功與兵學思想的論述，早年多爲附帶性的研究；近年來則
漸有從其軍政事功、兵學思想等來探討的專編與論文。尤其大陸學者，在有
關辛棄疾的專題學術研討不斷舉辦引領下，對稼軒全般文學與兵學著述的探
研，可謂日趨於週備。筆者亦不自量筆拙，擬以稼軒之功業與軍事文學、兵
學思想爲研究對象，期能更進一步瞭解文能治國、武能克敵的稼軒。本章所
要探討稼軒的軍事文學，概以其詞作爲主軸，旁及部份詩、文等文學作品。
其專門論述用兵思想的奏議文章，則另列第六章詳加探討。

　　《四庫全書總目提要‧集部‧詞曲類》對稼軒詞的提要是：「……其詞慷
慨縱橫，有不可一世之概；于倚聲家爲變調，而異軍特起。能於窮紅刻翠之
外，屹然別立一宗。」稼軒是一個在南宋詞壇上以悲壯激烈、縱橫豪邁著稱
的愛國詞家，以當代流通的詞，吟唱出時代的哀怨、悲憤與民族的災難和恢
復的願望；故能於剪紅刻翠的詞風之外，屹然別立壯烈豪邁的一宗，而爲後
人所稱頌。雖然稼軒一生是把自己的生命意義定位在抗金復國事業上，而不
是追求在文學作品上的成就以留名青史；但由於客觀情勢的違逆與政治環境
的壓抑，終使稼軒空負擁有濟世救國的英勇膽識與深謀遠慮的軍事謀略，無
所用力而有志難伸。然自幼在祖父傳統儒家思想的教育薰陶下，所養成擇善
固執的性格，終其一生爲追求恢復事業，而堅持不懈；因此，面對客觀情勢
的逆境與政治環境的壓抑，乃透過文學作品，獲得適切的抒發。這也是中國
傳統的文人、儒將，能「窮則獨善其身」的重要原因之一；也就是說，稼軒
實際上的懷才不遇，雖沒能直接成爲挽救民族發展危機的英雄人物，卻讓他
把滿腔熱血化爲文學上的英雄感愴。而「抗金復國」是南宋最強烈的聲音，
也是辛詞所表達最重要的內容之一；因此「浩邈深沉的家國之憂」〔註2〕乃成
爲辛詞所抒發的一種重要感情，誠如葉嘉瑩所謂：「中國偉大的詩人都是用他
們的生命來書寫自己的詩篇的，用他們的生活來實踐他們的詩篇的。」〔註3〕
對於稼軒的詞作葉教授更進一步指出其特質：

　　　辛詞中感發之生命，原是由兩種互相衝擊的力量結合而成的。一種
　　　力量是來自他本身內心所凝聚的帶著家國之恨的想要收復中原的奮
　　　發的衝力，另一種力量則是來自外在環境的，由於南人對北人之歧

<hr>

〔註2〕　見朱德才、鄧紅梅《辛棄疾詞新釋輯評‧前言》，北京中國書店，2006 年 1
　　　　月版。
〔註3〕　見葉嘉瑩著「唐宋詞十七講」頁 418，臺北桂冠圖書公司，民國 81 年。

視以及主和與主戰之不同，因而對辛棄疾所形成的一種讒毀擯斥的
壓力，這兩種力量之相互衝擊和消長，遂在辛詞中表現出了一種盤
旋激盪的多變的姿態，這自然是使得辛詞顯得具有多種樣式與多種
層次的一個主要的原因。……辛詞中之感發生命，雖然與當日的政
局及國勢往往有密切之關係，但辛氏卻絕不輕易對此做直接的敘
寫，而大多是以兩種形象做間接的表現。一種是大自然界的景物之
形象，另一種則是歷史中古典之形象。〔註4〕

本章將從「愛國懷鄉的深情」、「弔古諷今的幽思」、「審勢制敵的遠謀」、「抗
金復國的素志」等四個面向，來探討稼軒詞作中的軍事文學特質。

第一節　愛國懷鄉的深情

　　愛國主義、民族氣節是宋金對峙時期文學的主要義涵。爰舉義旗南來投効
宋廷的稼軒，更具有強烈的愛國情操與恢復故土的志節；因此，抗金復國乃成
爲稼軒詞的主調，終其一生懷鄉思土之幽情在詞作中俯拾皆是，至死不渝；更
是稼軒軍事文學的主要內容之一。南來後所見的第一闋〔註5〕詞作《漢宮春》（立
春日），雖從立春日所見的風情節物起興，而寫的卻是抒發自己懷念故國的深情
與對南宋君臣苟且偷安的不滿；並傳達時光流逝而英雄無用的愁思。

　　　　春已歸來，看美人頭上，裊裊春幡。無端風雨，未肯收盡餘寒。年時
　　　　燕子，料今宵、夢到西園。渾未辦、黃柑薦酒，更傳青韭堆盤。　　卻
　　　　笑東風從此，便薰梅染柳，更沒些閒。閒時又來鏡裏，轉變朱顏。清
　　　　愁不斷，問何人會解連環。生怕見花開花落，朝來寒雁先還。〔註6〕

從立春日美人頭上裊裊的春幡起興寫出大地春回的景緻，然而卻有無端襲來
的風雨造成春寒料峭；就像南宋朝廷本有中興回春的氣象，但卻被主和偷安
的群小所阻礙般。而自己就像南來避寒的燕子，受制於未盡的餘寒而不得北
歸，只能寄託夢中重遊西園〔註7〕故土；也無心備便這立春來臨所應採辦的應

〔註4〕　葉嘉瑩、繆鉞合著《靈谿詞說》，頁414～415，上海古籍出版社，1987年11
　　　　月；臺北國文天地雜誌社，民國78年12月授權翻印。
〔註5〕　據鄧廣銘《稼軒詞編年箋注》增訂第三版題記頁3～4所論述。
〔註6〕　〈漢宮春〉（立春日），頁5。（以下注引頁碼，均以鄧廣銘《稼軒詞編年箋注》
　　　　爲準，上海：上海古籍出版社，1998年12月第3次印刷。
〔註7〕　北宋汴京西門外的瓊林苑，慣稱西園。

節食品了。下片擴大到整個春天的來臨，不得閑的薰染梅柳給大地帶來新的氣象；然而志士投閑置散、馬齒徒增而報國無門的清愁卻越來越重而無法破解，花開花落時光荏苒的流逝，自己只能徒羨可以北歸的寒雁。寫盡了深沉的家國情愫與生命之悲愁，含蓄的表達朝廷不積極圖謀恢復而放廢英雄志士的怨尤。稼軒這種思鄉懷土、志切恢復的愛國詞作，從早年到晚年、從宦遊而退隱，不論是抒懷、明志、交遊及酬酢應對等所作的篇章，到處可見。

早年宦遊，「聞道清都帝所，要挽銀河仙浪，西北洗胡沙。回首日邊去，雲裏認飛車。」〔註8〕與宋宗室趙德莊酬唱賀壽時，灌注了愛國的濃情；期待趙氏在回到清都帝所皇帝身邊，能有機會鼓動風潮以銀河仙浪去洗淨西北中原腥羶的胡沙。充份表達朝廷能早日決策北伐，恢復故土；將慷慨激烈的豪情，隱含在尋常的酬酢中自然流露。「袖裏珍奇光五色，他年要補天西北。且歸來談笑護長江，波澄碧。」〔註9〕在酬贈建康帥臣史致道之作中，將自己欲補天西北的恢復抱負、熱情與完備固守江東的主張藉機呈現；並一再期勉其能共圖復國事業「塞垣秋草，又報平安好。尊俎上，英雄表；金湯生氣象，珠玉霏談笑。……莫惜金尊倒。鳳詔看看到，留不住，江東小。從容帷幄去，整頓乾坤了。千百歲，從今盡是中書考。」〔註10〕在淮河接臨交戰區的滁州第一次任一方之帥臣，更積極的呈現志切恢復的愛國情懷：

> 征埃成陣，行客相逢，都道幻出層樓。指點檐牙高處，浪涌雲浮。今年太平萬里，罷長淮千騎臨秋。憑欄望：有東南佳氣，西北神州。　　千古懷嵩人去，還笑我身在，楚尾吳頭。看取弓刀陌上，車馬如流。從今賞心樂事，剩安排酒令詩籌。華胥夢，願年年人似舊遊。〔註11〕

久經戰亂的滁州，在稼軒整頓治理之後呈現一番欣欣向榮的新氣象，太平欣慰之餘，稼軒並沒有忘記恢復的宿志，尤望能藉東南佳氣指向西北神州；進一步以前賢可能對自己還滯留在「楚尾吳頭」的訕笑，警惕並期勉自己進圖恢復事功，以滁州的成效為範，創造長年物阜民康如黃帝時期的「華胥」國度。然而這其中古人的一個「笑」字，實寫得悲涼入骨；道盡稼軒壯志難酬的心中隱痛，更對朝廷消極偷安不圖進取的無奈暗喻。送僚屬范昂返京時，則藉機抒發關懷

〔註8〕　〈水調歌頭〉（壽趙介庵），頁6。
〔註9〕　〈滿江紅〉（建康史帥致道席上賦），頁9
〔註10〕　〈千秋歲〉（為金陵史致道留守壽），頁13。
〔註11〕　〈聲聲慢〉（滁州旅次登奠枕樓作，和李清宇韻），頁22。

國事之情與憂讒畏譏的曲衷：「征衫便好去朝天。玉殿正思賢。想夜半承明，留教視草，卻遣籌邊。長安故人問我，道愁腸殢酒只依然。目斷秋霄落雁，醉來時響空弦。」〔註12〕期待友人受朝廷徵召能伺機共謀恢復事功，而面對長安故人關懷探問恢復事業，只能回以還受困在藉酒消愁無奈之中；最後這「目斷秋霄落雁，醉來時響空弦」，或謂自喻憂讒畏譏、或謂醉裡引弓念念不忘復國之志，都不失稼軒愛國情懷的表現。因為朝廷長時間被投降派所把持，堅持積極抗金復國的稼軒常被排擠乃至迫害，透過各種詞作抒發沉鬱不平與矢志復國之氣。此正前文所謂「一種力量是來自他本身內心所凝聚的帶著家國之恨的想要收復中原的奮發的衝力，另一種力量則是來自外在環境的，由於南人對北人之歧視以及主和與主戰之不同，因而對辛棄疾所形成的一種讒毀擯斥的壓力」〔註13〕兩種力量相互運用下，所造就稼軒軍事文學豐富多樣的內容。

第一次被讒陷歸隱帶湖，稼軒雖然是帶著「甚雲山自許，平生意氣；衣冠人笑，抵死塵埃。意倦須還，身閒貴早，豈為蓴羹鱸鱠哉。秋江上，看驚弦雁避，駭浪船回。」的心情，但「沉吟久，怕君恩未許，此意徘徊。」〔註14〕仍懷抱滿腔的熱血。因此，雖說是因為見棄於世而「短燈檠，長劍鋏，欲生苔。雕弓挂壁無用，照影落清杯。」〔註15〕憂讒畏譏，乃有盟鷗〔註16〕的退隱之志；但更多的仍是關懷家國之憂與恢復故土的期待。

> 白日射金闕，虎豹九關開。見君諫疏頻上，談笑挽天回。千古忠肝義膽，萬里蠻煙瘴雨，往事莫驚猜。政恐不免耳，消息日邊來。　　笑吾廬，門掩草，徑封苔。未應兩手無用，要把蟹螯杯。說劍論詩餘事，醉舞狂歌欲倒，老子頗堪哀。白髮寧有種，一一醒時栽。〔註17〕

使金不力而被黜遣信州的湯邦彥來詞酬和，稼軒趁機借他人酒杯澆自己胸中塊壘。上片首先讚美湯氏早年深受皇恩寵信，諫書頻上而議論風生，有回天之力；然而義膽忠肝卻遭逢蠻煙障雨的挫折，稼軒則勸慰表示：這只是政治場上一般起伏的正常現象，不日將有被朝廷重新重用的好消息。明為寬慰友

〔註12〕　〈木蘭花慢〉（滁州送范倅），頁25。
〔註13〕　見本章註4，引葉嘉瑩教授所言。
〔註14〕　併見〈沁園春〉（帶湖新居將成），頁92。
〔註15〕　〈水調歌頭〉（嚴子文同傅安道和前韻，因再和謝之），頁116。
〔註16〕　〈水調歌頭〉（盟鷗）：「帶湖吾甚愛，千丈翠奩開。先生杖屨無事，一日去千回。凡我明鷗鷺，今日既盟之後，來往莫相猜。白鶴在何處，嘗試與偕來。……」頁115。
〔註17〕　〈水調歌頭〉（湯朝美司諫見和，用韻為謝），頁117～118。

人之語，實亦稼軒內心所充滿的期待。下片則明白以自嘲的態度，來充份表達身在田園而心懷君國的深切情懷；「更看君侯事業，不負平生學」〔註18〕，以「經綸手」來「補天裂」才是稼軒的真正抱負。看他為韓南澗祝壽，以慷慨激昂、豪邁奔放的手法表達自己「整頓乾坤」的意志，更可獲得印證。

> 渡江天馬南來，幾人真是經綸手？長安父老，新亭風景，可憐依舊。夷甫諸人，神州沉陸，幾曾回首！算平戎萬里，功名本是，真儒事，公知否？　　況有文章山斗，對桐陰滿庭清晝。當年墮地，而今試看：風雲犇走。綠野風煙，平泉草木，東山歌酒。待他年整頓，乾坤事了，為先生壽。〔註19〕

首先對南渡以來的朝政提出沉痛的控訴：「真正能經綸治國的人才，每每無法受到長期重用；以致中原淪陷區的百姓，還是只能空對新亭楚囚對泣。而當權諸公都像晉室宰輔王衍一般，空談妙善玄言、只思自全之計而不以經國為念，又何曾在意河山的沉淪？」寫的是晉室的史事，悲痛所指的則是不思進取的南宋朝廷。在提出這些控訴後，乃假藉為壽詞於曾任宰輔的韓元吉，以「平戎萬里」真儒的功名事業相勉；道出稼軒自己慷慨豪邁恢復故國的意志。尤其在與陳亮「鵝湖之會」透過往來幾闋〈賀新郎〉的酬唱詞中，雙方更明確的、義正辭嚴的唱和表達出兩人所共有慷慨悲壯而強烈的恢復大志。〔註20〕陳亮以「國仇家恨待雪，漢賊不能兩立」的一貫主張，並以尋常鐵可百煉成鋼來詛勉稼軒堅定抗金的意志；稼軒和以：「事無兩樣人心別。問渠儂神州畢竟，幾番離合？汗血鹽車無人顧，千里空收駿骨。正目斷關河路絕。我最憐君中宵舞，道男兒到死心如鐵。看試手，補天裂。」〔註21〕痛斥主和、苟安的當權者不顧神州陸沉，空教汗血寶馬老死無人眷顧、千里戰騎更無人識用；慷慨悲壯的道出其恢復之心亦堅定如鐵、至死不渝的意志，共勉以「補天裂」圖謀恢復大業、撥亂反正的決心。辛、陳兩人共同的的豪氣志向，在稼軒所寄陳亮的〈破陣子〉〔註22〕一詞中，可以捕抓到明確的影像：

> 醉裏挑燈看劍，夢回吹角連營。八百里分麾下炙，五十絃翻塞外聲。沙場秋點兵。　　馬作的盧飛快，弓如霹靂弦驚。了却君王天下事，

〔註18〕〈六么令〉（用陸氏事，送玉山令陸德隆侍親東歸吳中），頁122。
〔註19〕〈水龍吟〉（甲辰歲壽韓南澗），頁145。
〔註20〕詳見本論文第三章、第四節，頁34～36。
〔註21〕〈賀新郎〉（同父見和，再用韻答之），頁238
〔註22〕〈破陣子〉（為陳同甫賦壯詞以寄之），頁242。

　　　　贏得生前身後名。可憐白髮生！

仗劍行軍於營寨，馬革裹屍、馳騁疆場，爲恢復大業救民濟世取得身後功名；
才是兩人的追求的豪情壯志。而「連營吹角、點兵沙場」的壯闊、「分炙戰馬、
塞外弦聲」的凄苦與「的盧飛馬、霹靂弦弓」的驚悚，更映襯出戰場上豪壯、
凄美與刀光劍影的景像；可謂軍事文學作品中描寫悲壯沙場之極作。只是雖
然洋溢著高亢昂揚的奮進精神，但最後一句「可憐白髮生！」卻沉鬱地反映
出現實的無情矛盾。

　　　紹熙短暫的復出〔註23〕，雖仍值稼軒壯年時期，恢復報國的壯志未減、
以詞明志的作法不變；但寫來已是含蓄、隱諱許多，葉嘉瑩教授所謂：「辛
詞中之感發生命，雖然與當日的政局及國勢往往有密切之關係，但辛氏卻絕
不輕易對此做直接的敘寫，而大多是以兩種形象做間接的表現。一種是大自
然界的景物之形象，另一種則是歷史中古典之形象。」〔註24〕在此也獲得進
一步的寫照。在數闋福州三山西湖的記游詞作中，雖名爲記游，但往往在藉
以緬懷故人、思念舊土與引鑑古人事蹟的文詞中，寄寓無限家國之思、恢復
之念；「翠浪吞平野。挽天河誰來照影，臥龍山下。……待細把江山圖畫。……
記風流重來手種，綠成陰也。陌上游人誇故國，十里水晶臺榭。……粉黛中
洲歌妙曲，問當年魚鳥無存者。堂上燕，又長夏。」〔註25〕雖然題序中明白
記云「三山雨中游西湖，有懷趙丞相經始」是福州山水勝景的遊記；但從「浪
吞平野、挽天河誰來照影、細把江山圖畫、人誇故國、粉黛中洲、當年魚鳥
無存」等繫念整治家國的心志，藉對肯定趙汝愚當年疏浚西湖、發展農桑等
興利除弊的經營，隱含自己「風流重米丰種，綠成陰也」恢復重建家國之念。
從另和的兩闋用句，更可以看到稼軒志切復國的心思；「誰解胸中吞雲夢，
試呼來草賦看司馬。須更把，上林寫。」〔註26〕以司馬相如以子虛賦被皇上
看中，得以爲皇上寫上林賦的史事，期許自己恢復之志也能獲得朝廷青睞，
才得以施展抱負；「千騎而今遮白髮，忘却滄浪亭榭。但記得灞陵呵夜。我
輩從來文字飲，怕『壯懷激烈』須歌者。」〔註27〕回到現實，雖年高白髮已

〔註23〕紹熙 2 年（1191）冬稼軒被任命爲福建提點刑獄，慶元元年（1195）冬再被
　　　　奏劾落職；前後僅四年。
〔註24〕見同本章註 4。
〔註25〕〈賀新郎〉（三山雨中游西湖，有懷趙丞相經始），頁 309。
〔註26〕〈賀新郎〉（和前韻），頁 311。
〔註27〕〈賀新郎〉（又和），頁 313。

遮掩了率千騎復國的雄心；但自己還是不計私利，以漢李廣壯懷激烈的報國志氣與友輩共勉。「城頭無限今古，落日曉霜寒。誰唱黃雞白酒，猶記紅旗清夜，千騎月臨關。莫說西州路，且盡一杯看。」〔註 28〕破除歲月流逝的滄桑，退黜歸隱東山的念頭；待整紅旗、千騎，重拾舊河山。把英雄氣慨，含蓄地藉尊前杯酒再現。與提點刑獄盧彥德的唱和，則間有「功名君自許，少日聞雞舞」〔註 29〕、「看君斬將更搴旗」〔註 30〕的豪壯；或「無限江山行未了，父老、不須淚看旌旗。後會丁寧何日是？須記：春風十里放燈時。」〔註 31〕的悲感。總體而言，這時期的稼軒在歷經第一次被讒歸隱十年後的復出，雖然心切恢復的宿志未變，但詞作中所表現的是憂讒畏譏、欲飛還斂更悲壯而含蓄之美：

> 舉頭西北浮雲，倚天萬里須長劍。人言此地，夜深長見，斗牛光焰。我覺山高，潭空水冷，月明星淡。待燃犀下看，凭欄却怕，風雷怒，魚龍慘。　　峽束蒼江對起，過危樓欲飛還斂。元龍老矣，不妨高臥，冰壺涼簟。千古興亡，百年悲笑，一時登覽。問何人又卸，片帆沙岸，繫斜陽纜。〔註 32〕

登臨劍溪、樵川合匯的樓頭西北遙望，眼見川流奔騰欲飛卻受制於峽谷的約束；漫教人想起自己也有仗長劍定天下，重整西北神州的滿腔熱血與氣慨，却受到政治上無情而嚴峻冷酷的現實所阻扼。如今年華漸老，客觀險惡的政治環境依舊；過往千古興亡的歷史，後人眼中不過百年一瞬，況人生的短暫；感慨之餘，規諫自己何不高臥歸隱？然而最後「問何人又卸，片帆沙岸，繫斜陽纜」這一對消極作為帶責備的問句，道盡稼軒百般不願的無奈。這闋借景言情之詞作，對自己壯志難酬而不得不放情山林悲涼心情的抒發；也正是在戰爭背景下，有志難伸的志士，透過文學作品所呈現的悲壯豪情之美。

　　再次在政壇遭挫罷歸瓢泉，幾乎再也沒有出仕的機會與儒家兼濟天下的理想同時幻滅；壯志未酬的憤慨與無奈，促使稼軒對莊子、陶潛的嚮往更見鮮明。因此稼軒這時期的詞作已少有悲憤豪邁的愛國壯聲，而代之以莊、陶

〔註 28〕　〈水調歌頭〉（三山用趙丞相韻，答帥幕王君，且有感於中秋近事，併見之末章），頁 314。

〔註 29〕　〈菩薩蠻〉（和盧國華提刑），頁 323。

〔註 30〕　〈定風波〉（再用韻。時國華置酒，歌舞甚盛），頁 324。

〔註 31〕　〈定風波〉（三山送盧國華提刑，約上元重來），頁 323。

〔註 32〕　〈水龍吟〉（過南劍雙溪樓），頁 337。

出世思想的情趣；然而稼軒所認同的是「淵明鄙棄權貴、不與世合作的一面，最能引起稼軒共鳴」、「莊子憤世嫉俗的一面，他從中看到了自己的影子，在共鳴中獲得了精神上的愉快」〔註33〕，這別有用心的認知，也正可做爲稼軒畢生以恢復故土爲宿志、不甘投閒置散的註腳。因此，這時期當然還是有「兵符傳壘，已蒞葵丘戌。兩手挽天河，要一洗蠻煙瘴雨。貂蟬冠冕，應是出兜鍪；湌五鼎，夢三刀，侯印黃金鑄。」〔註34〕藉爲人祝壽之詞作，歌頌自己所嚮往成就沙場功名之事業；或透過與友人的酬唱中「誰立馬，更窺牆？將軍止渴山南畔，相公調鼎殿東，忕高才，經濟地，戰爭場。」〔註35〕期勉同好或有影響力的朋友來遂其報國所願；但更多的是「功名妙手，壯也不如人；今老矣，尚何堪？堪釣前溪月。」〔註36〕、「莫說弓刀事業，依然詩酒功名」〔註37〕、「追往事，歎今吾，春風不染白髭鬚。卻將萬字平戎策，換得東家種樹書！」〔註38〕等超脫功名的消極退隱之作，而超脫中又帶幾分沉痛悲壯的感傷。到了晚年復出才又積極呈現爲復國事業而寫的詞作：

> 何處望神州？滿眼風光北固樓。千古興亡多少事，悠悠，不盡長江滾滾流。　　年少萬兜鍪，坐斷東南戰未休。天下英雄誰敵手？曹劉。生子當如孫仲謀。〔註39〕

第二節　弔古諷今的幽思

　　戰史是前人舉國家、社會的人力、物力投入戰爭之血淚史。前文曾論及，廣義而言「人類歷史就是一部戰爭史」；而歷史無法重來，但忘記歷史教訓，往往會令悲愴的歷史重演。因此，透過對往昔戰事的探研，擷取經驗教訓，檢討全般成敗得失，實爲繼絕存廢、繼往開來的重要方法；且於人類漸進趨新的文明史上具極高的價值。就兵學發展而言，體認戰備階段與作戰階段之

〔註33〕何湘瑩《稼軒信州詞研究》，頁94～95；東吳大學中國文學研究所碩士論文，民國82年5月。
〔註34〕〈驀山溪〉，頁413～414；按本詞僅見於詩淵第二十五冊，詞集各本俱不載，鄧氏姑編於同調之後。
〔註35〕〈最高樓〉（用韻答趙晉臣敷文），頁462。
〔註36〕〈驀山溪〉（趙昌父賦一丘一壑，格律高古，因效其體），頁403。
〔註37〕〈破陣子〉（硤石道中有懷吳子似縣尉），頁437～438。
〔註38〕〈鷓鴣天〉（有客慨然談功名，因追念少年時事，戲作），頁483。
〔註39〕〈南鄉子〉（登京口北固亭有懷），頁548。

間的互因關係，分析戰爭形成以至戰爭結果的經驗教訓，與驗證作戰戰略、戰術諸原理，與夫政治背景、外交狀況、交戰國軍民之精神與作戰能力等，均為兵學研究上重要的內容；此從古代西方兵學以記錄戰史來留存其戰略、戰術思想的手段可見一斑。

　　稼軒「以文為詞」好以散文句法填詞的特色，與被指為「掉書袋」地大量運用典籍、史事在詞作中呈現的方式，正符合以過往戰事來檢討當下軍政措施的軍事文學特色；尤其在主和派當政，朝廷昏庸闇弱，使稼軒倍極憤慨、痛心之下，更多有「借古諷今」規諫朝政之詞作。姑不以鄧廣銘先生對〈滿江紅〉（暮春）一詞之【編年】〔註40〕：

　　　　隆興二年（1164）作於江陰。——隆興元年夏，宋孝宗採納張浚之
　　　　建議，對金發動軍事進攻，在初戰小捷之後，金方以重兵反擊，符
　　　　離之役，宋師全軍潰退。據此詞前片起句，知其作於南歸後之第二
　　　　個暮春。其下之『一番風雨，一番狼籍』，蓋即暗指符離之慘敗而
　　　　言。……

或失之牽強的論述等來泛舉；即以其直接敍及戰事與借古諷今的軍政史實而言，便不可勝數：

　　　　我來弔古，上危樓贏得，閒愁千斛。虎踞龍蟠何處是？只有興亡滿
　　　　目。柳外斜陽，水邊歸鳥，隴上吹喬木。片帆西去，一聲誰噴霜竹？
　　　　　　卻憶安石風流，東山歲晚，淚落哀箏曲。兒輩功名都付與，長
　　　　日惟消棋局。寶鏡難尋，碧雲將暮，誰勸杯中綠？江頭風怒，朝來
　　　　波浪翻屋。〔註41〕

來到諸葛亮所謂龍蟠虎踞的金陵帝都〔註42〕，感觸的卻是憂心國事日下的閒愁；如此據百二之險的帝王要塞要，卻因不思進取的腐敗朝政，六朝以來都在外來強權的侵略下更迭不已。如今朝廷並沒有記取歷史的教訓，而重蹈六朝以來的覆轍；登覽懷古所見，卻是毫無生氣的景緻"映掛垂柳的慘淡斜陽、

〔註40〕見鄧廣銘《稼軒詞編年箋注》，頁6。

〔註41〕〈念奴嬌〉（登建康賞心亭，呈史留守致道），頁11。

〔註42〕見〈六朝事跡編類〉（宋張敦頤編；明吳琯校）諸葛亮論金陵地形曰「鍾阜龍
　　　蟠，石城虎踞，真帝王之宅」，臺北廣文書局，民國59年。又《太平御覽》
　　　卷一五六〈州郡〉一引張勃吳錄：「劉備曾使諸葛亮至京，因睹秣陵山阜，歎
　　　曰：『鍾山龍盤，石頭虎踞，此帝王之宅。』」（另《金陵圖經》亦記載諸葛亮
　　　對孫權所言類似文詞。）

倦怠無力的水邊歸鳥、悲風嬌弱的隴上喬木與孤帆傳泣的絲竹悲聲"，寄寓深深的憂國愁思與懷古傷今的悲憤情緒；借古諷今，含蓄地痛斥苟且偷安而不思進取當權勢力。話鋒一轉，回顧過往戰史，建都金陵的東晉在文武兼備、風度超逸的謝安運籌指揮之下，淝水之役用懸殊的兵力以寡擊眾大敗號稱百萬大軍來犯的前秦符堅之師；可見只要有心積極進取，雖退處江淮還是可以有一番作爲。然而功業彪炳的謝安晚年卻仍不免遭到猜疑而憂讒畏譏，反襯當今朝廷也是一樣擯棄積極恢復的忠良志士，使英雄無用武之地；慨嘆自己報國的理想如同失落難尋可照人肺腑的寶鏡，再也難有實現的機會。面對這種年華老去、國步堪憂的沉痛，又有誰能體會，只好以酒遣愁的情懷；而現實險惡政治環境的壓抑，猶仍不停的如波浪翻屋而來。以古爲鑑，更深一層呈現英雄報國無門的悲涼憤慨，與對庸懦無能的當權者，隱晦而沉痛的指責。在另一闋酬壽詞作中寫著「把江山好處付公來，金陵帝王州。想今年燕子，依然認得，王謝風流。只用平時尊俎，彈壓萬貔貅……」〔註43〕這「只用平時尊俎，彈壓萬貔貅」更把淝水之役謝安嫻然超逸的風采襯托出來。另稼軒在友人張仲固調任興元（今陝西漢中，南宋西部邊防重鎮）知府送別席上，引鑑切合環境背景的史事爲詞，藉古諷今：

> 漢中開漢業，問此地，是耶非？想劍指三秦，君王得意，一戰東歸。
> 追亡事今不見，但山川滿目淚沾衣。落日胡塵未斷，西風塞馬空肥。
>
> 　一編書是帝王師。小試去征西。更草草離筵，匆匆去路，愁滿
> 旌旗。君思我回首處，正江涵秋影雁初飛。安得車輪四角，不堪帶
> 減腰圍。〔註44〕

以劉邦憑藉漢中蕞爾之地，平定三秦、夜追韓信以成就開創大漢、統一中國的基業；而相較於南宋朝廷苟且偏安、不圖恢復而坐視金人侵吞中原棄百姓於不顧的態度，當權者非但沒有見賢追亡、愛惜人才的器度，反而排斥、冷落與打壓有志恢復的能士；徒使山河破碎、圖救無門而愴然淚下。如今敵人的侵擾不斷，而我軍蓄養的戰馬徒然肥壯而無所是用。接著以張良之賢才比擬稱譽友人，有西征的勇略、有助脫鴻門的機謀；如今友人也要西去漢中邊防重鎮，表上深致無限的追思，實寄望友人能上法古人，對恢復大業有所助益。類似的情景，

〔註43〕〈八聲甘州〉（壽建康帥胡長文給事。時方閱折紅梅之舞，且有錫帶之寵），頁36。
〔註44〕〈木蘭花慢〉（席上送張仲固帥興元），頁73。

稼軒在先前湖北安撫使任上（淳熙四年，西元 1177）送別赴抗金前線漢中地區任職的李姓友人時，也寫下〈滿江紅〉〔註45〕類似風格的詞作：

> 漢水東流，都洗盡髭胡膏血。人盡說君家飛將，舊時英烈：破敵金城雷過耳，談兵玉帳冰生頰。想王郎結髮賦從戎，傳遺業。　　腰間劍，聊彈鋏；尊中酒，堪爲別。況故人新擁，漢壇旌節。馬革裹屍當自誓，峨眉伐性休重說。但從今記取楚樓風，裴臺月。

本闋寫來剛健豪放的詞風，特別凸顯稼軒本人壯聲英慨的英雄氣質。起筆慷慨，要以淘淘東流的漢水來洗淨被敵人污染的中原；然後舉當年大漢飛將軍李廣〔註46〕以出色的軍事專才「破敵金城雷過耳，談兵玉帳冰生頰」英勇破敵的事蹟，來鼓舞友人能效法先人、承繼英業，期勉爲抗金復國創造英雄事功。下片引戰國時因不得意而彈鋏明志的馮諼自況，欣羨友人有機會持節報國前線之餘；更自怨只能被限制於地方官職。以「馬革裹屍當自誓，峨眉伐性休重說」相勉友人，更藉以明志。這裡要特別提到的是，稼軒對以馬革裹屍沙場功名傳世的歷史英雄人物，所推崇的除上文所提到能運籌帷幄、談笑用兵退却百萬之師，而志在歸隱東山的謝安外；還有漢代飛將軍李廣與能敵曹劉的孫權。驍勇善戰的漢飛將軍李廣，在稼軒詞作中常被提起：「人盡說君家飛將，舊時英烈：破敵金城雷過耳，談兵玉帳冰生頰。」〔註47〕、「莫射南山虎，直覓富民侯」〔註48〕、「故將軍飲罷夜歸來，長亭解雕鞍。恨灞陵醉尉，匆匆未識，桃李無言。射虎山橫一騎，裂石響驚弦。落魄封侯事，歲晚田園。」〔註49〕寫的是李將軍力射南山石虎、馳騁大漠與匈奴鏖戰的英雄事蹟；而眞正教稼軒有切身感慨的是「落魄封侯事，歲晚田園」，畢生效命疆場、爲大漢建立事功的飛將軍，終其一生竟不能獲得封侯的功名，猶不如僅中下之資的胞弟李蔡「千古李將軍，奪得胡兒馬。李蔡爲人在下中，却是封侯者。」〔註50〕孫權能以侷促東南一隅，獨與曹、劉相抗的事蹟，除「千古江山，英

〔註45〕〈滿江紅〉，頁45～47，鄧廣銘編年認係稼軒任湖北安撫使時送別李姓友人之官他地之作。

〔註46〕王昌齡邊塞詩《出塞》：「秦時明月漢時關，萬里長征人未還。但使龍城飛將在，不教胡馬度陰山。」所指的正是李廣。

〔註47〕同前註45。

〔註48〕〈水調歌頭〉（舟次揚州，和楊濟翁、周顯先韻），頁58。

〔註49〕〈八聲甘州〉（夜讀廣傳，不能寐，因念晁楚老、楊明瞻約同居山間，戲用李廣事，賦以寄之），頁205。

〔註50〕〈卜算子〉，頁492。

雄無覓，孫仲謀處。」〔註51〕確有堪稱英雄的氣質外；以孫權據東吳負隅抗拒西北強敵的史事：「吳楚地，東南坼。英雄事，曹劉敵。」〔註52〕、「年少萬兜鍪，坐斷東南戰未休。天下英雄誰敵手？曹劉。生子當如孫仲謀。」〔註53〕用來比擬同偏處江南而所轄治之地廣袤尤勝於東吳的南宋，實為鼓舞朝廷抗金復國的最佳例證。而稼軒在《十論》、《九議》等奏議中一再駁斥失敗主義者「南北定勢」的消極論調，在這裡也可以獲得有力的支撐。

　　除了以古鑑今對過往戰事記錄作品外，還有許多當世所遭逢與金軍作戰、平定內亂的史事，也是稼軒詞作中的藉以發揮的題材。淳熙五年（1178年）夏秋之交，稼軒赴湖北轉運使任所，途經長江北岸軍事重鎮的揚州，友人揚炎正與之同登多景樓，作〈水調歌頭〉相贈抒懷「忽醒然，成感慨，望神州。可憐報國無路，空白一分頭。都把平生氣，只做如今憔悴，歲晚若為謀。此意仗江月，分付與沙鷗。」〔註54〕感慨纓緒無門、有志難伸之悲愴；稼軒則和以：

　　　　落日塞塵起，胡騎獵清秋。漢家組練十萬，列艦聳層樓。誰道投鞭
　　　　飛渡，憶昔鳴髇血污，風雨佛狸愁。季子正少年，匹馬黑貂裘。　　今
　　　　老矣，搔白首，過揚州。倦游欲去江上，手種橘千里。二客東南名
　　　　勝，萬卷詩書事業，嘗試與君謀。莫射南山虎，直覓富民侯。〔註55〕

清楚追憶十七年前金主完顏亮（紹興31年，西元1161年）於清秋之際大舉南侵，宋軍據揚州一線北拒獲勝的戰史。「落日塞塵起，胡騎獵清秋」渲染出金兵雄厚嚇人的聲勢與凶殘的野心，而宋軍則組練十萬雄兵、舟艦沿江列岸嚴陣以待；在虞允文於采石磯阻斷金兵「投鞭飛渡」〔註56〕的攻勢後，金軍一敗塗地，完顏亮被部屬襲殺而亡。這時候英雄年少的稼軒，一如蘇秦般正奉表南來聯結宋廷。如今白首再過揚州故地，在現實無情政治環境的壓抑之下，不堪回首追憶昔時的英雄事蹟，憂心無奈之餘，乃以反諷的手法，籲請好友不要再圖謀武略的功名，寧可追求富貴的利祿；實者是對朝廷輕忽戰備、避

〔註51〕　〈永遇樂〉（京口北固亭懷古），頁553。
〔註52〕　〈滿江紅〉（江行，簡楊濟翁、周顯先）60。
〔註53〕　〈南鄉子〉（登京口北固亭有懷），頁548。
〔註54〕　見《于湖詞三卷》中楊炎正撰《西樵語業》一卷，影印四庫全書，臺灣商務，
　　　　　1983年。
〔註55〕　〈水調歌頭〉（舟次揚州，和楊濟翁、周顯先韻），頁58。
〔註56〕　《晉書卷一百十四・載記第十四符堅下》記載前秦符堅舉兵南侵東晉時，曾
　　　　　自誇：「以吾之眾旅，投鞭於江，足斷其流。」

談用兵而不圖恢復事業，做出悲憤莫名的譏刺與控訴。晚年復出時又提到這一段宋金戰史「四十三年，望中猶記，烽火揚州路。可堪回首，佛狸祠下，一片神鴉社鼓。憑誰問廉頗老矣，尚能飯否？」〔註57〕再度回憶當年金兵南侵到揚州烽火連天的戰況，也再度以北魏太武帝拓跋燾曾率師南侵劉宋王朝受挫北撤後死於宦官之手的史事，來譬喻完顏亮入侵最後兵敗被殺的戰事；如今人們在當年所建的佛狸祠節慶活動，早已忘掉這些國仇家恨的往事，只剩下老驥伏櫪的稼軒，獨嘆報國無門的惆悵情懷。對當年自己夥同統制王世隆、忠義人馬全福等，以五十騎直入金兵五萬人大營中，生擒叛將張安國等勇武的事蹟；稼軒也在晚年追憶記寫這一段豪壯勇猛的英雄氣慨：「壯歲旌旗擁萬夫，錦襜突騎渡江初。燕兵夜娖銀胡䩮，漢箭朝飛金僕姑……」。〔註58〕另在王佐平定湖南郴州宜章縣民陳峒之亂後，稼軒以詞寫下絕無僅有專記敉平戰爭的歷史事件：

> 笳鼓歸來，舉鞭問何如諸葛？人道是匆匆五月，渡瀘深入。白羽風生貔虎譟，青溪路斷猩鼯泣。早紅塵一騎落平岡，捷書急。　　三萬卷，龍頭客。渾未得，文章力。把詩書馬上，笑驅鋒鏑。金印明年如斗大，貂蟬却自兜鍪出。待刻公勳業到雲霄，浯溪石。〔註59〕

以諸葛武候五月渡瀘平定南中諸郡的事蹟，來比擬王佐「平湖南寇」的事功與最末以記刻元結〈大唐中興頌〉的浯溪石來稱譽，或有「過譽之辭」的看法；〔註60〕但以專詞記述戰事，在宋詞中是極為罕見的。其中「貂蟬却自兜鍪出」以馬革裹屍為功名事業的看法，一向為稼軒的主要觀點；而稼軒不僅在詞中常有追憶往日戰鬥生活與記錄戰事的呈現，且軍中所用的戰馬、器物及一些軍事術語，如：「鞍馬、長劍、兜鍪、吹角、驚弦、鳴髇、笳鼓、檢校、組練」等等，也不斷出現在稼軒的詞筆之下。

第三節　審勢制敵的遠謀

前文提到對往昔戰事的記錄檢討，就兵學發展而言具有多方面的價值，因

〔註57〕〈永遇樂〉（京口北固亭懷古），頁553。
〔註58〕〈鷓鴣天〉（有客慨然談功名，因追念少年時事，戲作），頁483。
〔註59〕〈滿江紅〉（賀王帥宣子平湖南寇），頁70。
〔註60〕參見《辛棄疾詞新釋輯評》（上冊），頁165，北京中國書店，2006年1月出版。

此可以把前人的戰略、戰術等軍政思想，透過軍事文學作品中適度的呈現。同樣的，著作者本身的軍政思想，也可以在其軍事文學作品中，作適切的表達。在稼軒的詞作中，也偶有這類作品的出現；前面曾舉在建康史帥致道席上賦〈滿江紅〉詞中「袖裏珍奇光五色，他年要補天西北。且歸來談笑護長江，波澄碧。」便有稼軒所主張，要圖謀他年恢復故土的事功，首先要能穩固守住長江險阻「先為不可勝」的兵謀思想。「吳楚地，東南坼。英雄事，曹劉敵。被西風吹盡，了無塵跡。樓觀纔成人已去，旌旗未卷頭先白。歎人間哀樂事，今猶昔。」〔註61〕在追往孫權據吳楚東南之地抗衡曹劉的英雄事蹟與感歎人間哀樂無常之間，夾帶出「樓觀纔成人已去，旌旗未卷頭先白」的感受，正是對南宋朝廷追隨「不久任一職」的宋代家法，所提出的反控；亦即稼軒在所上用兵奏議《十論》中「久任」的主張。而備受質疑歌頌權相韓侂胄之詞作〔註62〕中所云：「堂上謀臣帷幄，邊頭猛將干戈。天時地利與人和，燕可伐與曰可。」〔註63〕乃運籌軍政所強調以「天時地利與人和」分析作戰致勝的條件，而歸結可以用兵中原、匡復故土的方案；與「新來塞北，傳到真消息：赤地居民無一粒，更五單于爭位。」〔註64〕對戰前應先審知敵我形勢與察知敵情「知己知彼，百戰不殆」的作為，均為稼軒抗金復國戰略思想的呈現。尤其晚年復出的稼軒，眼見整個客觀軍政情勢的改變，雖然主戰的態度從未改變；但在認清客觀環境的事實後，建議韓相調整急於求戰的心態而寫下：

> 千古江山，英雄無覓，孫仲謀處。舞榭歌臺，風流總被，雨打風吹去。斜陽草樹，尋常巷陌，人道寄奴曾住。想當年金戈鐵馬，氣吞萬里如虎。　元嘉草草，封狼居胥，贏得倉皇北顧。四十三年，望中猶記，烽火揚州路。可堪回首，佛貍祠下，一片神鴉社鼓。憑誰問廉頗老矣，尚能飯否！？〔註65〕

同處孫仲謀當年負隅以抗曹劉的東南江山，遠舉曾兩度揮軍北伐、氣壯山河的劉裕，最終即因急於出兵謀取戰功結果大敗而返史事為例，近指四十三年前完顏亮草率南侵終致失敗的事蹟；籲請調整馬上就戰的戰略，暗示應先完

〔註61〕〈滿江紅〉（江行，簡楊濟翁、周顯先）60。
〔註62〕按：稼軒為壽韓侂胄或歌頌其功業之詞，後人多有以不似稼軒平生行事風格而質疑非稼軒所作。
〔註63〕〈西江月〉，頁563。
〔註64〕〈清平樂〉，頁564。
〔註65〕〈永遇樂〉（京口北固亭懷古），頁553。

成作戰準備「謀定而後動」，避免因「暴虎憑河」操之過急而壞了整個恢復大業。稼軒這種能隨敵我客觀環境的改變而調整戰略、戰術的作為，正符合臨機應變「運用之妙，存乎一心」的精神。

第四節　抗金復國的素志

「詩以明志」，在中國文學傳統中，詩歌的創作一向以內心感發的抒情言志為主；因之盛行於宋代的詞也常被稼軒用來抒寫其意志、情緒、襟抱與理念。尤其在晦暗不明的政治風氣，「來自外在環境的，由於南人對北人之歧視以及主和與主戰之不同，因而對辛棄疾所形成的一種讒毀擯斥的壓力」〔註66〕政治環境的壓迫下；更可以藉這些詞作來呈現自己激烈奮發的愛國意志、以天下為己任的使命感與悲慨莫名的強烈情緒等。而這「奔放和斂抑的雙向抒情特徵，造成了其悲憤抑鬱、豪宕感激乃至於悲慨莫名的強裂抒情效果⋯⋯」〔註67〕正是稼軒以「豪邁沉鬱」、「欲飛還斂」稱譽的詞風之主要內容，也是其與東坡全然「洒脫豪放」詞風的主要差異所在。

送別之作本應以抒發離情為主調，而豪邁沉鬱的稼軒則不拘泥於俗格；隨時、隨處可以將被壓抑欲飛還斂報國淑世的情緒，找到適度釋放、排解的空間。也由於稼軒個人經常是被摒除在北向恢復事功的機會上，仍每有藉他人酒杯抒胸中塊壘的詞作。前文所舉稼軒送別僚屬范昂返京之詞作「征衫便好去朝天。玉殿正思賢。想夜半承明，留教視草，卻遣籌邊。長安故人問我，道愁腸殢酒只依然。目斷秋霄落雁，醉來時響空弦。」〔註68〕期待其受朝廷徵召能伺機共謀恢復事功，實則更道出自己還受困在藉酒消愁無奈之中，藉機抒發關懷國事之情與憂讒畏譏的曲衷。另送友人赴漢中就任時，曾以「馬革裹屍當自誓，峨眉伐性休重說」〔註69〕相勉，亦藉以闡明稼軒個人成就恢復大業的功名志向。

> 落日古城角，把酒勸君留。長安路遠，何事風雪敝貂裘？散盡黃金身世，不管秦樓人怨，歸計狎沙鷗。明夜扁舟去，和月載離愁。　　功

〔註66〕見本章前註4。
〔註67〕葉嘉瑩主編《辛棄疾詞新釋輯評》朱德才、鄧紅梅〈前言〉，頁9，北京中國書店，2006年1月出版。
〔註68〕〈木蘭花慢〉（滁州送范倅），頁25。
〔註69〕見本章前註45。

名事，身未老，幾時休？詩書萬卷，致身須到古伊周。莫學班超投

筆，縱得封侯萬里，憔悴老邊州。何處依劉客，寂寞賦登樓。〔註70〕

以落日古城的悲涼環境爲背景，引當年散盡家財、不顧家人怨懟，辛苦獻策
秦惠王不成落魄而歸的蘇秦爲例；規勸即將要遠赴京城的友人，何不留下追
求與沙鷗共遊處的閒適生活。然而現實的環境並不允許如此自由的選擇，稼
軒乃以反襯的手法道出自己縱有滿腔濟世報國的熱忱，卻無處著力的憤懣。
下片則直接點出自己還年輕力壯，實無法自棄於馬革裹屍、效命疆場的報國
事業；本來飽學詩書不就是要勵志奮發、效法前賢以成就濟世救民的功名事
業嗎？只是現實環境的無情，就算是像投筆從戎的班超一樣立功異域、封侯
萬里，但却也只落得被冷落在外而憔悴邊州的結果；也不會像王粲一樣有劉
表可依托，得以登樓賦詠進退危懼的懷歸情愫。師法伊尹、周公，有蘇秦、
班超圖謀一番作爲的豪邁，也有落魄、遭冷落與進退危懼的沉鬱。「唱徹陽關
淚未乾，功名餘事且加餐。……江頭未是風波惡，別有人間行路難。」〔註71〕
稼軒清楚知道，在苟且偷安的主和派當道下，恢復大業的功名是不可期的。
然而稼軒並不因此氣餒，自己一時無法達成的恢復大業，一有機會就鼓勵朋
友共襄盛舉：「聞道是君王着意，太平長策。此老自當兵十萬，長安正在天西
北。便鳳凰飛詔下天來，催歸急。」〔註72〕好友信州守鄭汝諧應詔入臨安時，
稼軒送別詞中便藉道賀之機，把自己對君王能留意營造國家太平長策的關
心；及以西北長安故土爲目標，籲請朋友能完成自己沒機會完成的恢復大業。
更見其不能忘懷抗金復國、救國救民的宿願。

日月如磨蟻，萬事且浮休。君看簷外江水，滾滾自東流。風雨瓢泉
夜半，花草雪樓春到，老子已菟裘。歲晚問無恙，歸計橘千頭。　　夢
連環，歌彈鋏，賦登樓。黃雞白酒，君去村社一番秋。長劍倚天誰
問，夷甫諸人堪笑，西北有神州。此事君自了，千古一扁舟。〔註73〕

送別友人楊民瞻失意歸鄉的詞作，充份表現稼軒在落職歸隱後的沉鬱收斂；
在倏忽歲月的驅趕與飽受擯棄、排斥的無奈下，追隨莊、陶參透宇宙、人生
的闊達，仍稼軒退隱後表面上追求的人生目標。日月如梭運轉不變，萬物浮

〔註70〕〈水調歌頭〉，頁 27
〔註71〕〈鷓鴣天〉（送人），頁 55。
〔註72〕〈滿江紅〉（送信守鄭舜舉被召），頁 195。
〔註73〕〈水調歌頭〉送楊民瞻）257。

休更迭不已，雖然稼軒以超脫凡塵的生命感受，深切表達出世歸隱的態度「風雨瓢泉夜半，花草雪樓春到，老子已菟裘。歲晚問無恙，歸計橘千頭」；可是第一次落職仍值壯年的稼軒，並沒有真正的超脫、看透人生，「夢連環，歌彈鋏，賦登樓」不是真心甘願的退隱，而是「欲飛還斂」、「用而示之不用」〔註74〕、「將欲取之，必固與之」〔註75〕的運用。「長劍倚天誰問，夷甫諸人堪笑，西北有神州」正充份呈現稼軒豪邁沉鬱、心繫家國的宿志。

與人交友酬唱的詞作，更是稼軒得藉以緊扣抗金復國的愛國意識，抒寫心中豪邁沉鬱英雄壯志的機會；「好都取山河獻君王；看父子貂蟬，玉京迎駕。」〔註76〕、「憑誰問，萬里長鯨吞吐，人間兒戲千弩。滔天力捲知何事，白馬素車東去。堪恨處：人道是屬鏤怨憤終千古。功名自誤。謾教得陶朱，五湖西子，一舸弄煙雨。」〔註77〕同為與葉衡的酬酢，壽詞中假藉人們收復中原失地以「獻君王」、「玉京迎駕」的強烈願望，鮮明表達愛國愛民的思想；而觀潮有感所上之詞，則以千軍萬馬的爭戰來擬寫潮水波濤洶湧的壯態，引吳越交戰時伍子胥款款忠曲卻遭摒棄，最後竟因忠諫被殺飲恨以終的歷史故實來提醒自己「功名將自誤」；何不學范蠡知機，歸隱山林，沉鬱幽憤地表達自己牢騷失意的情緒。前文提到送別李姓友人赴漢中地區任職所寫〈滿江紅〉一詞所云「腰間劍，聊彈鋏；尊中酒，堪為別。況故人新擁，漢壇旌節。馬革裹屍當自誓，蛾眉伐性休重說。但從今記取楚樓風，裴臺月。」剛健豪放的詞風，更凸顯稼軒本人英聲氣概的豪情壯志。在為內兄范南伯祝壽詞：〔註78〕

> 擲地劉郎玉斗，挂帆西子扁舟。千古風流今在此，萬里功名莫放休。
>
> 君王三百州。　　燕雀豈知鴻鵠，貂蟬元出兜鍪。卻笑盧溪如斗大，
>
> 肯把牛刀試手不？壽君雙玉甌。

雖然巧妙地引范增、范蠡同姓前賢來勖勉其內兄，莫嫌官卑職小而失去報國濟世的機會；更以「千古風流今在此，萬里功名莫放休。君王三百州」恢復故土、重整山河的遠大功名事業相勉，更顯露自己未嘗一日忘懷恢復志業。而「燕雀豈知鴻鵠，貂蟬元出兜鍪」則更進一步呈現稼軒懷抱不凡的鴻鵠大

〔註74〕《孫子兵法》始計第一。

〔註75〕《老子》第三十六章。

〔註76〕〈洞仙歌〉（壽葉丞相），頁37。

〔註77〕〈摸魚兒〉（觀潮上葉丞相），頁38～39。

〔註78〕〈破陣子〉（為范南伯壽。時南伯為張南軒辟宰盧溪，南伯遲遲未行，因作此詞勉之），頁63。

志，與追求沙場功名的成就；畢竟「揮羽扇、整綸巾。少年鞍馬塵。」〔註79〕才是稼軒嚮往的志趣。只是在現實摧折下，更多的是「長門事，準擬佳期又誤。蛾眉曾有人妒。千金縱買相如賦，脈脈此情誰訴？君不見玉環飛燕皆塵土！閑愁最苦。休去倚危欄，斜陽正在，煙柳斷腸處。」〔註80〕的慨嘆。也只能無奈地安慰自己「且約湖邊風月，功名事欲使誰知。都休問，英雄千古，荒草沒殘碑。」〔註81〕、告誡自己「功名渾是錯，更莫思量着」。〔註82〕

　　來到深具有歷史意義、戰爭背景的古蹟、名勝，感性的人們總是會寄予無限的追憶；北地南來、有志難伸的稼軒，經過這些富有戰爭記憶的地方，更易激發去國懷鄉的幽憤。

> 楚天千里清秋，水隨天去秋無際。遙岑遠目，獻愁供恨，玉簪螺髻。
> 落日樓頭，斷鴻聲裏，江南遊子。把吳鉤看了，欄干拍遍，無人會，
> 登臨意。　　休說鱸魚堪膾，儘西風季鷹歸未？求田問舍，怕應羞
> 見，劉郎才氣。可惜流年，憂愁風雨，樹猶如此！倩何人喚取，紅
> 巾翠袖，搵英雄淚？〔註83〕

二十二歲就舉兵抗金，留下曾追斬僧義端、率五十騎人馬直闖萬人敵營生擒叛將張安國等勇武事蹟的稼軒，是何等英雄氣慨；然而南歸投效南宋朝廷，却一直未受到賦予抗金復國的重責大任，空負救民淑世的滿腹經綸與重整山河的軍事戰謀；發而爲詞，每慨然呈現悲憤沉鬱的抒懷之作品。再度來到帝王之都的金陵〔註84〕，登樓遠眺故國江山，映眼南方秋意正濃的山河，縹遙綿延的羣山、懸掛樓頭的落日與耳際傳來斷鴻的哀聲，更引發這位空負一身復國本領而無人重用、空有滿腔報國志節而無人理解流落江南的遊子，怨生無限憂愁、複雜而鬱憤的情緒；只有空撫無用武之處的刀劍、拍欄洩憤了。而最後這「倩何人喚取，紅巾翠袖，搵英雄淚」，更道盡稼軒孤臣無力回天的悲切。

> 鬱孤臺下清江水，中間多少行人淚。西北望長安，可憐無數山。　　青
> 山遮不住，畢竟東流去。江晚正愁余，山深聞鷓鴣。〔註85〕

〔註79〕〈阮郎歸〉（耒陽道中爲張處父推官賦），頁75。
〔註80〕〈摸魚兒〉（淳熙己亥，自湖北漕移湖南，同官王正之置酒小山亭，爲賦），頁66。
〔註81〕〈滿庭芳〉（和洪丞相景伯韻），頁82。
〔註82〕〈菩薩蠻〉，頁95。
〔註83〕〈水龍吟〉（登建康賞心亭），頁34。
〔註84〕參見本章頁82，註42。
〔註85〕〈菩薩蠻〉（書江西造口壁），頁41。

來到金兵南侵大肆襲擾的江西造口一帶〔註86〕，稼軒感懷戰爭所帶來百姓流離失所的深沉苦難，寫下這追憶往昔、慨嘆今日的詞作。鬱孤臺下景物依舊，戰亂所帶來百姓的苦難至今還持續存在；然恢復故土的大業，卻仍受消極苟安主和派的阻礙而無所進展，沉鬱之情溢於言表。然天下分合之勢乃歷史循環的必然，因此稼軒仍懷抱「畢竟東流去」可以有所作為的期待；無奈日暮天晚正愁年華老去之際，遠處傳來鷓鴣淒切的叫聲，更添羈旅南方異地無法北歸之愁苦。整闋情思由悲痛而激昂、由激昂轉悲涼，可以深深體會稼軒痛切國事日非、恢復日遙「欲飛還斂」的悲憤之情。

> 落日塞塵起，胡騎獵清秋。漢家組練十萬，列艦聳層樓。誰道投鞭
> 飛渡，憶昔鳴髇血污，風雨佛狸愁。季子正少年，匹馬黑貂裘。　　今
> 老矣，搔白首，過揚州。倦游欲去江上，手種橘千里。二客東南名
> 勝，萬卷詩書事業，嘗試與君謀。莫射南山虎，直覓富民侯。

舟次南北要衝、富有戰爭記憶的揚州名城，追憶當年金兵南侵與自己少年英雄事蹟〔註87〕，在無情的現實政治環境壓抑下，無盡感慨、不勝噓唏；以反諷的手法藉李廣、李蔡不盡符合正義的史實，逃避圖謀恢復功名、追求富貴利碌，實者是對朝廷避談用兵而不圖恢復事業的消極作為，提出悲憤嚴厲的控訴。

> 過眼溪山，怪都似舊時相識。還記得夢中行遍，江南江北。佳處徑
> 須攜杖去，能消幾緉平生屐。笑塵勞三十九年非，長為客。　　吳
> 楚地，東南坼。英雄事，曹劉敵。被西風吹盡，了無塵跡。樓觀縹
> 成人已去，旌旗未卷頭先白。歎人間哀樂事，今猶昔。〔註88〕

溯江船行吳、楚之間，眼前所呈現大江南北的山水勝境，本來都是舊遊之地；然而稼軒用「怪似」、「夢中行遍」不確定、不真實的語言，傳達對過往經驗的否定態度，乃有今是昨非「笑塵勞三十九年非，長為客」的感觸，也正是對現實苟且偷安的政治環境，所做出無言的控訴。追往過去孫權以吳楚東南一隅與曹、劉相抗的英雄事蹟，亦即是自己所欽羨追慕的功業；但光陰無情、

〔註86〕《辛棄疾詞新釋輯評》：「據羅大經《鶴林玉露》指出『南渡之初，虜人追隆
　　　　祐太后御舟至造口，不及而還，幼安自此起興。』此說與史載隆祐的逃亡路
　　　　線不盡相符，而金兵在追擊隆祐的過程中，大肆騷擾贛西一帶，卻是事實。」
　　　　（頁94～95）

〔註87〕參見本章，註55。

〔註88〕〈滿江紅〉（江行，簡楊濟翁、周顯先），頁60。

人生哀樂無常，今昔不變。整闋詞的詞眼：「樓觀縹緲成人已去，旌旗未卷頭先白」感歎自已多年來疲於異動、功業未成而年華老逝；是對朝廷不圖恢復大業的反控，也正是造成稼軒悲憤、苦悶而沉鬱的根本原因。

> 千丈懸崖削翠，一川落日鎔金。白鷗來往本無心，選甚風波一任。
>
> 　別浦魚肥堪鱠，前村酒美重斟。千年往事已沉沉，閒管興亡則
>
> 甚？〔註89〕

船到虞允文當年勇破金兵使戰局逆轉的采石磯〔註90〕，映眼陡峭高峻、蒼蔥垂崖千丈與落日照水、金碧燦爛的勝景；鷗鳥悠遊翱翔，才不理會往昔這裡所發生過的一切風波。表面上稼軒也期待與自然景物結合，享受人間魚鱠美酒，才不管什麼歷代興亡風波；但在這江防重鎮、歷代南北爭戰的要衝與王朝興亡見證之地，豐厚的戰史與當代虞允文破金衛國的事蹟，都使稼軒根本無法眞正忘懷復國救民的重責大任。刻意表現瀟洒的態度，反而更見憂國憂民的用心。也正是稼軒「豪邁沉鬱」、「欲飛還歛」的詞風。

〔註89〕〈西江月〉（江行采石岸，戲作漁父詞），頁62。
〔註90〕采石在今安徽當塗縣西北，爲江流最狹處；歷代南北征戰，多於此渡江。

第六章 　稼軒的兵學思想

　　稼軒畢生心存匡復宋室的大志，從幼年開始接受祖父辛贊引領「登高望遠，指畫山河，思投釁而起」的教誨，並藉科考入京「諦觀形勢」，以蓄養觀察作戰地區的形勢與情勢，成就鑽研用兵謀略的基本工夫；後來實際投入抗金作戰，委身爲農民背景的義軍領袖耿京掌書記，獻策謀畫南向聯結宋室以取得長久抗金復國的支撐力量，乃又養成運籌帷幄的戰略思維。投效南宋後，數度爲一方帥臣而肩負地方政、軍大任；並實地執行圍捕茶商武裝謀反與敉平地方盜亂的軍事行動，更又在戰術與戰鬥上獲得實戰經驗的磨練。雖然稼軒這一生練就的軍事長才，最終未能在抗金復國的事蹟上充分施展，卻幸而在積極不斷向朝廷獻策的過程中，留下了寶貴的兵學文獻，深值得後人加以探研。

　　稼軒爲「抗金復國」而獻策的奏章，有《美芹十論》、《九議》、〈論阻江爲險須藉兩淮疏〉、〈議練民兵守淮疏〉與〈論荊襄上流爲東南重地〉等；〔註1〕其他尚有部分見存在友人論著所述者。其中《十論》與《九議》爲集諸篇而成冊，即後人或以「兵書」見稱者；兩者互爲呼應，基本上的論理精神是一致的。《十論》所言廣泛多涉，而《九議》則針對「恢復事功」，論述得更周密、精闢與深入。〈論阻江爲險須藉兩淮疏〉、〈議練民兵守淮疏〉與〈論荊襄上流爲東南重地〉爲單篇的奏札，係針對「守淮的佈防與屯兵練民」、「合荊、襄等專任守備之責以鞏固東南中樞」等問題所提的建議。這些策論，便是後人所據以研究稼軒兵學思想與軍政才能、國防主張的主要依據。本章將以六節來探討稼軒兵學思想的精華，第一節將上開策論全面摘要簡介，俾對稼軒兵學思想的理念有

〔註1〕 以上諸策論均取自徐漢明《稼軒集・稼軒文存》，臺北文津出版社民國 80 年 6月初版。

整體的認知；第二～六節則分別以「謀定後動」、「精神動員」、「作戰整備」、「積極防禦」與「攻勢主義」等五個面向，詳細探討稼軒的兵學想想精萃。

第一節　兵學論述簡介

一、《美芹十論》乾道乙酉進（輯自黃淮楊士奇《編歷代名臣奏議》卷九十四，經國門）

　　稼軒自稱：「《御戎十論》，名曰《美芹》〔註2〕」，後人或以《十論》簡稱。是稼軒見符離戰敗後，南宋朝廷瀰漫失敗主義的氣氛，影響到整體「抗金復國」的事業；於乾道元年（西元 1165）不顧自己只是廣德軍通判的卑微職務，越級上疏孝宗，進呈「抗金復國」的謀略。可惜這些在當時確屬具體可行的恢復策略，並未獲得朝廷積極採用而被束之高閣；徒令後世讀者為之歎惋。

　　《十論》內容可概分為三部分：第一、首以〈奏札前序〉，說明上此疏奏的用意在於綢繆抗金復國之策謀；將自己恢復大志的養成，起義抗金與南來投效的經過等，作簡略的陳述。並指出朝廷在「宿州符離之役」後所籠罩因懼敗而主和，「一於持重以為成謀」消極被動態度的錯誤與不宜；例舉「燕山之和未幾而京城之圍急」〔註3〕、「城下之盟方成而兩宮之狩遠」〔註4〕等猶歷歷在目的事證，及秦檜主和更增敵人氣焰高張的結果，進而造成金人掌握主動出擊之權，南宋則只能被牽制而窮於應付的情形；其結果，當然是受制於人，終取敗亡。乃以古人所言：「不以小挫而沮吾大計」〔註5〕相勉，斥責一般朝臣、士大夫「徒見勝不可保之為害，而不悟夫和而不可恃為膏肓之大病」的短視，呈請孝宗應有既定的作戰謀略以取勝，而不可因小敗而挫恢復大計的機先。第二、前三篇

〔註2〕《列子・楊朱》（周列禦寇撰、張湛注，臺灣商務印書館，民國 57 年版）記載：「昔者宋國有田夫…自曝于日，不知天下之有廣廈隩室…顧謂其妻曰：『負日之暄，人莫知也；以獻吾君，將有重賞。』里之富室告之曰『昔人有美戎菽，甘枲莖芹萍子者，對鄉豪稱之。鄉豪取則嘗之，蜇于口，慘於腹，眾哂而怨之，其人大慚。子此類也。』」後人遂以"獻芹"、"芹獻"、"芹意"等自謙表示所贈之禮、所獻之意見的微賤。

〔註3〕指北宋末年（西元 1120），宋、金約定夾攻遼的"海上之盟"；遼亡後，金背約佔地（燕雲十六州），並於 1125 年兩路大軍南下，次年圍北宋都城汴京事。

〔註4〕繼前事，1126 年金圍汴京，在宋、金和約後，金擄徽、欽二帝北去的"靖康之難"。

〔註5〕以上併引見《美芹十論》進奏札文（前序）

「三言虜人之弊」〔註6〕研析敵情，〈審勢第一〉——分析敵我形勢的眾寡虛實、〈察情第二〉——權衡探索以瞭解敵情、〈觀釁第三〉——指出敵人內部的矛盾；說明金廷雖有貌似強盛的虛勢，實則內部矛盾重重，無論是政治、經濟、軍事、社會心理等，均存在無法克服的致命弱點。因此，整體形勢對南宋朝廷是有利的；呈請孝宗要有良醫切脈般的明慧，深知敵人之弊病，不為其表面上強勢的外形所迷惑。第三、後七篇「七言朝廷之所當行」〔註7〕，是接著獻策朝廷以〈自治第四〉——駁斥「南北定勢」的失敗論，提出絕歲幣、都金陵的積極自強作為；〈守淮第五〉——積極向前延伸防禦線於淮河向北，備寡力專集中兵力於作戰要點，並俟機轉守為攻；〈屯田第六〉——有效安頓並善用歸正軍、民，充實作戰地區賴以致勝關鍵的後勤補給能力；〈致勇第七〉——求行陣效死之士，對將帥「均任而投其所忌、貴爵而激其所慕」，對士卒「寡使而紓其不平、速賞而恤其已亡」；〔註8〕〈防微第八〉——防微杜漸，有效消除內部矛盾與潛在敵人；〈久任第九〉——專責任久以建立互信，俾可期「令民與上同欲，可與之死、可與之生」〔註9〕的兵道；〈詳戰第十〉——策謀對敵採「攻守合一」的積極攻勢之戰術、戰略。此七論包涵健全自己作戰的條件，與具體而積極以攻為守、轉守為攻的戰術、戰略作為。

　　歷來皆以《美芹十論》為稼軒兵學思想的代表之作。稼軒從現實出發，首先分析在符離之役後敵我的對峙形勢、和戰利弊及民心向背等；嚴正批判主和派悲觀、苟且偷安的心態，明確指出金人三不足慮與無能為的弱點，而朝廷終究可以以戰取勝恢復中原。孫子兵法所謂「知可以戰與不可以戰者勝，識眾寡之用者勝」〔註10〕，稼軒這一開始對敵我形勢的分析，正是此一「知己知彼，百戰不殆」〔註11〕的工夫。然後稼軒提出對朝廷一系列「先為不可勝，以待敵之可勝」〔註12〕的具體建議作為，駁斥南北定勢的失敗主義、絕歲幣都金陵的積極自強之道、堅守淮河聚兵屯田以確保緩衝折衷的空間、激勵將帥卒眾的士氣以隨時應戰、防止禍起蕭牆的內變、專責久任宰相有司圖

〔註6〕　見《美芹十論》第一～三。
〔註7〕　同前註，第四～十。
〔註8〕　見《美芹十論》·〈致勇第七〉。
〔註9〕　見《孫子·始計篇第一》，引自魏汝霖註譯《孫子今註今譯》，臺灣商務印書
　　　　館民國七十六年四月三版。
〔註10〕　引見《孫子·謀攻篇第三》。
〔註11〕　仝前註。
〔註12〕　《孫子·軍形篇第四》。

謀恢復事功及最後主動出擊恢復中原的戰略戰術等；雖異於傳統韜略式兵學的理論論述，但以更縝密有條理的思維，結合現實軍政環境背景與活用古代兵學思想，層層剖析、反覆論證，而成為適應當時政軍情勢、具有時代性意義的兵學專門論著。整體而言，也符合中國傳統兵學廣泛涉及政、經、社會等一切影響戰爭成敗因素的特色。

二、〈論阻江為險須藉兩淮疏〉（輯自《歷代名臣奏議》卷三三六禦邊門）

稼軒在《美芹十論》所提的各項主張，雖然沒有被立即採納而付諸實施，但孝宗應該是認同並受其影響，此從孝宗在之後幾年仍有恢復企圖的相關作為，可見一斑；因此也鼓勵了稼軒再進奏申訴的舉動。乾道六年（西元 1170年）稼軒自建康通判任滿回臨安述職，蒙孝宗於延和殿召見；乃又當面呈進〈論阻江為險須藉兩淮〉、〈議練民兵守淮〉兩抗金疏策，更詳細明確的論述其戰守策略。（參照附圖一）

首先稼軒強調當今朝廷雖把京都移駐臨安，有以長江天險為自然防備的意圖；然而要能使長江天險真正得到固衛之效，實有賴兩淮流域的折衝緩衝。因此在兩淮地區嚴密完備的防禦部署，才是當務之急的固守良策；有鑑於此，所以進奏主動積極的防禦策略。奏疏中除了分析綿延千里的兩淮的整體形勢，例舉三國孫吳、五代南唐等居中扼守淮中險要關隘（清流關〔註13〕）之史例印證，自來不論是南方守淮、還是北方攻淮，都是先以精兵佔領淮中地形要點以斷敵人之攻守。再就朝廷設防現況提出缺失檢討，提出加強重點防禦的策謀；並認為這就是戰國時蘇秦教導六國合縱防禦秦人併吞的戰略，而秦國也因而不敢兵出函谷關的原因。

〈論阻江為險須藉兩淮疏〉是稼軒呼應前奏《十論》中〈守淮〉等相關篇章，提出更具體而主動積極以攻為守的防禦謀略；在稼軒的策謀之下，這些以「攻擊是最好的防禦」為指導的作為，是隨時可以轉變為恢復故土的攻勢作戰，也正是稼軒積極主戰、矢志恢復的體現。

三、〈議練民兵守淮疏〉（輯自《歷代名臣奏議》卷三三六禦邊門）

前文建議朝廷應於淮河流域區分為三個防守區域，選擇形格勢禁、足以

〔註13〕今安徽省滁縣西北二十二里（顧祖禹《讀史方輿紀要・江南・滁州》續修四庫全書，上海：上海古籍出版社，1998 年版）

克制敵人攻擊的地形要點，分別構建三處防禦堅固的重鎮；本文接著對應如何規劃、訓練戍守該三處重鎮的士眾，提出具體意見。

守城所需要的兵、眾耗費甚鉅，如果派駐萬員的守城兵力，相對需要萬戶的百姓才能供輸無虞。以往金人南向入寇時，兩淮地區的百姓聞風喪膽馬上奔逃流離，在未交戰前就去掉四五成的民眾。稼軒認為，兩淮地區百姓雖然因戰亂頻仍而見稀少，如果再把力量分散自然不足以防守疆土；如果能把力量凝聚使用，則還能有效運用。具體的說，如果每個州郡都要派兵駐守，就會造成備多力分、民分勢弱力量不足；如果能使力量集中於所籌建的三處重鎮，則綽綽有餘。保守估計兩淮地區的民戶仍應有二十萬戶之眾，肯聽從朝廷指揮來聚的，至少也有半數十餘萬戶以上。以十萬戶之眾供應十萬之兵的需要，全力固守三鎮；而金人就算來攻，也不可能有足夠的兵力全面掃盪，更不可能在短期之內攻下我軍固守的三鎮。何況向所規劃三鎮，是可以互相策應、支援作戰的態勢，在攻守相形相生、交互運用，並適時出兵撓亂牽制敵人後路靈活的戰略、戰術下；就算有大將兀朮的智慧、完顏亮的勇力，也對我莫可奈何，更河況是當下庸庸之輩。這是稼軒以兵法「形人而我無形，則我專而敵分；我專爲一，敵分爲十，是以十攻其一也。則我眾敵寡，能以眾擊寡，則我之所與戰者，約矣。」〔註14〕所強調集中兵力運用的戰略、戰術。而「事不前定不可以應猝，兵不預謀不可以制勝」，平時的準備工作實重於戰時的努力。稼軒規劃提出，把兩淮區域各州郡縣戶口清查分隸三鎮，平時各居其住所營治日常生活；戰時則令三鎮帥臣、守將傳檄所屬各州郡，管制當地兵民動員防衛各該重鎮；老弱妻孥、農糧畜產集聚城內，壯丁則執甲冑到本鎮附近險要之處分寨據守，並對金人實施出沒不定的游擊戰術，志在襲擾其心志、消耗其士氣。而主力部隊隨之在後，伺機而戰，不利則守；那麼金人再怎麼勇勁也不足爲患了。這樣也可以使兩淮的民眾習於戰事，倉卒之間不致於「流離奔竄、徒轉徙溝壑」而不戰自斃。

四、九議（輯自辛啓泰編稼軒集抄存卷二）

稼軒受孝宗召對後，被任命爲掌管朝廷倉廩、籍田和園囿等事務的司農寺主簿。心存匡復的他並不氣餒，接著向采石之役的抗金名相虞允文進呈另一長篇論兵名著——《九議》；除加強對「宋、金雙方武力對比和優劣態勢的

〔註14〕引見《孫子·虛實篇第六》。

分析」、「聲東擊西以主力出兵山東」等《美芹十論》中主要的戰略、戰術作更具體、詳細的論述外，更提出派遣間諜、策反金國將士及「除戎器、練軍官、修軍政、習騎射、造海艦」〔註15〕等一系列積極強兵的措施。更重要的是，他把恢復大事提升到為社稷、為國家、為民生的最高層級，而不只是個人「思酬國恥」、「紓君父不共戴天之憤」〔註16〕而已。

虞允文為史上著名「采石敗金之役」的指揮官。〔註17〕采石一戰，阻止了完顏亮的渡江，促成金軍兵敗北歸；虞允文也從此獲得朝廷的重用，孝宗時官拜左丞相，封雍國公。稼軒受召對後任司農主簿，正是他在丞相任上；因此稼軒當然不會放棄向這位主戰派又當權的有力人士獻策的機會。

《九議》呼應《十論》更具體而微的提出其一〈運籌帷幄──廣延豪俊密議大事〉、其二〈謀定而動──平心靜氣慎謀能斷〉、其三〈形勢分析──審知敵我優劣形勢〉、其四〈詭道戰術──爾虞我詐權謀求勝〉、其五〈勝兵先勝──陰謀用間使之變亂〉、其六〈制敵機先──攻勢戰略直搗腹胸〉、其七〈戰備整備──富國強兵具體做法〉、其八〈積極進取──適當時機遷都建業〉、其九〈內部團結──私戰不解公戰必廢〉〔註18〕等軍事國防之戰備謀略與作為。首先在奏議起始也有一段〈前序〉，直斥因懼敗而未戰先求和的頹廢消極思想，呼應前《十論》對「南北定勢，吳楚之脆弱不足以爭衡於中原」之撻伐；因此向有恢復企圖的樞密院宰虞允文，提出此積極備戰之議。針對當時南宋朝野抗金復國的消極失敗主義，稼軒首先舉出振興之道；只要在上位者起來提倡、堅持，在下位者隨之呼應隨同，上下振奮，則恢復大業指日可待。只是在南北定勢的失敗主義下，認定歷來在長江南岸立朝的政局，未曾有統一中原、恢復故國的事功而消極無為；甚至黨同伐異一起唱和所謂「為國生事」、「孤注一擲」、「吾愛君，吾不為利」、「守成、創業不同，

〔註15〕引見《九議·其七》。

〔註16〕引見《十論·前序》。

〔註17〕金人入侵時，虞允文受詔參謀軍事。完顏亮率兵自西采石（今安徽當塗北）渡江，虞允文至采石犒師；時采石帥守巳先逃逸，允文乃召統制時俊、王琪等聚議，激勵諸軍，憑借宋軍水戰之長，以車船、霹靂炮等大敗金兵，締造史上著名的「采石敗金之役」。完顏亮欲改從瓜洲渡江，時金北方政權有變，金世宗稱帝；金兵厭戰，軍心已亂，完顏為部下所殺，金兵北歸。

〔註18〕杜呈祥先生在《辛棄疾評傳》謂《九議》的內容為：「恢復之道、主氣、論戰之道、知彼己之長短、兵謀、論謀而後戰、富國強兵、建都、論私戰不解則公戰廢」（頁28～29），經詳研其內容，實頗有不符；蓋杜氏或採取首言之先例而定。筆者特就己之所見，給以如上之定義。

帝王、匹夫異事」〔註19〕等等苟且偷安的說詞。這些似是而非的說法在平常就一直盛行，一旦戰事發生，而又有一些失敗的戰績，則天下更都會認同這些失敗主義的見解；以至有謀略的被摒棄、有勇略的被廢絕，朝野諱言用兵，而恢復之事就此諱莫如深了。稼軒則深不以為然，認為恢復之事有必可取勝的戰略、戰術，必得在戰前有謀定而後動的審慎廟算；小勝不驕矜、小敗不沮喪，一切可盡在掌握規劃之中。乃列舉其所籌算謀定而後動的戰略、戰術，以備朝廷採擇執行。

　　由於所上疏對象是當權的宰相，因此《九議》雖承繼呼應《十論》的戰略思想；然所提出的建議事項，則是更具體的事務性工作。從〈其一〉明辨並延攬真正豪俊智勇之士十餘人，置為樞密院官屬，機密共議國家機要行政事務；〈其二〉期勉以「無欲速、審先後、能任敗」的態度，平心靜氣、審慎謀斷定天下之大事；〈其三〉分析敵我實質的優劣形勢，謀定「攻其無備、出其不意」恢復故土、平定天下的最高戰略指導；〈其四〉在「攻其無備、出其不意」的戰略指導下，以詭道的欺敵戰術驕縱並勞動潰乏敵人，戳破其「南北之利莫如和」等統戰兵謀，「彼緩我急、彼急我緩」緩急交互運用地權謀求取致勝之道；〈其五〉陰謀離間其「腹心大臣」與「州府之兵」，使之「內變外亂」從中瓦解；然後〈其六〉定出制敵機先、虛實並用的攻擊戰略與戰術，直搗金人腹胸，隔離敵人各個擊破，取得最後的勝利。《九議》這前六篇是所謂「定規模而後從事」的一系列具體的作為；而〈其七〉、〈其八〉、〈其九〉後三篇，則是平常蓄積作戰實力的事務。〈其七〉提出「除戎器、練軍實、修軍政、習騎射、造海艦」等強兵的要項，與平時節省財用開支（惜費）、戰時「絕歲幣、展郊祀」等集聚財力的方法，及寬民力、厚撫養以備戰的富國作為；〈其八〉則是平時妥善密謀規劃，在適當時機駐蹕遷都建業，積極進取的戰術作為；〈其九〉要求並強調內部團結的重要，避免因不必要的內耗而未戰先敗，重申防微杜漸、和輯眾心、合志併力、協濟事功；最末稼軒再以他所堅持反對「南北定勢」消極無望的言論，重覆《十論・自治第四》前段近千字的論述（八百六十餘重覆字），駁斥南宋主和勢力以失敗主義為主要說辭的謬誤。可見南宋朝野以「南北定勢」的失敗理論為說辭，主張與金人「議和」以求苟且偷安風氣瀰漫的嚴重性；並以越王勾踐「見怒蛙而式」〔註20〕的典

〔註19〕見《九議》前序。
〔註20〕《韓非子・內儲說上》：「越王勾踐見怒蛙而式之，御者曰：『何為式？』王曰：

故，期勉朝廷能有堅持恢復的氣勢，然後可以定天下。

五、論荊襄上流爲東南重地（輯自《歷代名臣奏議》卷三三六禦邊門）

稼軒有關恢復故土的奏議相繼提出後，朝廷似乎受到一些影響，但多數有積極性、具體可行的各種作戰策略，則沒有被採納而付諸實施。且稼軒從乾道六年（1170）後，迄淳熙八年（1181）第一次被劾落職期間，表面上似乎受到了重用而數爲地方帥臣，並賦予敉平盜亂的作戰任務；但卻從未讓他直接參與抗金復國的運籌、作戰，更從未接受他再三提出重要職務應予"久任"的建議。就連稼軒十數年間竟也被調任了十餘職務，最後在被排斥、打壓甚至惡意污衊下，落得被彈劾去職的地步而賦閒在家十年餘。

光宗繼位給稼軒一個重新復出的機會，在被讒落職而退隱十年後，雖說是銳意全消，但再被任命便又自然流露積極報效家國的本性；紹熙四年（西元 1193）獲光宗召見時，稼軒乃又乘機疏奏有關抗金禦守的《論荊襄上流爲東南重地》箚子。

本篇是稼軒針對淮河上游接漢水一帶的重要戰略地區之分析，並具體提出有效固守的防禦作爲。首先以史實反瞻，歷來北兵南下，如橫截渡兩淮而來，被長江天險所阻絕，終必敗亡；不論是三國曹魏屢越淮攻孫吳阻於江、前秦苻堅侵東晉師敗淝水，還是北魏太武帝伐宋，均不克而還。如果從荊襄順流而下長江，則都能直接威脅東南半壁而獲取最後的勝利。晉自益州順流而下伐滅東吳、隋自蜀下荊襄滅陳與宋太祖時宋軍自荊南東下取南唐歸，皆由上流下江而取勝的史實；這是何以荊襄地區自來就一直是兵家所必爭的戰略要點之原因。然而荊州、襄陽地區的防禦，又有分、合不同的見解；稼軒認爲，要能協同合作、相互支援以聯合戰守，才能達到有效防衛固守的目標。亦即從襄陽以南、江州以西水陸交錯之荊州地區，要能做到「形勢不分而兵力全」的工夫，才能「不事夷狄而國勢安」。

檢討目前部署情勢，如果金軍萬騎由襄陽南下入侵荊襄得逞，則襄陽軍帥、鄂渚軍帥、襄陽守臣、荊南守臣均有推卸責任的理由，而朝廷將無可罪咎之辭；那麼荊襄上流這麼重要的戰略要地，就落得無可全責任守的窘局。

『蛙有氣如此，可無爲式乎？』士人聞之，曰：『蛙有氣，王猶爲式，況士人之有勇者乎？』」

因此，稼軒提出具體的建議（參閱附圖二——荊湖南路、荊湖北路、京西南路）：以長江為分界，北部襄陽諸郡與荊南〔註21〕合為一路，置大帥府，專責江北荊襄地區之戰守，使南北形勢一體、首尾互相策應支援；南部取辰州、沅州、靖州、澧州、常德府等東與鄂州合為一路，置大帥府，專責江南鄂渚地區之戰守，東西聯貫，上、下游與江陵、江州連結策應，進可攻、退可守。如此隔長江南北各有專責守備，防衛固守必得自固；緩急之際無所推卸責任，猶可相互策應支援。如此則沿江上流荊襄重要戰略地區，便可獲得有效固守。

這是稼軒針對北方金人的威脅，首次當面向光宗所進陳積極軍事部署整備的疏奏；篇末稼軒以天下大勢分久必合、合久必分自然運行的道理，從史上周朝以來重覆上演分合的軌跡，迄今金人雖物夥地大，然德不足、過盛必衰，一失其御將四分五裂而豪傑並起；告訴光宗正是可以奮起而有所作為以一統天下的最好契機。因此稼軒以深切憂國憂民的衷心，奏請光宗「居安思危、任賢使能，修車馬、備器械」積極戰守整備，期使國家有屹立不搖、固若金湯之萬世事功。

六、其　他

有關稼軒的兵學論述，除了《稼軒集》所收錄的疏箚外；還有少部分是見載於友人的論著、奏箚中。論述較具體成篇的，有朱子〈論兵〉篇與程珌〈丙子輪對箚子〉中所載有關稼軒表達對金人攻、守的具體戰略、戰術。而就年代探討，正好是一前、一後為稼軒最早與最遲的兩篇兵學思想論述：

（一）《朱子語類》卷一一○〈論兵〉〔註22〕記載，稼軒自述揀選士卒與孝宗
　　　隆興年間見張浚〔註23〕時所陳之論對金用兵之主張：
　　　　辛棄疾頗諳曉兵事。云：「兵老弱不汰可慮。向在湖南收茶寇，令統
　　　　領揀人來，要一可當十者，押得來便看不得，盡是老弱！問何故如
　　　　此？云只揀得如此，間有稍壯者，諸處借事去。州郡兵既弱，皆以
　　　　大軍可恃，又如此！為今計，大段著揀汰，但所汰者本有頓處。某

〔註21〕即荊州，又稱江陵府，為宋荊湖北路之首府；今湖北江陵。
〔註22〕《朱子語類》卷一一○〈論兵〉宋黎靖德編，王星賢校點，北京中華書局，1999
　　　　年版。
〔註23〕張浚，字德遠，漢州綿竹人；紹興三十二年被剛上任的宋孝宗召見封為魏國
　　　　公（見《歷代帝王年表》載云：「…六月帝傳位於太子瑋，改名眘，……太子
　　　　即位，求直言，召張浚封魏國公……」）。

向見張魏公，説以兵分殺虜之勢，祇緣虜人調發極難；元顏要犯江
南，整整兩年，方調發得聚。彼中雖是號令簡，無此間許多周遮；
但彼中人纔迫得太急，亦易變，所以要調發甚難。祇有沿淮有許多
捍禦之兵。爲吾之計，莫若分幾軍趨關陝，他必擁兵於關陝；又分
幾軍向西京，他必擁兵於西京；又分幾軍望淮北，他必擁兵於淮北，
其他去處必空弱。又使海道兵擣海上，他又著擁兵捍海上。吾密揀
精銳幾萬在此，度其勢力既分，於是乘其稍弱處，一直收山東。虜
人首尾相應不及，再調發來添助，彼卒未聚而吾已據山東。纔據山
東，中原及燕京自不消得大段用力。蓋精銳萃於山東，而虜勢已截
成兩段去。又先下明詔，使中原豪傑自爲響應。是時，魏公答以：『某
祇受一方之命，此事恐不能主之』。」

文中記載稼軒主張士卒要揀汰老弱，並妥予安頓，否則堪慮；另曾於見
張魏公時，首次提出自已認爲對金人應主動分兵攻擊的理由與看法。〔註
24〕這一對金採主動出擊的戰略構想，在後來《十論·詳戰》、《九議·其
六》中也分別向宋孝宗及虞允文重覆提出；雖然都沒有被採行，但卻留
下稼軒主要兵學思想的見證。

（二）程珌《洺水集》〔註25〕卷二〈丙子輪對劄子（其二）〉載云：

「甲子之夏，辛棄疾嘗爲臣言：『中國之兵，不戰自潰者，蓋自李顯
忠符離之役始。百年以來，父以詔子，子以授孫。雖盡僇之，不爲
衰止。惟當以禁旅列屯江上，以壯國威。至若渡江迎敵，左右應援，
則非沿邊土丁，斷不可用。目今鎮江所造紅衲萬領，且欲先招萬人，
正爲是也。蓋沿邊之人，幼則走馬臂弓，長則騎河爲盜。其視虜人，
素所狎易。若夫通、泰、眞、揚、舒、蘄、濡須之人，則手便犁鉏，
膽驚鉦鼓，與吳人一耳，其可例以爲邊丁哉？招之得其地矣，又當
各分其屯，無雜官軍。蓋一與之雜，則日漸月染，盡成棄甲之人。
不幸有警，則彼此相持，莫肯先進；一有微功，則彼此交奪，反戈
自戕，豈暇向敵哉？雖然既知屯之不可不分矣，又當知軍勢之不可

〔註24〕按張浚於紹興三十二年（1162）受召封魏國公，隆興二年（1164）八月卒；
　　　因此稼軒僅得於這兩年間有機會向他提出此一見解，比乾道元年（1165）《十
　　　論》的上奏早一、二年。
〔註25〕程珌《洺水集三十卷》景印文淵閣四庫全書，臺灣商務，1983年。

－104－

不壯也。淮之東西，分為二屯，每屯必得二萬人，乃能成軍。淮東則於山陽，淮西則於安豐，擇依山或阻水之地，而為之屯。令其老幼，悉歸其中，使無反顧之慮。然後新其將帥，嚴其教閱，使勢合而氣震，固將有不戰而自屈者。』又言：『謀者，師之耳目也。兵之勝負，與夫國之安危，悉繫焉。而比年有司以銀數兩，布數匹給之，而欲使之捐軀深入，刺取虜之動息，豈理也哉？』於是出方尺之錦，以示臣。其上皆虜人兵騎之數，屯戍之地，與夫將帥之姓名。且指其錦而言曰：『此已廢四千緡矣。』又言：『棄疾之遣謀也，必鉤之以旁證，使不得而欺。如已至幽、燕矣，又令至中山，至濟南。中山之為州也，或背水，或負山，官寺帑廩位置之方，左右之所歸，當悉數之。其往濟南也，亦然。』又曰：『北方之地，皆棄疾少年所經行者，彼皆不得而欺也。』又指其錦而言曰：『虜之士馬尚若是，其可易乎？』……」

程珌在寧宗嘉定九年（西元 1216 年、歲次丙子，時稼軒已卒）輪對箚子中，記述嘉泰四年（西元 1204 年、歲次甲子）稼軒晚年出任鎮江府時，曾對他談及有關對金作戰的種種主張。這些主張與《十論‧屯田》、〈議練民兵守淮疏〉、《九議‧其五》等前後呼應，就當前情勢更具體而微的提出屯兵戍邊及如何用間等相關作法。

從以上對《十論》、《九議》等諸作的簡介中，我們可以見到稼軒對中國傳統兵學思想的融會，與靈活運用用於對金作戰所提出的戰略、戰術主張。接著筆者擬以中國最偉大的軍事學著作〔註26〕《孫子兵法》中的兵學思想精義為證，對應稼軒靈活運用於對金作戰所提出的戰略、戰術主張，來探討稼軒因應當時環境所發展的兵學思想。

第二節　謀定後動

稼軒深知戰前運籌帷幄廟算工夫的重要，與所謂「知己知彼，百戰不殆」的道理，因此在最早所提《十論》的奏箚起始即指出「事未至而預圖，則處之常有餘；事既至而後計，則應之常不足。」上疏宗旨，〈議練民兵守淮疏〉則謂「事不前定不可以應猝，兵不預謀不可以制勝。」而《九議》也再次強

〔註26〕見張其昀《中國軍事史略》第三章，上海市，上海書店，1991 年一版。

調「他日之戰當有必勝之術,欲其勝也,必先定規模而後從事;故凡小勝不驕、小負不沮者,規模素定也。」謀定而後動的觀念。此《孫子兵法·始計篇》開宗明義所指謂「夫未戰而廟算勝者,得算多也;未戰而廟算不勝者,得算少也;多算勝,少算不勝,而況於無算乎?吾以此觀之,勝負見矣!」的道理。稼軒進一步以孫子「校之以計,而索其情。曰:主孰有道,將孰有能,天地孰得,法令孰行,兵眾孰強,士卒孰練,賞罰孰明」等七件廟算的基準工夫,做爲分析敵我形勢優劣的標準;強調不應以外形上的強弱、眾寡來論斷,而應以實質上的情勢爲論定優劣的依歸。正是韓非子所謂「安危在是非,不在強弱;存亡在虛實,不在眾寡。」〔註27〕的精義。因此稼軒面對抗金復國的戰爭,提出許多運籌帷幄的作爲;此僅就「形勢分析」、「敵情研判」、「詭道謀略」與「用間破敵」等方面來探討:

一、形勢分析

敵我形、勢的分析研判,爲用兵前運籌帷幄的第一要務;《十論》前三篇「三言虜人之弊……先審其勢,次察其情,復觀其釁,則敵人之虛實吾既詳之矣」,首先即分析敵我形勢的眾寡虛實、權衡探索以瞭解敵情與指出敵人內部的矛盾;說明金廷雖有貌似強盛的虛勢,實則無論是政治、經濟、軍事、社會心理等內部矛盾重重,存在無法克服的致命弱點。

稼軒靈活運用《孫子兵法》對軍形與兵勢的闡釋〔註28〕於對金人作戰中;首先闡明其所論形勢的意涵,「何謂形?小大是也。何謂勢?虛實是也。土地之廣,財賦之多,士馬之眾,此形也,非勢也。形可舉以示威,不可用以必

〔註27〕見《韓非子今註今譯》卷九〈安危〉,邵增樺註譯、臺灣商務印書館,民國71年九月初版。頁1023。

〔註28〕《孫子》〈軍形篇第四〉「勝者之戰,若決積水於千仞之谿,形也」、〈兵勢篇第五〉「戰勢不過奇正,奇正之變,不可勝窮也……善戰者,其勢險,其節短,勢如張弩,節如機發……勇怯,勢也。強弱,形也。故善動敵者,形之,敵必從之,予之,敵必取之;以利動之,以實待之。故善戰者,求之於勢,不責於人,故能擇人任勢;……故善戰人之勢,如轉圓石於千仞之山者,勢也」綜論形、勢的交互運用而歸結到〈虛實篇第六〉所謂「故策之而知得失之計,作之而知動靜之理,形之而知死生之地,角之而知有餘不足之處。……因形而措勝于眾,眾不能知,人皆知我所以勝之形,而莫知吾所以制勝之形;故其戰勝不復,而應形於無窮。夫兵形像水,水之形,避高而趨下,兵之形,避實而擊虛;水因地而制流,兵因敵而制勝。故兵無常勢,水無常形,能因敵變化而取勝者,謂之神……」

勝。」並進一步舉例說明:「譬如轉嵌巖於千仞之山,轟然其聲,嵬然其形,非不大可畏也,然而塹留木拒,未容於直,遂有能迂迴而避禦之;至力殺形禁,則人得跨而踰之矣。若夫勢則不然:有器必可用,有用必可濟。譬如注矢石於高墉之上,操縱自我,不係於人;有軼而過者,抨擊中射惟意所向,此實之可慮也。」〔註29〕明確指出外在大小眾寡可以迷惑大眾的虛象,雖可使人一時生畏,卻不是可倚仗以取勝的實力為"形";而"勢"則是可以操縱在我並據以取勝的實力。「形」只是表面上可以威懾敵人的「土地之廣,財賦之多,士馬之眾」,猶如從千仞高山上滾下的巨大岩石,雖轟隆其聲、嵬峨其形可以令人生畏;但只要有深溝、樹木的拒留,仍可阻止它繼續滾落,而吾人便可迂迴避開它,甚至可以跨越過它。「勢」則不然,它是可以操控而有效使用的工具;就如作戰時在城垣上射箭、投石一般,可以隨自己的意向攻擊敵人,這才是真正令人顧慮而難以防範的。而金人就好像那高山上的巨石,只有可畏的形,卻沒有可據以操控使用的矢石之勢;可以威嚇、困擾我們,但並非其必勝的保證;因此只要能認清這一點,金人就沒有什麼可怕的。金人「土地之廣、財賦之多、士馬之眾」等實不足為患,仔細分析,土地雖廣「其實易分,惟其無事,兵劫形制;若可糾合,一有驚擾,則忿怒紛爭,割據蠭起……」;財賦雖多「其實難恃,得吾歲幣惟金與帛,可以備賞而不可以養士;中原廩窖,可以養士,而不能保其無失。蓋虜政龐而官吏橫,常賦供億民粗可支,意外而有需,公實取一而吏七八之,民不堪而叛,叛則財不可得而反喪其資……」;士馬雖眾「難調而易潰。且如中原所簽謂之大漢軍者,皆其父祖殘於蹂踐之餘,田宅罄於搥剝之酷,怨憤所積,其心不一;而沙漠所簽者越在萬里之外,雖其數可以百萬之計,而道里遼絕,資糧器甲一切取辦於民,賦輸調發非一歲而不可至……」;加以有「上下猜防,議論齟齬」、「骨肉間僭弒成風」等腹心之疾,因此,實質上金廷只是虛有其表;在宋金對峙的戰局中,並不是決勝的關鍵。

民心向背是造成整體形勢優劣的重要因素。以民為本的思想,一直是中國傳統政軍治道的主流;不論是《尚書》:「民惟邦本,本固邦寧。」《詩經》:「民之所好好之,民之所惡惡之。」、「邦畿千里,惟民所止。」還是《孟子》所謂:「民為貴、社稷次之、君為輕。」等等,莫不是強調以民為本的觀念。《孫子兵法‧始計篇》亦首引「道、天、地、將、法」五事為經國之大計,

〔註29〕以下所引併見《十論‧審勢》。

而其中「令民與上同意，可與之死，可與之生，而不畏危」的「道」，更居其首要。因此，稼軒在《十論‧觀釁第三》亦指出民心向背爲天下離合的主要因素。而民心的叛服，實基於其喜怒好惡；如果不能滿足老百姓基本溫飽的需求，則必導致眾叛親離。以史論證：秦、漢離合的差異，正因爲秦人用法「慘刻凝密」，且「役繁賦重」，不知體卹生民，以致失去天下；而漢則「與民休息」、「寬仁大度，務從簡約」，使老百姓喜有所屬而得到天下，這也正是「民本主張」最好的註腳。分析今天金人所竊佔的中原地區老百姓的民心向背，他們本來都是大宋朝廷的子民「耕而食，蠶而衣，富者安，貧者濟，賦輕役寡，求得而欲遂」，如今在血腥鎮壓下，被視爲次等國民，「如晚妾之御嫡子，愛憎自殊，不復顧惜」，因此本存憤懣不平之心；加以金人種族不平等的明顯差別統治作爲，更使中原民眾「怨已深、痛已鉅、而怒已盈」，雖徇於苟安、訹於積威、而未敢遽叛，實有待義旗之舉則翕然風從，便成氣候。回顧紹興三十一年完顏亮南侵時，中原一帶義軍紛起抗金，正是在這種背景下所產生的結果；可惜的是朝廷沒有好好掌握這個機先，而錯失恢復良機。如今在中原百姓曾有反叛的先例下，金廷與被統治者之間更加深彼此的芥蒂，金人防範、壓迫之舉勢必更加強；而中原百姓則愈操心危、慮患深，實更易於乘機策動抗金復國之舉。因此，只要朝廷有恢復的意圖，平時大聲張揚恢復故土的旗鼓，讓中原百姓時萌一線敗金復國的生機；同時厚待前來歸附的義士，以招徠中原更多志願投身恢復事業的義民。如此一旦朝廷有所作爲，中原百姓必將爭相呼應共圖推翻金朝的抗暴戰爭，則恢復大業指日可期。而且中原的百姓已今非昔比，以往中原百姓「習於治而不知兵」，以致戰事突起便一敗塗地，而無暇謀戰抵抗；如今則已閑習於斬伐攻守，又有我朝可適時奧援，實已無懼於金人的暴政，而有能力隨時起來抵抗。且金人猶如搏虎的馮婦，亦已今不如昔〔註30〕，一旦開戰，將只會爲我朝驅民來歸罷了。則我們只要靜待時機，金人敗亡之日，必不在遠。

《九議‧其三》亦即以此就敵我形勢之優劣做了更深一層的分析：「土地不如虜之廣，士馬不如虜之強，錢穀不如虜之富，賞罰號令不如虜之嚴」〔註

〔註30〕 大陸學者有從「馮婦學士終無士禮的觀點，來論金人難以靠文明的教化而有所改變；終將爲人訕笑而不能眞正服眾。」來闡釋這一段文字，亦爲另解。引見于汝波、李興斌主編《中國經典兵書》（中），頁1563，山東友誼出版社于，2002年10月。
〔註31〕 以下引文併見《九議‧其三》。

31〕是彼之所長，吾之所短；然而「天下有急，中原之民袒臂大呼、潰裂四出、影射響應者」、「彼沿邊之兵不滿十萬，邊徼遠闊，乘虛守戍力且不給，一與吾戰，必召沙漠。吾之出兵也在一月之內，彼之召兵也在一歲之外，兵未至而吾已戰矣」、「吾之出兵也官任其費，不責之民，緩急雖小取之，不至甚病，雖病而民未變也；彼之出兵也，一仰給於民，預索租賦，頭會箕斂，官吏乘時掊克，奪攘其財，斬艾其命，而天下大亂矣，雖有嚴法，不知而禁」、「彼逾淮而來，長江以限之，舟師上臨之，不過虜吾民、墟吾城、食盡而去耳；吾逾淮而往，民可襁負而至，城可使金湯而守，斷其手足，病其腹心」卻都是吾之所長、彼之所短；可見金人雖有士馬之強、錢穀之富與賞罰號令之嚴，然備多力分且緩急兵力動員不易、戰耗補給徵集困難及長江天險之阻絕等，均為其不利的因素；而朝廷相對有動員容易、補給容易與北方百姓簞食壺漿相迎而可直取敵心腹之利，與中原民眾乘機反亂響應。兩相比較：敵之所長我仍可計勝，而我之所長則是敵人無法改變的順逆形勢。稼軒並以曹操官渡敗袁紹與劉邦、項羽亡強秦兩則史例，印證說明其所謂形與勢的區別；更舉金人內部「民怨」與「嫡庶不定」的嚴重弊病，斷言其終必自取敗亡。綜合分析，實質上是我優敵劣的形勢；因此，總體而言對峙中的宋金形勢，是對宋廷有利的。

　　在〈論荊襄上流為東南重地〉疏中，稼軒則針對南宋的防禦態勢，做另一種形勢的分析。「自古南北之分，北兵南下，由兩淮而絕江，不敗則死；由上流而下江，其事必成。故荊襄上流為東南重地，必然之勢也。雖然，荊襄合而為一則上流重，荊襄分而為二則上流輕。上流輕重，此南北以所以為成敗也。……故形勢不分而兵力全，不事夷狄而國勢安。」〔註32〕強烈建議光宗重視歷來兵家必爭荊襄上流之地的防禦工作，並以「天下之勢有離合，合必離，離必合，一離一合，豈亦天地消息之運乎？周之離也，周不能合，秦為驅除，漢故合之。漢之離也，漢不能合，魏為驅除，晉故合之。晉之離也，晉不能合，隋為驅除，唐故合之。唐之離也，唐不能合，五季驅除，吾宋合之。然則已離者不必合，豈非盛衰相乘、萬物必然之理乎？」歷代分合的必然趨勢；就金人當下的情勢分析「物夥地大，德不足，力有餘，過盛必衰，一失其御，必將豪傑並起，四分五裂」，如果朝廷不能掌握此一契機，則「有英雄者出，鞭笞天下，號令海內，為之驅除」，預言必將有另一方面的新興勢

〔註32〕以下引文併見〈論荊襄上流為東南重地〉疏。

力來匡正、號令海內外。從八十餘年〔註33〕後新蒙古勢力，正是利用荊襄南下滅宋而建立元朝來印證；可見稼軒經由形勢的明確分析，得以洞察機先的廟算工夫。

二、敵情判斷

對敵人內部情勢的瞭解，是分析敵我形勢的重要依據；更是「知己知彼，百戰不殆。」〔註34〕取得最後勝利的基本工夫。稼軒在分析認清敵我眾寡、虛實形勢的優劣後，接著提出洞察敵情的作為。認為：「兩敵相持，無以得其情則疑，疑故易駭，駭而應之必不能詳；有以得其情則定，定故不可惑，不可惑而聽彼之自擾，則權常在我而敵實受其弊矣。」〔註35〕在兩軍對峙時，如果不能探知敵情，則易生疑駭，不能詳確運籌、廟算以取得獲勝的謀略；而洞察敵情後，便可掌握戰局的主控權。這正是《孫子兵法》「先為不可勝，以待敵之可勝。不可勝在己……故善戰者，能為不可勝，不能使敵必可勝。」〔註36〕的觀念，稼軒以「古之善用兵者，非能務為必勝，而能謀為不可勝；蓋不可勝者，乃所以徐圖必勝之功也。」來闡釋。蓋兩軍相抗，求取作戰的勝利為相同一致的目標，欺敵的機謀更是必然的過程；因此，要能權衡、度量敵之輕重優劣，揣測敵之用心，審慎判斷正確的敵情，乃用兵致勝的根本。稼軒更以「無恃其不來，恃吾有以待之；無恃其不攻，恃吾有所不可攻」〔註37〕的態度，定出「藏戰於守，未戰而常為必戰之待；寓勝於戰，未勝而常有必勝之理。」的方針，來指導洞察敵情的具體作為；然後氣定神閒、將心比心地冷靜觀察敵情，不輕易為敵人「虛聲以小耀我……匿形以誘我」所迷亂。

觀察金朝近年來由於內部政權的矛盾鬥爭，所引發對外反覆不定的和戰策略，即可印證說明金人的矯情不實；就如俗話所說"會咬人的狗不會叫"一般，金人的和戰策略常以虛虛實實的表象惑人，而真正的和戰作為，則端看敵我當前情勢的變化靈活調整，毫無所謂誠信可言。「蓋吠我者忌我也，馴我者狎我也。

〔註33〕元兵於西元 1273 年陷襄陽、1279 年陷厓山亡宋，距光宗紹熙四年（西元 1193）稼軒上〈論荊襄上流為東南重地〉疏，前後相距八十餘年。

〔註34〕見《孫子・謀攻篇第三》，引自魏汝霖註譯《孫子今註今譯》，臺灣商務印書館民國七十六年四月三版。

〔註35〕以下未標示引文併見《十論・察情》

〔註36〕見《孫子・軍形篇第四》，引同前。

〔註37〕見《孫子・九變篇第九》，引同前。

彼何嘗不欲戰，又何嘗不言和，惟其實欲戰而乃以和狃我，惟其實欲和而乃以戰要我，此所以和無定論而戰無常勢也，尤不可以不察。」因此，在往後雙方繼續敵對的狀況下，便不能不知所警惕而認清其狃近我以謀我的機略，更不能愚昧地單方面信守和戰承諾而被其要弄。回顧檢討宋金對抗的史實：

> 兀朮之死，固嘗囑其徒使與我和，曰：『韓、張、劉、岳近皆習兵，恐非若輩所敵。』則是其情真欲和矣，然而未嘗不進而求戰者，計出於忌我而要我也。劉豫之廢，亶嘗慮無以守中原，則請割三京；亶之弒，亮嘗懼我有問罪之師，則又謀割三京而還梓宮；亮之殞，褒（雍）又嘗緩我追北之師，則復謀割白河溝、以丈人行事我；是其情亦真欲和矣，非詐也。未幾，亶之所割，視吾所守之人非其敵，則不旋踵而復取之；亮之所謀，窺吾遣賀之使，知其無能為，則中輟而萌辛巳之逆；褒（雍）之所謀，悟吾有班師之失，無意於襲，則又反覆而有意外之請。夫既云和矣而復中輟者，蓋用其狃而謀勝於我也。

便可認清金人和戰無常、處心積慮以謀我的伎倆。因此，分析金人具體的謀略有三不敢必戰、二必欲嘗試的和戰作為。三不敢必戰在於：如果以傾國之師來戰，將有如商紂孤注一擲敗亡於牧野的史例，有覆亡的危機；而且一旦如此，所能調用的不過是沿邊戍卒，毫無勝算可言。再者，雙方沿淮河流域對峙的海、泗、唐、鄧州四大重鎮，目前掌控於我方，金人三年來企圖用兵均無所成；此在我已有習於攻守之士卒，在敵則已今非昔比。其三，契丹等諸胡威脅夾擊於其側後；中原民眾又憤恨扼腕其前，這些人雖在金人的威迫下不得不表面服從，但也隨時可能起來反抗。凡此，都是金人所不敢輕啟戰端的實情。但同時金人又有「懼吾之窺其弱而絕歲幣」與「貪而志欲得，求不能充其所欲；必惟務於僥倖，謀不暇於萬全」二必欲嘗的心態，而會有不斷嘗試用兵以眩惑威脅的動作。這些都是吾人應清楚認知的敵情。

　　更深一層的分析「彼誠欲戰耶，則必不肯張皇以速我之備。」如果金人真的想以戰爭來結束對立，則必不會大張旗鼓來招引我們有所準備；從完顏亮當年南下時，劉麟、蔡松年為之引導入侵路線，卻反而因知道兵機而被逐、被鴆，可見一斑。然而，金人雖不敢必戰，但「貪殘無義，忿不顧敗」，連對待母兄都毫無卹憐之意而弒殺之，更何況是對待吾民；而且「沿海造艦，沿淮治具，包藏禍心」昭然可見，因此我們也不能等閒認定金人一定不會來戰。再就整個情勢來看，其對於高麗、西夏有足以併吞的氣勢，因此毫無顧忌地

大張聲勢；相對於我們，則「多方睬鮮，曲意防備」，更有虛張聲勢的態度。可見金人對我們還是深有忌諱。同樣的我們也應有所戒忌，戒忌的不是金人的必戰；而是一旦讓金人踰越淮河一線固守之，困逼我朝退守長江流域沿線，則我將因作戰區緩衝縱深改變而萬劫不復了。最後，稼軒例舉漢初劉邦謀士薛公與武、昭、宣帝時名將趙充國，兩人分別能審知黥布、先零的心機而予以擒敗的事蹟，來證明審知敵情的重要性；亦即惟有確實審知敵情，才能制敵機先，而取得作戰的最後勝利。

三、詭道謀略

　　稼軒在對抗金作戰恢復故土所訂的最高戰略指導，是根據兵法所謂「攻其無備、出其不意」〔註38〕而來。「以正治國，以奇用兵」〔註39〕一直為我國政治、軍事指導的最高原則，《孫子兵法・始計》開宗明義亦以「兵者，詭道也。故能而示之不能，用而示之不用，近而示之遠，遠而示之近。利而誘之，亂而取之，實而備之，強而避之，怒而撓之，卑而驕之，佚而勞之，親而離之。攻其無備，出其不意，此兵家之勝，不可先傳也。」闡釋詭道的用兵方法。既然認知敵我的優劣形勢，與求勝之道在於所謂「攻其無備、出其不意」；稼軒進一步根據《孫子》言兵之詭道的精義所提出「莫若驕之，不能驕則勞之」〔註40〕具體欺惑敵人的策略，並強調「兵以詐立，以利動，以分合為變者也」〔註41〕的觀念，有效隱匿我軍機以謀取作戰最後的勝利。乃指出：

> 智者之作事也，精神之所運動，智術之所籠絡，以失為得，轉害為利，如反手耳，天下不得執而議也。日者兵用未舉而泛使行，計失之早也。雖用兵之道有名實，爭名者揚之，爭實者匿之。吾唯爭名乎？雖使者輩遣，冠蓋相望可也。吾將爭實乎？吾之勝在於攻無備、出不意，吾則捐金以告之「吾將與汝戰也」可乎？謀不可以言傳，以言而傳必有可笑者矣。陳平之間楚君臣、與出高祖於平城者，其事甚淺陋也，由今觀之不幾於笑歟；然用之而當其計，萬世而下功

〔註38〕見《九議・其三、其四》。
〔註39〕引見《老子》第五十七章。
〔註40〕《孫子・始計》所謂「兵者，詭道也。故能而示之不能，用而示之不用，近而示之遠，遠而示之近；利而誘之，亂而取之，實而備之，強而避之，怒而撓之，卑而驕之，佚而勞之，親而離之。」此處蓋取其簡要精義以言之。
〔註41〕《孫子・軍爭篇第六》「故兵以詐立，以利動，以分合為變者也……」

　　名若是其美也。〔註42〕

有智慧的人做事，以精神意志來驅使敵人、以智術權謀來駕馭敵人，能扭轉逆勢、變不利爲有利，就好像反轉手掌般的容易，謀定天下之事尤如掌握在他的手中。而朝廷近來在未用兵前就頻頻遣使議和，一開始就喪失謀略的先機，是非常不智的事。蓋用兵之道有所謂形式上和實質上的差別，形式上要故意張揚眩惑以迷亂敵人，而實質應敵的機謀則要深藏隱匿。如果今天朝廷是要採取故意張揚惑敵的策略，則輩遣使者的舉措是可以理解的；但如果要求實質上的戰敵取勝，其致勝之道在於「攻其無備、出其不意」，那麼如此張揚以錢財輸貢然後告訴敵人將與之作戰，是不合理的。用兵作戰的謀略是不能明言傳述的，如明言傳述定會給敵人竊笑掌握。以漢初陳平用計離間楚項羽君臣間的感情與救漢高祖劉邦平城脫困的史事〔註43〕爲例，就算是一個簡易可笑的計謀，如經適切有效的運用，也能成就萬世不朽的勳名；可見用兵詭謀的重要，在過去的史事上即可獲得印證說明。

　　稼軒另就金人以詭道欺我所謂「南北之利莫如和。」的統戰陰謀，予以戳破；並提出反制之道：

> 其使人之來，皆曰「南北之利莫如和。」某度之，必其兵未集而有是言；使之集，則使者健而言必勁矣。吾將驕彼，彼顧驕我，不探其情而爲之謀，某未知勝負之所在也。故上策莫若驕之，卑辭重幣，陽告之曰：「吾之請復陵寢也，將以免夫天下後世之議也，而上國實制其可否。上國不以爲可，其有辭於天下世，顧兩國之盟猶昔也。」彼聞是言也，其召兵必緩，緩則吾應之以急，急則吾之志得矣。此之謂驕。傳檄天下，明告之曰：「前日吾之謂也，今之境內矣，期上國之必從也。今而不從，請絕歲幣以合戰。」彼聞是言也，其召兵必急，急則吾應以緩，深溝高壘，曠日持久，按甲勿動；待其用度多而賦斂橫，法令急而盜賊起，然後起而圖之，是之謂勞。故彼緩則我急，彼急則我緩，必勝之道也。兵法以詐立。

分析金人以「南北之利莫如和」的說辭，其實是因爲還沒完成作戰準備才有

〔註42〕以下引文見《九議・其四》

〔註43〕事見《史記・陳丞相世家》：項羽圍劉邦於滎陽，陳平用計反間於楚，使項羽疑亞父范增與鍾離昧等，乃得以脫困。又，劉邦被匈奴困於平城，陳平計使單于閼氏，圍得以解；其計秘，世莫得聞。

這種緩兵的說法；如果完成作戰準備，一定會言行驕健、態度強硬而不假辭色。這是金人「利則戰，倦則和，詭譎狙詐」〔註44〕的作為，也是前舉《十論・察情第二》所謂「彼誠欲戰耶，則必不肯張皇以速我之備。……彼誠不敢必戰耶，貪殘無義，忿不顧敗，彼何所恤？」的道理。兩軍對陣，互相以驕縱對方的謀略鬆懈其鬥志是必然的手段；如果不能認清敵情而採取適切的計謀，便無法有效掌握勝負的關鍵。因此上上之策莫若使敵人感到驕傲，以卑微的言辭和厚重的財物來奉承並告知：「吾之請復陵寢也，將以免夫天下後世之議也，而上國實制其可否。上國不以為可，其有辭於天下世，顧兩國之盟猶昔也。」聽到我方低卑不亢的說辭，敵人的作戰準備必然鬆懈；而我則相對積極備戰，那麼戰權就可被我有效掌控。這就是驕縱敵人的具體方法。完成備戰後，朝廷傳檄天下準備恢復之戰；明白告訴敵人：「前日吾之謂也，今之境內矣，期上國之必從也。今而不從，請絕歲幣以合戰。」敵人聽我如此高亢的說辭，必然積極作戰整備，這時我反而以緩徐不急的方法應敵，深溝高壘、按兵不動做長期作戰的準備；等待敵人「用度多而賦歛橫，法令急而盜賊起」內部離亂之際，再發兵圖謀恢復大業。這就是勞累敵人的具體方法。「彼緩則我急，彼急則我緩」緩急反覆不定的交互運用，才是致勝之道。此即兵法上所謂的「兵以詐立」。舉「里人有報父之仇者」的事例來說明：或由於實力不若，乃餌以酒食討好使之意志鬆懈，是正常的權謀；然而一旦有機可乘，卻大肆張揚辱罵、挑釁，以為報仇格鬥之理由，實為不智的作為。今論計金人的罪狀，就算我「詐之不為不信，侮之不為無禮，襲取之不為不義」；就怕力有未逮，那些權宜議和的盟約是不必堅持信守的。是故，實欲用兵卻泄漏用兵的機略；正猶如欲報父仇卻大肆張揚一般的愚昧。

四、用間破敵

在對金防禦、攻擊作戰方面，稼軒也善用詭道的謀略，將在後文防禦、攻擊相關節次中再詳予併論。這裡要先討論的是探知敵情的使間作為。因為不論是形勢分析、敵情判斷還是詭道定謀，對敵人瞭解越透徹，才能作出最正確的論定；而使間則是瞭解敵人，不可或缺的必要作為。這也是《孫子兵法・用間第十三》以專篇討論「用間」的原因，提出「明君賢將，所以動而

〔註44〕引見《十論・前序》。

勝人，成功出於眾者，先知也；先知者，不可取于鬼神，不可象于事，不可驗于度；必取于人，知敵之情也。」用間的理由；與進一步指出「三軍之事，親莫親於間，賞莫厚於間，事莫密於間；非聖智不能用間，非仁義不能使間，非微妙不能得間之實。……間事未發而先聞者，間與所告者皆死。……故明君賢將，能以上知爲間者，必成大功，此兵之要，三軍之所恃而動也。」用間的原則與方法。稼軒也深悉體用這些用間的原則作爲，應用在對金作戰中。

稼軒《九議·其五》首先參引《孫子·軍形篇》論軍事戰、守的形勢戰略「昔之善戰者，先爲不可勝，以待敵之可勝……不可勝者，守也；可勝者，攻也。……善守者，藏於九地之下；善攻者，動于九天之上，故能自保而全勝也。……，是故善戰者，立于不敗之地，而不失敵之敗也。」的觀點所指出「勝兵先勝，而後求戰；敗兵先戰，而後求勝」〔註45〕的軍事戰略，針對金作戰而提出「故善爲兵者陰謀。陰謀之守堅於城，陰謀之攻慘於兵。心之精微，出而爲智，行乎陰則謂之謀。」〔註46〕的戰略作爲；並闡釋所謂「陰謀」是人類思想的精微所表現出來的智慧，以隱密的作爲謀取所想達到的事功，而進一步定出對金進行陰謀使間的具體方向爲：「上則攻其腹心之大臣，下則間其州府之兵卒，使之內變外亂」。檢討當今朝廷所密謀聯結「招沙漠之酋長，結中原之忠義」是不可靠的。所招來西、北沙漠地區的領導人，擁有兵眾的必須納爲朝廷的正規部隊來供養，無兵眾的也要像南來的蕭鷓巴一樣給予適切的俸祿；冀望他們心甘情願無所求的配合我們在其地共同夾攻金人，是不可能做到的。而所聯結的中原忠義之士，無非不懂作戰的一般農民百姓或結黨的市井無賴之徒；他們實質上沒有可以配合舉事的尺寸之地，頂多是率數十百人南來投靠罷了。這些在形勢上對朝廷並沒有什麼幫助，起義爲亂對金人也沒有什麼威脅；因此用在這些人的耗費，是白費而無用的。因此，稼軒認爲應該調整從聯結敵人「腹心之大臣」與離間敵人「州縣之兵卒」來分化之。蓋金人生性猜忌多疑、不信任而敢於濫行殊殺異類；其朝廷政局，文臣武將華夷夾雜並用而不相安，嫡庶兄弟間交相爭鬥不休；因此具體提出離間其「腹心之大臣」的方法爲：「遴選能通夷言、習夷書的來歸人士，以厚賞使間於金廷，給予財貨以結交離間金人酋貴；並以詐僞的手段令他們互爭

〔註45〕《孫子·軍形篇第四》。
〔註46〕以下引見《九議·其五》。

而成內部殺戮的大亂。」而離間敵人「州縣之兵卒」的方法，具體主張「威聲以動之，神怪以誑之，重賞以餌之」。蓋中原州郡金人多以夷狄駐守，其領導幹部甚為驕貴而有權勢，然而他們內心對金廷也常懷憤怨不平；其中有很多計深慮遠、沉著而可以共圖事功的豪傑之士，而不是輕聚易散、出沒於山谷之間的田畝耕夫。如能有效聯結這些「州縣之兵卒」，一旦有變能擁兵而起據守城池，則已深入虜境千里發難了。而這「攻其腹心之大臣」、「間其州府之兵卒」正是使之「內變外亂」的二種具體用間接選舉計謀作為。

稼軒認為「諜者，師之耳目也。兵之勝負，與夫國之安危，悉繫焉。」〔註47〕因此使間的手段要能不惜鉅資以求成，但要確實用到緊要之處才能成其事功；所謂「求非常之事必有非常之費，非常之費朝廷所不恤也，然而用之當其計則費少而功多，不當其計則費鉅而功寡。」建議朝廷可精擇「沈鷙有謀、厚重不泄之人」上間，多與之金，差使用間於敵，遣赴沿邊州郡觀察窺探敵情、離間破壞其內部團結。程珌在〈丙子輪對箚子（其二）〉中，也記錄了稼軒厚賂使間的事蹟與重複求證以取得正確情資的具體做法：「棄疾之遣諜也，必鉤之以旁證，使不得而欺。如已至幽、燕矣，又令至中山，至濟南。中山之為州也，或背水，或負山，官寺帑廩位置之方，左右之所歸，當悉數之。其往濟南也，亦然。」

相對於敵人可能對我軍情的刺探，稼軒也在《十論·防微》中具體提出防微杜漸的作為，同時要避免謹備其外而患生於內的嚴重疏失；另外對運籌帷幄的軍機，保密是嚴格要求與禁制，而平心靜氣地謀斷則是所必修具備的修為。稼軒在《九議·其二》接著延攬運籌人才的方策提出「論天下之事者，主乎氣；而所謂氣者又貴乎平。氣不平則不足以知事之情，事不知其情則敗。」平心靜氣論定天下大事的呼籲，並據以律定「無欲速、審先後、能任敗。」議論恢復大業的要領；兵法所謂「主不可以怒而興師，將不可以慍而致戰；合於利而動，不合於利而止……此安國全軍之道也。」〔註48〕正是謀定而後動的理由，也是雖然有主張遷都建業等積極進取作為，但卻強調不能莽動行事，而要慎選時機而後動的道理；更是晚年復出，因應情勢改採審慎保守、穩紮穩打的作為。以上針對稼軒在「謀定而後動」的形勢分析、敵情判斷、詭道謀略與用間破敵等作為的探討，正是《孫子·始計》所謂「計利以聽，

〔註47〕見程珌〈丙子輪對箚子（其二）〉。
〔註48〕見《孫子·火攻篇第十二》。

乃爲之勢，以佐其外，勢者因利以制權也。」就敵我之利害算計，部署打擊敵人的形勢，不拘泥於常法所採取權宜廟算作爲，以謀定對敵作戰之策略，可見稼軒對兵法廟算工夫的融會與靈活運用。

第三節　精神動員

　　戰爭是牽動人力、物力與精神力等的綜合行爲，而精神意志的堅強尤爲取得最後勝利的必要條件；此即中國傳統所強調的「民心士氣」。南宋由於朝野瀰漫失敗主義的論調與苟且偷安的心態；影響所及，在朝大部分是被主和勢力所把持，而一直走向屈辱地稱臣輸貢以求取苟安的和解；在野則寧可偏安江左、紙醉金迷以消磨意志而諱言用兵。〔註49〕稼軒深知要成就恢復大業，破除南北定勢的謬論與失敗主義的氛圍，實爲提振士氣與戰鬥意志的首要精神建設。《孫子兵法·軍爭篇》所謂「三軍可奪氣，將軍可奪心」，雖然強調的是接戰時要能「避其銳氣，擊其惰歸」的戰略、戰術應用；但開戰之前，整體士氣的營造、不惜一戰的決心，實直接影響作戰勝敗的關鍵。因此，稼軒在《十論·自治》中提到「古之英雄撥亂之君，必先內有以作三軍之氣，外有以破敵人心，故曰『未戰養其氣』，又曰『先人有奪人之心』。」乃一再針對南北定勢的謬論，引經據典、以史例爲證提出嚴正的駁斥；並指出「較之彼時，南北之勢大異矣」來呼籲朝野，不要因類似符離的小敗而喪失恢復祖業的鬥志。最後並以俗諺所謂「天下大勢，合久必分，分久必合」的歷史循環，指出當今爲「天下方離方合之際」，建請朝廷能「居安慮危，任賢使能，修車馬，備器械，使國家有屹然金湯萬里之固」〔註50〕提振精神意志倡導於上；然後才能進圖恢復事功。

一、破除南北定勢的謬論與失敗主義的氛圍

　　「南北有定勢，吳楚之脆弱不足以爭衡於中原」〔註51〕的觀念一直是南

〔註49〕稼軒在《九議》前序即指出：「戰者天下之危事，恢復國家之大功，而江左所未嘗有也。持天下之危事，求未嘗有之大功，此搢紳之論黨同伐異、一唱議和，以爲不可者歟？於是乎『爲國生事』之說起焉，『孤注一擲』之喻出焉，曰『吾愛君，吾不爲利』，曰『守成、創業不同，帝王、匹夫異事』。天下未嘗戰也，彼之說大勝矣；使天下而果戰、戰而又少負焉，則天下之事將一歸乎彼之說，謀者逐、勇者廢，天下又將以兵爲諱矣，則夫用兵者諱兵之始也。」
〔註50〕上兩引文併見〈論荊襄上流爲東南重地〉。
〔註51〕以下引見《十論·自治第四》。

宋朝野失敗主義苟且偷安的主要論調，稼軒則以「古今有常理，夷狄之腥穢不可以久安於華夏」的主張予以駁斥。在《十論·自治第四》從史實探析，「南北定勢」之說應起於漢朝覆亡後天下離分南北統治開始；南方孫氏的東吳，一直無法北向敗魏以統一中國，最終反倒是被北方的司馬晉室所併吞；嗣後的東晉從中原敗退長江流域，非但不能北向統一中原，最後還是在南朝諸國分裂而治之下，被北方新興的隋朝所兼併統一；就連宋朝的開國皇帝，也是以南向吞取南唐、吳越而一統天下。「東南地薄兵脆，將非命世之雄」勢固如此的錯誤觀念，就這樣產生。甚至東晉朝廷在北方中原因後趙石虎死後的亂局，想乘機統一北伐時；司徒蔡謨也以朝野人才、物力皆不足以成事，將如狗兔相逐至死的古諺〔註 52〕所論，必自取敗亡，而反對朝廷北伐。這種毫無積極進取企圖的士風，乃更助長「南北定勢」的錯誤觀念。稼軒深不以為然，駁斥認為：

> 吳不能以取魏者，蓋孫氏之割據，曹氏之猜雄，其德本無以相過；而西蜀之地又分於劉備，雖願以兵窺魏，勢不可得也。晉之不能取中原者，一時諸戎皆有豪傑之風，晉之強臣方內自專制，擁兵上流，動輒問鼎；自治如此，何暇謀人？宋、齊、梁、陳之間，其君臣又皆以一戰之勝蔑其君而奪之位，其心蓋僥倖於人之不我攻，而所以攻人者皆其自固也。至於南唐吳越之時，適當聖人之興，理固應爾，無足怪者。

孫吳與曹、劉各以雄才擁據一方，本來就沒有可以相互吞併的形勢條件。晉朝面對外在各族皆有豪傑之風，內在政治環境卻是強臣專權、擁兵自重，甚至隨時有問鼎謀位的企圖；在這種內、外交迫的情勢下，又怎會有圖謀統一天下的能力？南朝諸國間，更都是倚仗所持武力輕蔑君主伺機奪位；或僥倖別人不來攻伐，或藉攻伐他國以自固，而毫無真正可以興邦治國的長久謀略。南唐、吳越則面對的是本朝開國英明勇武的藝祖皇帝〔註 53〕，被吞併是必然的結果。因此稼軒認為，絕對沒有「南北定勢」的道理，而是要看現實環境的際遇而定。

〔註 52〕引見西漢劉向集錄《戰國策·卷十齊策》，臺北里仁書局民國 68 年 11 月 30 日出版，頁 390。齊欲伐魏，淳于髡謂齊王曰：「韓子盧者，天下之疾犬也。東郭逡者，海內之狡兔也。韓子盧逐東郭逡，環山者三，騰山者五，兔極於前，犬廢於後，犬兔俱罷，各死其處。田父見之，無勞倦之苦，而擅其功……」
〔註 53〕即太祖趙匡胤。

　　進一步分析當今南北情勢實大異於往昔，「地方萬里而劫於夷狄之一姓，
彼其國大而上下交征，政龐而華夷相怨；平居無事，亦規規然模倣古聖賢太
平之事以誑亂其耳目，是以其國可以言靜而不可以言動，其民可與共安而不
可以共危。非如晉末諸戎四分五裂，若周秦之戰國，唐季之藩鎮，皆家自爲
國，國自爲敵，而貪殘吞噬、剽悍勁勇之習純用而不雜也。且六朝之君，其
祖宗德澤涵養浸漬之難忘、而中原民心眷戀依依而不去者，又非得爲今日比。」
金人雖劫佔中原大片江山，也刻意倣效中國古聖賢治國之道試圖收買人心、
粉飾太平；但實質上其內部是上下交互爭權奪利，政務龐亂而華夷夾雜相怨，
是禁不起一點擾動危害的騷亂。這跟晉末四分五裂的北方，就如同先秦的戰
國、唐代的藩鎮一般，各自沿襲其族群「貪殘吞噬、剽悍勁勇」的習性，獨
立爲家國，不與其他族群混雜而相抗敵的情境大不相同。且六朝時期的君主，
都是在漢民族傳統文化滋養薰陶下承繼祖宗德澤而來；中原百姓也同樣地依
依眷戀著華夏文化的撫育薰染而不忍輕言異離，是以北方仍然可以維持穩固
的情勢。相較於當今人心思變、容易撼動的北方政權，南北情勢顯然已是大
不相同。稼軒並引經據典、以史例爲證提出嚴正的駁斥：

　　　當秦之時，關東強國莫楚若也，而秦楚相遇，動以數十萬之眾見屠
　　　於秦；君爲秦虜而地爲秦墟，自當時言之，是南北勇怯不敵之明驗。
　　　而項梁乃能以吳楚子弟驅而之趙，救鉅鹿、破章邯，諸侯之軍十餘
　　　壁皆莫敢動。觀楚之戰士無不一當十，諸侯之兵皆人人惴恐，卒以
　　　院秦軍、入函谷、焚咸陽、殺子嬰，是又可以南北勇怯論哉？　方
　　　懷王入秦時，楚人之言曰：「楚雖三戶，亡秦必楚。」夫豈彼能逆知
　　　其事之必至於此耶？蓋天道好還，亦以其理而推之耳。故臣直取古
　　　今常理而論之。夫所謂古今常理者：逆順之相形，盛衰之相尋，如
　　　符契之必同，寒暑之必至。今夷狄所以取之者至逆也，然其所居者
　　　亦盛矣。以順居盛，猶有衰焉；以逆居盛，固無衰乎？今之議者皆
　　　痛懲往者之事，而劫於積威之後，不推項籍之亡秦，而猥以蔡謨之
　　　論晉者以藉口；是猶懷千金之璧，不能斡營低昂，而搖尾於販夫；
　　　懲蝮蛇之毒，不能詳覈真僞，而褫魄於雕弓；亦已過矣。〔註54〕
舉項羽以南方吳楚弟子的背景而終能擊破強秦的史例，印證說明「南北定勢」
的說法是不正確的。楚人「三戶亡秦」之說，不是楚人真能預知未來，而是以

〔註54〕引見《十論・自治第四》。

中國傳統思想「天道好反」〔註55〕的常理來推論；預期金人以至逆的情勢竊據至盛的中原地區，終究必走上覆亡之路。因為在逆、順與盛、衰均相形相生〔註56〕的道理中，以順境居處在盛世之中猶有走向衰敗的可能，是物極必反的常理；更何況金人是在內、外均處於逆勢之中，而強居中原盛域，實隨時有被反抗衰敗的可能。然而反觀南宋朝野，雖然都知道以過去的錯誤為戒；但在金人多年強大武力的威逼之下，不僅不推舉項氏滅秦的事功來相互鼓勵勗勉，反而每以蔡謨論晉必無事功的消極思想，但求苟安。這種無視於現今南北差異下，對我南方大有利的形勢，而一味地屈就苟安的心態；就好像身懷價值千金的璧玉，卻不懂得如何去周旋待高價而估，反而卑微地求價於販夫賤賣之。又如曾被蝮蛇的巨毒所傷而有所戒心，但每見虛幻的杯弓蛇影便嚇得失魂落魄，而不能理性的去辨別其真偽，實再是矯枉過正。因此，乞請孝宗能洞察當今南北對我有利的情勢，不為南北定勢的謬論與苟且偷安的心態所導誤、迷惑；而能心存恢復故土之志。《九議・其九》後半段，稼軒再以他所堅持反對「南北定勢」消極無望的言論，重覆《十論・自治第四》前段近千字的論述（八百六十餘重覆字），駁斥南宋主和勢力以失敗主義為主要說辭的謬誤；可見南宋朝野以「南北定勢」的失敗理論為說辭，主張與金人「議和」以求苟且偷安風氣瀰漫的嚴重性。尤其在隆興符離敗戰後，失敗主義的論調更見張顯；稼軒則認為是「不識兵者，徒見勝不可保之為害，而不悟夫和而不可恃為膏肓之大病，亟逐齰舌以為深戒。」強調「恢復自有定謀，非符離小勝負之可懲……古人言不以小挫而沮吾大計……」〔註57〕來破除失敗主義的瀰漫。

二、團結內部堅定恢復中原的信心

　　被視為「歸正北人」在朝廷飽受排斥的稼軒，深知「朝廷規恢遠略，求西北之士謀西北之事；西北之士固未用事也，東南之士必有悻然不樂者矣。緩急則南北之民必大相為鬪，南北之士鬪其勢然也。西北之士又自相為鬪：有才者相媢，有位者相軋，舊交怨其新貴，同黨化為異論，故西北之士又相為鬪。」〔註58〕南宋朝廷間雜歸正北人與東南人士，彼此間平常交互結黨、

〔註55〕見《老子》第四十章所謂：「反者，道之動；弱者，道之用。」
〔註56〕《老子》第二章云：「…有無相生，難易相成，長短相形，高下相傾，音聲相和，前後相隨。……」。
〔註57〕引見《十論・前序》。
〔註58〕以下引見《九議・其九》。

傾軋、鬥爭等齟齬，乃本然之事；但如果沒有妥愼排解、消彌，則會嚴重影響內部團結；一旦面對敵人作戰，內鬥將造成自我力量的消鑠，可謂未戰先敗。亦即「私戰不解則公戰廢」之謂。乃例舉周武王伐商，以「受有臣億萬惟億萬心，予有臣三千惟一心。」號召群眾終能勝敵殺紂滅商的史例；印證內部團結的重要，亦即「私戰不解則公戰廢」的道理。乃向朝廷提出「思有以和輯其心者，使之合志併力、協濟事功」的呼籲。並強調恢復大業只要「上之人持之堅，下之人應之同，君子曰『不事仇讎』、小人曰『脫有富貴』」〔註59〕，則恢復大業必然有成！

前文曾提到「愛國主義、民族氣節是宋金對峙時期文學的主要義涵。」〔註60〕以收復中原江山爲畢生宿志的稼軒，認爲「虜人憑陵中夏，臣子思酬國恥，普天率士，此心未嘗一日忘。」〔註61〕因此，透過自信心的建立，加強愛國意識精神戰力的提昇，完成恢復事功；也是稼軒疏奏論兵的重點所在。除前文從形勢分析、敵情判斷等「知己知彼」的作爲來確定我優敵劣的態勢，與破除南北定勢、失敗主義以建立恢復大業必成的自信心外；稼軒更以金人暴政統治下的百姓生活實況：

> 一染腥膻，彼視吾民如晚妾之御嫡子，愛憎自殊，不復顧惜。方僭割之時，彼守未固，此諂未定，猶勉強姑息以示恩，時肆誅戮以賈威；既久稍玩，眞情遂出，分布州縣，半是胡奴，分朋植黨，仇滅中華。民有不平訟之於官，則胡人勝而華民則飲氣以茹屈；田疇相鄰，胡人則強而奪之；孳畜相雜，胡人則盜而有之；民之至愛者子孫，簽軍之令下則貧富不問而丁壯必行；民之所惜者財力，營築饋餉之役興則空室以往而休息無期；有常產者困窶，無置錐者凍餒。〔註62〕

來警惕並激發人民同仇敵愾的心理，認爲中原百姓「初未敢遽叛者，猶徇於苟且之安，而誅於積威之末。辛巳之歲相挺以興，矯首南望、思戀舊主者，怨已深、痛已鉅、而怒已盈也。」只要朝廷能堅定決心直取中原，則必然會簞食壺漿以迎王師。而平常更要有隨時備戰的心理準備，並不時以「無事之時，張大聲勢以聳之，使知朝廷偃然有可恃之資；存撫新附以誘之，使知朝

〔註59〕引見《九議・前序》。
〔註60〕見前文頁75。
〔註61〕引見《十論・前序》。
〔註62〕以下引見《十論・觀釁第三》。

廷有不忘中原之心。如是則一旦緩急，彼將轉相告諭，翕然而起，爭為吾之應矣！」安撫招徠，則緩急必能為我所用。

「天下大勢，合久必分，分久必合」是歷史循環的定律，而「以史為鑑可以知興替」更是明君聖主治國興邦的借鏡方法。為強化朝野對恢復事業的信心，稼軒更舉「周武王伐商紂、項羽破斧沉舟亡秦、曹操官渡敗袁紹、孫吳抗曹劉……」等以小搏大、以寡擊眾、以弱勝強的史例來印證說明，只要有堅定的決心，恢復事業必有可成；何況當今南北的各種態勢，是絕對有利於南宋的情勢。

第四節　作戰整備

稼軒知道抗金復國大業，是長久、全面的人力、物力與財力等總體戰爭。雖然作戰物資的儲蓄、整備，是確保最後勝利的要務；而在總體戰爭的作戰整備，則更需要從人力的延攬、蓄養與授權方面著手，進而在厚儲戰備物資與富國強兵等具體作為上，全面做好作戰整備工作。

一、人才延攬與人力蓄養

戰爭的主體是人，因此不論是運籌定謀、衝鋒陷陣、後勤運補還是陰謀使間……等戰爭的各種作為，莫不是以人為主軸；因此人力的延攬與蓄養，為稼軒在抗金復國戰爭中，極為重視的基本兵謀。

（一）運籌人才的延攬

在運籌帷幄研定作戰謀略方面，稼軒認為需遴選、集聚一批能屈群策、知天下的智勇之士，賦予專斷軍機之職責共同參與密謀論決兵事；從審勢、察情、觀釁……等各方面去瞭解敵情，作出雙方兵勢虛實的判斷，而定下對敵作戰的戰略、戰術。而智勇之士的認定「有以言為智勇者，有以貌為智勇者，又有以氣為智勇者。言與貌為智勇，是欺其上之人，求售其身者也，其中未有也；以氣為智勇，是真足辦天下之事而不肯以身就人者，叩之而後應，迫之而後動，度其上之人果足以有為，於是乎出而任天下之事，其規模素定，不求合於人者。」〔註63〕要以氣質、氣度為真，不苟且、逢迎屈就於人，必得識才之明主而見用；

〔註63〕引見《九議·其一》。

若以外在的言談、形貌來獲得智勇的形象，是有所圖的騙取祿位，不是眞正智勇之士。稼軒進一步強調，恢復大業是爲祖宗、爲社稷、爲生民的事，需要英明的領導者和眞正智勇之士參與策謀；而不是單憑皇上、權相等少數人私下的努力就可以達成的，可見延攬人才參與運籌的重要。朝廷必得不分南北族群，探訪、延攬通曉用兵謀略人士；然後才能提出爲眾所屈服的策謀，才能盡得天下的眞情實勢。

（二）軍隊人力的強化

在強化軍隊武力、培養勇猛剛強而可被朝廷駕馭的軍隊方面，稼軒以「行陣無死命之士，則將雖勇而戰不能必勝；邊陲無死事之將，則相雖賢而功不能必成」〔註64〕的一般認知來說明，「將驕卒惰」必使國家毫無對外作戰、防禦的能力，必處於敗亡的危境；因此，要能深知其情而預謀能致其勇使「惰者奮、驕者聳，而死有所不敢避」，才能鼓舞天下使國家強盛。致勇的方法，稼軒分別就將帥與士卒提出具體的方針：「致將帥之勇在於均任而投其所忌，貴爵而激其所慕；致士卒之勇，在於寡使而紓其不平，速賞而卹其已亡。」並針對問題所在，詳細說明執行的方法。

針對「儒臣不知兵而武臣有以要其上，故閫外之事朝廷所知者勝與負而已；所謂當進而退、可攻而守者，則朝廷有不及知也。彼其意蓋謂：『平時清要，儒臣任之；一旦擾攘，而使我履矢石！吾且幸富貴矣，豈不能逡巡自愛而留賊以固位乎？』」的弊端，應從朝廷中遴選廉潔持重、通達機靈的文臣，每軍派駐參謀一人，使他可以就近參與協助領軍將帥分析敵我形勢、共謀對敵作戰的策略，而不受其統指揮；但這不同於唐朝作戰臨時派遣，可與將帥分庭抗禮的監軍〔註65〕一般。有了朝廷所派遣的參謀在軍中，將帥必會有所顧忌，而這些參謀文臣因而得到行陣、戰守等用兵的知識，緩急需要還可以托以守城戍邊；而領軍將帥在接敵作戰時，知道有熟識用兵之事的文臣在側，也就不敢再故意延宕戰機養敵自封而遺害國家了。這就是對將帥所謂「均任而投其所忌」的方法。衡量當今將帥多屬鷹犬小志的庸庸之輩，「未得志則冒死亡以求富貴，已得志則保富貴而重其生。」因此建議朝廷對有功的爵秩獎

〔註64〕以下引見《十論・致勇第七》。

〔註65〕監軍係古代朝廷派在軍中進行監察軍務的官員，一般係在軍隊出兵作戰時的臨時派遣；不受領軍將帥的約束，而操有稽察各級軍官賞罰功罪的大權，而往往可以與將帥分庭抗禮。唐代多由宦官擔任。

賞應慎重其事，不宜過於輕率浮濫；爵秩的授予，要能覈實量功、論計等第而徐予獎賞，使之能奮勉不倦，才能持續要求後效。同時告誡那些派駐軍中的參謀文官，與將帥間的互動要注意到雙方資格級職倫理的相互尊重；更不要有以位階的高低來相差遣支使，而有武將拜伏堂下、文臣驅執雜役的亂像。如此讓這些披甲冑的將帥武官，知道朝廷對爵秩授命的謹慎尊重，而不會有左右選〔註66〕文武臣的貴賤偏差任使；那麼他們就會敬謹奮勉、盡忠朝廷而期待獲得應有的尊寵、榮耀。這就是對將帥所謂「貴爵而激其所慕」做法。

談到對士卒的具體方法則要「寡使而紓其不平」、「速賞而卹其已亡」。如果軍營中不能滿足士卒的飽暖的基本需求，而領導將帥卻是歌舞達旦；在戰場上士卒衝鋒陷陣隨時有肝腦塗地的生命危險，而將帥卻泰然安處於營帳之中，這種狀況的軍隊已經是處在非常危險勞苦的境地。若平時又沒有給士卒們適度的休息養生，甚至強制差使從事營造私室等個人勞務；造成他們心中怨憤不平而惟恐天下不亂，一旦有事他們乃可藉以要脅求取滿足個人的私慾，誰肯真正效命疆場以敗敵勝。因此，稼軒舉《孫子兵法》所謂「視卒如愛子」〔註67〕的帶兵方法，與古代英明的將帥能同衣食、分勞務地與士卒們同甘共苦的事證，來導正上述嚴重的錯誤。然後建請朝廷嚴敕將帥，除日常的部隊訓練、修治營舍等公務外，不得有私下任意差使士卒勞務，安撫其憤懣不平的心。這就是「寡使而紓其不平」的做法。而談到人都有怕死與對父母親人的私愛，如今願意冒九死一生的危險投入戰場，多半希望能藉殺敵立功而獲得資級進秩的厚賂以惠及家室。然而朝廷卻吝惜恩賞，而一旦有賞，則被中間執事官員、領導將帥的層層剝削；敗敵取勝後，將帥們獲得富貴利祿，而士卒幸存一命卻被剝削如此。如果不幸喪命，則妻離子散、香火了斷一切歸於幻滅；那些幸存的士卒看到這種情狀，誰又不萌苟且偷生的心態而不再賣命。因此，稼軒舉《司馬法》所謂「軍賞不踰時」〔註68〕的訓示，與古代賢將能為親士卒包裹創傷、撫卹幼孤的事證，來導正上述的錯誤。然後乞請朝廷效法吳子勸魏武侯勵士之舉〔註69〕，重視對士卒的獎賞，特別遣派

〔註66〕 宋代銓敘文、武官員的機構，總隸屬於吏部尚書；尚書左選銓注文臣、尚書右選銓注武官。

〔註67〕 《孫子・地形篇第十》云「視卒如嬰兒，故可與之赴深谿；視卒如愛子，故可與之俱死。……」

〔註68〕 《司馬法・天子之義第二》「賞不踰時，欲民速得為善之利也。……」

〔註69〕 《吳子兵法・勵士》「君舉有功而進饗之，無功而勵之。」

專員親致獎賞之命，給予高的榮譽；對陣亡的士卒，則責請將帥從優撫恤，使士卒樂於為國效命。這就是所謂「速賞而卹其已亡」的做法。這麼一來，驕縱者會變得勇銳、怠惰者能化為壯士，塑造成一支守無不固、攻無不克的勁旅。

（三）將帥遣派的久任

第二章我們已討論過，宋代承襲藩鎮割據時代而來，為免重蹈覆轍，趙匡胤即位後，以「杯酒釋兵權」和平削藩的方式將兵權收歸中央；形成"將從中御"地集權中央、防止武人擅權專兵，使地方吏治、財政、兵權均操之於中央。接著一連貫的軍政措施，使「統兵權與調兵權分離」、「更戍法令兵不知將，將不知兵」、「募兵制造成了大部怯懦無力的軍隊」等，終而造成「國防武力積弱不振」的史實。也因此從宋代開國始，遼、夏、金、元等不斷的外患與宋代相始終；尤其被壓縮到長江流域附近的南宋朝廷，更是一直卑躬屈膝的稱臣、納貢於金人。有鑑於此，稼軒乃提出諸多解決的方案；其中有關地方帥臣、將領久任一職的建議，更是其中極重要的一環。

俗話說：「天下無難事，只怕有心人。」稼軒認為天下雖沒有難做而做不到的事，只要有心人必可成功做到；但如果沒有適切的讓他發揮所長，就會像未成熟的五穀一般雜草不如。人才要能適才專任，才能善用他的長才。因為「事有操縱自我，而謀之已審，則一舉而可以遂成；事有服叛在人，而謀之雖審，亦必持久而後可就。」〔註70〕有些事不是自己所能掌控的，必需要經然長久的努力，才能期待有成；因此，還要長時間久任授權才能圓滿圖成。檢討歷來鄰近異族對中國的侵擾、爭勝，君主也都動用武力、專任執宰來責求成功地抵抗侵略；但「朝而用兵，夕而遂勝，公卿大夫交口歸之，曰：『此宰相之賢也。』明日而臨敵，後日而聞不利，則群起而媒孽之，曰：『宰相不足與折衝也。』乍賢乍佞，其說不一……」在這種偏狹以一時的勝、敗來論賢、佞的氛圍下，於是君主也就無法完全信賴地對執宰專才的任用，更無法期求有所成事了。舉越王勾踐、漢高祖劉邦任賢成事的史例，可以說明任用賢能之士要能長久信賴並專任之，才能成天下大事：

> 越勾踐、漢高祖之能任人，而種、蠡、良、平之能處事；驟而勝，遽而敗，皆不足以動其心，而信之專、期之成，皆如其所料也。觀

〔註70〕以下引見《十論‧久任第九》。

> 夫會稽之栖，五年而吳伐齊，虛可乘也，種、蠡如不聞；又四年，
> 吳伐齊，虛可乘也，種、蠡反發兵助之；又二年，吳伐齊不勝，而
> 種、蠡始襲破之，可以取之，種、蠡不取；又九年而始一舉滅之。
> 蓋歷二十又三年，而勾踐未嘗以為遲而奪其權。豐、沛之興，秦二
> 年漢敗於薛；漢元年高帝厄於鴻門；又二年衄於彭城；又三年困於
> 滎陽；又五年不利於夏南。良、平何嘗一日不從計議，然未免齟齬
> 者，蓋歷五年而始蹵項立劉，高帝亦未嘗以為疏而奪其權。

蓋勝敗乃兵家常事，如果以一時的勝敗來論斷，則必一事無成。古代英明的君主，信賴任用賢能大臣，絕不會被奸讒佞說所離間；在謀略建立大功業的過程中，更不會拘泥於小節；所以才能把看似不可能做到的事，責交給有能力可以做到的人才，然後要求他們建功立業的成效。

稼軒以一個人染上了毒瘡求醫治療的事例，來比擬對金人入侵的禍患朝廷應對的策謀。如果病根不除，身心將永不得安寧；可是治療的方法卻有深、淺不同的效果，要能痛下決心使用艾灸非常痛苦的手術，才能有效根絕。如果只求表面上施敷藥物來減輕症，避免疼痛，則終將成為身體的大患。而求醫就診，卻又不能遵從醫生的療方，艾灸、敷藥猶豫不決，一旦無效則又把責任全部推卸給醫生，這不是很奇怪嗎？南宋朝廷抵抗金人的入侵，也正犯了這種缺失。因此，稼軒接著分析檢討當今抗金政策上的缺失，建請應採專才久任的方策，才能進圖其成。

分析抗金侵擾的方法，只有談和與交戰兩種。委曲求全的和談方式，永遠不能滿足金人貪得無饜的要求，終究不是長久之計；但是太上皇帝仍然專任秦檜談和求得苟安，歷十九年而無異論者，也是太上皇帝信之專而秦檜守之堅的結果。今天金人的侵擾威脅還是沒有終止，如果說和議可以求得安定，但金人卻不會一直信守盟約：如果說不可輕啓戰端來破壞安定，戰爭也不會就這樣永遠休止。這一切有賴皇上誠懇地遠離讒佞邪惡之言，推心置腹地把恢復大計交給賢能的宰相來全力擘劃，使他能從容無疑的放手圖謀建立事功；責成宰相求取和、戰對我最有利的契機。

最後再從史例檢討印證。唐朝中末以後，因對宰相一職的更替頻繁無法久任而一事無成；相對的，唐憲宗平定蔡州吳元濟的反亂，則是專責任用宰相裴度才能所成。而那些企圖阻撓憲宗專任裴度削弱藩鎮勢力的人，一一被憲宗所罷黜；可見憲宗對裴度「信之深、任之篤」的斷然態度，而裴度也能

無慮地盡忠從事，終能成就唐末中興大業的歷史佳話。鑑古知今，宰相張浚任職以來，雖然沒有成就大捷的事功，但也能穩住局面而無敗蹟；可是在符離一役的稍挫，就被削官去職，這實在違背勾踐、劉邦、唐憲宗等長期專任宰相而成就功業的事例。非但宰相如此，無論是朝廷內戶部理財之事，還是對外貨幣鑄造供應及地方財賦等事，以及邊郡帥臣、屯戌守將等等，都不是一朝一夕就可以要求成功的；是需要靠長期經營謀劃才能期待有成。因此，稼軒最後向孝宗提出「久任」具體做法的建議：交付宰相全權負責，由宰相責成相關胥吏、守將，層層節制各得專司其職；以祿秩旌賞來獎勵他們的勞績，而不要動不動就任意遷調，使各有司都不會苟且從事，且樂於激勵奮發各盡其才。這樣層層綱舉目張地各司其職，則沒有不能完成的工作。

（四）內部離亂的防範

在宋金政權對峙的環境下，或不同於局部交戰的兩軍對陣；然而稼軒還是以「謹備於其外，患生於內」〔註71〕來警示朝廷，建議杜絕國情外洩的重要作法，以確保抗金復國作戰的最後勝利。孫子曰：「善守者，敵不知其所攻。微乎微乎！至於無形；神乎神乎！至於無聲，故能爲敵之司命。」〔註72〕又曰：「將軍之事，靜以幽，正以治……易其事，革其謀，使人無識；易其居，迂其途，使人不得慮。」〔註73〕這些都是意指兩軍交戰時，防微杜漸、隱匿我作戰相關情資作爲的重要。外求天下智勇之士來共謀恢復機略，不會是洩露我恢復軍事機謀的因素；然而恢復中原用兵作戰的謀略一旦被外洩給敵人知道，卻才是最可怕的。稼軒認爲深入研究瞭解敵情與嚴密防範內部禍亂的源頭，爲歷來治理國家的根本；而對智勇辯力之士的籠絡、撫順，則爲第一要務。因爲這些智勇辯力的人士，是百姓中比較優秀傑出的一群，大都不會甘於蟄伏；如果不能見用於世，甚至連基本的溫飽都無法獲得滿足時，就會不惜毀名敗節的去追求施展所長的機會，爲一吐胸中的憤懣而無所不用其極了。而這些人也正是在與敵國對峙時，最容易被敵人所運用做爲探知我國情的工具；這一來一往，本來是我們優渥的人力資源，反而被敵國所乘虛利用成爲對我最大的致命傷；無異是在未戰之前，自己就把勝利的契機送給敵人。這也就是古書中所記載：「謹備於其外，患生於內」的道理。稼軒進一步舉史

〔註71〕以下引見《十論‧防微第八》。
〔註72〕見引《孫子‧虛實篇第六》。
〔註73〕見引《孫子‧九地篇第十一》。

例說明「患生於內」的嚴重性。「昔者楚公子巫臣嘗教吳乘車射御，而吳得以逞。漢中行說嘗教單于毋愛漢物，而漢有匈奴之憂。」歷史上類似這種「患生於內」的實例不勝枚舉，這不是個人的去就所影響國家的輕重問題；而是他們會把我重要的國情資訊提供給敵人，使他們足以與我抗衡並成為對我們的極大威脅。因為「科舉不足以盡籠天下之士，而爵賞亦不足以盡縻歸附之人，與夫通寇窮民之無所歸，茹冤抱恨之無所泄者，天下亦不能盡無。」而其中一定會有傑然超俗、不拘小節的優秀人才，他們難道都會甘心臣服朝廷、困死國境內嗎？

稼軒更進一步舉最近事例來印證說明。完顏亮從海上南侵時所使用的舟楫，是江蘇吳縣一帶的工匠所營造的；金人本來都是在秋高氣爽時入侵淮南，近來則是盛夏入寇，也是無錫的人士所教導的。作戰時能有效壓制敵人攻擊的機弩，如今金人也都能製造使用；朝廷驕縱難馭禁衛軍的戰力，金人也都掌握了相關情資。這些都是嚴重影響敵我消長「患生於內」的事例，據聞也都是投降、叛逃到金朝的軍民所教導的。至於南來投效的歸正北人，有些是出於忠義的激勵、或是被金人暴政所趨，他們相偕來歸的誠心是無庸置疑的，朝廷也曾承諾不予遣返北地；但是近來在金人以文牒討索時，朝廷卻有妥協曲從違背誠信的情事。其間或有知書達義堅持留下的人士，朝廷已給予適切的獎賞，有獎勵來茲的效果；而有些則是夾雜在歸正人中前來刺探情資，對我朝本心存不滿的份子，則朝廷也應適切釐清。在嚴密對外防備的同時，要能恩威並濟地安撫內部；朝廷能「廣含弘之量，開言事之路，許之陳說利害，官其可採，以收拾江南之士；明昭有司，時散俸廩，以優恤歸明歸正之人」，並敕令地方官吏「蠲除科歛，平亭獄訟，以紓其逃死蓄憤無所伸愬之心」。對歸正軍民也要覈實其南歸的真偽之情，若屬姦妄之徒朝廷也應該適切予以誅處，才能斷絕這些姦妄作為的擴散。如果放縱姦妄之徒而不加制止，怠慢忠義之士而不知撫恤；則邊關侵擾的戰亂隨時都會再起，這是朝廷不可不特別留意的第一要務。

以上僅就稼軒在人力的作戰整備建言，有關人才延攬、武力強化、久任將帥及防範患生於內等方面加以論述；其他關於用間人才的選用、屯田人員的派遣等，另在各相關篇章中併論之。

二、屯田以厚儲作戰物資

所謂「大軍未發，糧秣先行」，即《孫子兵法‧作戰篇》所指「凡用兵之法，

馳車千駟，革車千乘，帶甲十萬；千里饋糧，則內外之費，賓客之用，膠漆之材，車甲之奉，日費千金，然後十萬之師舉矣。」強調作戰耗費的高昂，非一朝一夕所能籌措；是以古今中外面對戰爭，莫不重視先求作戰物資等後勤補給的檢整充備。稼軒則舉漢趙充國論備邊「湟中積穀三百萬斛則羌人不敢動」〔註74〕的主張，與廣武君李左軍為趙王成安君陳餘進迎戰韓信、張耳於井陘口之策謀「要（絕）其輜重，十日不至，則二將之頭可致者」〔註75〕，亦均強調用兵作戰以糧秣軍餉為先、為重的道理。因此，先要備妥作戰所需鉅額的物資耗費，或規劃完備的後勤補給，才能興兵作戰並確保作戰的最後勝利。而稼軒認為，要做到作戰糧餉源源不絕的供輸，就有賴屯田制度〔註76〕的實施。

　　屯田制度在先秦農戰政策提出以來，就一直是中國歷來所重視的軍事制度之一。南宋紹興年間李顯忠為池州都統制，即有請令諸軍屯田之舉〔註77〕，後來朝廷雖有陸續試行。而推行屯田制度，也有其高度的困難性。從過去朝廷所進行屯田制度失敗的經驗檢討，因為「所以驅使耕者非其人，所以為之任其責者非其吏」，而造成利未十百而害已千萬「重費以斂怨」〔註78〕雖花費鉅資而到的卻是屯民百姓怨聲載道的結果，可說是未蒙其利而深受其害。稼軒分析：「來自市井無賴的屯民百姓，本因生活上的需要而投入軍旅；一旦軍興用兵，權衡其平常有賴國家之資給存活，今效命回報本屬天經地義；如若有功或可額外得到累資補秩的獎勵，因此仍能勉強投入戰場。如果以屯田方式來要求他們平常從事耕稼自給，戰時要他們效命疆場；則必認為『吾能耕以食，豈不能從富民租田佃以為生，而輕失身於鋒鏑？上能驅我於萬死，豈不能捐穀帛以養我，而重役我以辛勤？』而有不平的怨聲產生。這些怨氣如果無法平撫，則可能『在畎畝則邀奪民田、脅掠酒肉，以肆無稽；踐行陣則呼憤扼腕、疾視長上，而不可為用』，朝廷也就未蒙其利而先受其害了。」有鑑於此，稼軒在抗金復國的策謀中，也非常重視屯兵淮河流域宋金緩衝區的

〔註74〕引見《漢書》卷六十九〈趙充國辛慶忌傳〉，稼軒《十論·屯田第六》引其意而自為述。

〔註75〕引見《史記》卷九十二〈淮陰侯列傳〉，稼軒《十論·屯田第六》引其意而自為述。

〔註76〕組織軍士、農民墾地耕種以取得軍用糧秣的一種生產制度，純以軍隊屯墾者稱軍屯，以農民充屯民者為民屯。

〔註77〕見《建炎以來朝野雜記》甲集卷一六〈屯田〉，宋李攸、李心傳撰，臺北：商務印書館，民國72年（影印文淵閣四庫本）。

〔註78〕均見引《十論·屯田第六》。

施行方略。除在《十論·屯田第六》中以專篇論述外，更以專章〈論阻江爲險須藉兩淮疏〉、〈議練民兵守淮疏〉面奏孝宗，對遣派屯田的人選與施行方法，稼軒有其獨到的見解；針對過去嚴重失敗的政策經驗，提出以「歸正軍民」做爲推行屯田制度主幹的構想。即以北方來歸的軍民、官吏或接鄰北界的沿邊土丁爲屯田的主要成員與管理幹部，平時分配田畝屯耕、取稅儲糧、安頓生養，緩急則可用於從事本來嫻習的戰守以戍邊衛土。因爲他們大都是被金人所強制簽調出來當兵的〔註79〕，對耕稼農事本來嫻熟，且源自同鄉情誼交融，上下互動容易和諧。進一步稼軒在不驚擾原士民所佔有的土地的原則下，把如何分配這些歸正軍、民田畝屯耕、取稅儲量、安頓生養等具體的做法做清楚的交代。所遴派的長貳官吏，在平時爲農業生產之管理者，戰時則做爲帶兵的將領；並納入品秩升遷考核的正常管道，俾使久任其職而能專心於教化勸善。另外朝廷委派守臣監司，公平的負責執行覈考並適切奏舉，那麼一定可以期約屯田軍民爭赴功名，而成功推行屯田制度。同時，稼軒針對當今朝野錯誤對待歸正軍民的態度、風氣，而毫不知體卹，提出嚴厲的批判；也直接點出朝廷所應即刻調整，才是懷柔導誘中原忠義來歸軍民的作爲。針對反對者可能提出「因其不足而利之，利未四、五而恩踰九、十」與「歸正之人常懷異心，群而聚之慮復生變」的質疑，稼軒則反認爲「屯田非特爲國家便，而且亦爲歸正軍民之福」；〔註80〕並且以爲歸正軍民是在宋金和議後，官吏不知加以撫慰安頓的現實環境擠壓下，許多才不得不被迫相諧北歸；當時地方官吏也任其北去而不加以制止。因此不能把全部的責任都推給歸正軍民的善變。其他願意留下來的，稼軒認爲要有「既來之，則安之」〔註81〕的安頓做爲；施行屯田之制使擁有恆產又無重斂，正是最好的安頓做爲。如此一來，他們又何必甘冒金人的橫徵暴斂而北返，更不會有離亂反叛之心；即使有有離亂反叛的行爲，也被遠遠隔絕於長江天險之外，而不會因安置在江內而有禍起蕭牆的虞慮。

另稼軒對內分析朝廷基本武力結構的缺失改進，來強調屯田政策推動之利。衛戍京畿的「御前諸軍」，驕生慣養難以驅使；州郡的地方兵卒，太半務

〔註79〕 金人最初無常備兵，遇有戰事則從各部落抽調強壯男子爲兵，是爲簽軍（兵），亦即徵兵；戰事結束即散兵歸農。南侵中原後，也以同樣的方式簽調佔領區的民眾充做兵丁，做爲戍邊、南侵的武力。

〔註80〕 前引併見《十論·屯田第六》。

〔註81〕 《論語·季氏第十六》云：「遠人不服，則修文德以來之；既來之，則安之。」

農出身，可以克苦耐勞而少有怨尤，往年也曾獨遴選勇壯者聚爲一軍來效命朝廷。稼軒認爲正可以運用這些州郡的地方兵眾，以歸正軍民之倍數加以組織編配相對屯田其側，俾相互牽制取得態勢上的平衡而不致生亂；這些兵眾的身份地位與歸正軍民相近，較不會有隔閡衝突，而歸正軍民也會因爲他們是江南兵眾而有所顧忌。而朝廷同時委派守臣監司，公平地對屯田部將實施考覈舉奏，以期約屯田軍民爭赴功名，使屯田之制獲得實質的成效，以堅實穩固敵我緩衝區的戰守，才是備邊的最佳策略。

　　對兩淮所規劃相互支援戰守的東、中、西三處重鎮，以屯兵方式「預分郡縣戶口以隸之，無事之時使各居其土，營治生業無異平日；緩急之際，令三鎮之將各檄所部州縣，管拘本土民兵戶口赴本鎮保守，老弱妻子、牛畜資糧、聚之城內，其丁壯則授以器甲，令於本鎮附近險要去處分據寨柵」〔註82〕與金人相出沒、互進退，如此則可更完備屯田區的戰守，使勁敵亦不足爲我患。稼軒這應時的獨到、具體而微的屯田良策，實有其客觀可行的條件。程珌在〈丙子輪對箚子（其二）〉記錄稼軒晚年復出時，在知鎮江府時「造紅衲萬領，且欲先招萬人」的作爲，正是此一屯兵策略的延續。稼軒更舉周初存善心教化商紂遺民的史例，與秦朝使民眾人人致勇樂戰的辦法；來支撐其所主張以歸正軍民屯田守淮的正確性。比起周朝以存心良善的態度，耐心地教化商紂頑固遺民；更何況歸正軍民原本都是我朝臣子，更不容易產生二心。如能善用治術差使，便能更臻圓滿。

三、富國強兵的作爲

　　對於平時厚積作戰實力的富國強兵作爲，稼軒在《九議‧其七》中具體的提出「惜費、寬民力」的富國之術與陰行、漸進「除戎器、練軍實、修軍政、習騎射、造海艦」的強兵方法。只要平時能節制簡省不必要的開支，給百姓足夠的生養、休息，並加強作戰訓練、整備作戰物資；戰時停止歲幣、郊祀的花費移作軍用，則可以確保緩急所需而無虞。且這些富國強兵的做爲是軍事機密的一部份，必得以隱密、低調方式漸次推動，勿使敵人有所警覺。

　　具體而言，富國之術要達到百姓皆有多餘的能力來供輸，政府有剩下的財利來支用的要求。「惜費」方面，分析朝廷規劃恢復的深謀遠略至今已迄三

〔註82〕見《議練民兵守淮疏》。

年的工夫，各種戰備整備的籌設耗費不貲，估算「城和、城盧、城揚、城楚、築堰、募兵，建康之寨、京口之寨、江陰之寨，與夫泛使賂遺，發運本錢，其他便業造是、恩澤賞給、不可得而紀者」的耗費每年至少上千萬緡；每年供金的歲幣、三年一次的郊祀，共又需二千萬緡〔註 83〕。歲幣、郊祀的支出是不得已的必須花費，而其他則是為恢復大業所花費的；但是如果對恢復大業沒有一點幫助，則是多餘的浪費。因此，假設計定三年後用兵，在未戰前簡省不必要的花費集聚起來；戰爭爆發則絕歲幣、展郊祀，則可得三千萬緡的財源。再加上府庫藏儲的二千萬，共計有五千萬緡來從事恢復大業之戰，應該是綽綽有餘。富國另一個「寬民力」的做法就是：寬簡百姓日常人力、物力的輸供，可以給民眾休息的機會就要多給他們休息，可以給民眾的福利則儘量給予。因為恢復大業之戰不是一蹴可就勝的，必得曠日持久才有結果；曠日持久的戰爭，緩急必得取用於民力的支援。要使民眾輸供我緩急之需而無怨尤，就得靠日常的厚待、撫養才能達到。這也是自古人君對外迎戰強敵，對內厚待民眾的必然做法。否則一開始就財盡人竭，就算一時成功也很難長久維持。而檢討當今朝廷的種種做為，似乎是反其道而行；深知務本做法者被認為是迂闊不急的論述，不問是非只聽命盲目從事的則被認為是懂得治事的良才。長此下來國用虛、民力竭，只求表面形勢上手足的強健而不管本元氣勢的耗弱；猶如未得病就猛吃通經活絡的靈藥，一旦生病反而無藥可用；這時就算是扁鵲、倉公〔註 84〕再世也束手無策了。

四、自治圖強的方略

有關自治圖強的方略，稼軒認為無論是「官吏之盛否，民力之優困，財用之豐耗，士卒之強弱，器械之良苦，邊備之廢置」等，都是朝廷日常所應舉政執行的；而獨舉「陛下知之而未果行，大臣難之而不敢發者」的兩件大事：「絕歲幣」與「都金陵」為他積極的自治圖強方略，俾能持續作戰精神意志的提振。稼軒進一步強調表示：「絕歲幣」不是為錢財耗費的算計，「都金陵」也不是為作戰防禦線相差幾百里遠近距離的考量；而是就軍事上蓄養「未戰養其氣」與「先人有奪人之心」的戰鬥氣息，俾「內有以作三軍之氣，外

〔註 83〕《稼軒文集》所傳載係「二萬」，對照下文「如是而得三千萬緡」計，應係「二千萬」為是。
〔註 84〕參見《史記・扁鵲倉公列傳》。

有以破敵人心」的備戰心理準備。然而目前朝廷的對策，卻是以歲貢金帛委曲求全地面對敵人以求苟且偷安，且但仰賴、憑藉山河湖海之險以求一時的屏障，以致朝廷的名望和實力都喪失殆盡。長此以往，眼見在上位的領導人竟然畏縮、懦弱到這種地步，以為夷敵的強盛是我們所無法與之對抗匹敵的，那麼就算是有堅心剛勇的軍眾，也都會變得萎靡不振；這麼一來國家緩急需要，都沒有可以賴以保家衛國的基本力量，一旦戰爭爆發，就根本沒有勝算了。看在中原百姓的眼裡，朝廷這種委曲求全與苟且偷安的態度，根本就把他們置之度外；平時只知守備自保，而戰時則將自顧不暇。如此，以往中原百姓奮臂起義響應抵抗金人入侵的義舉，以後恐怕就再也看不到了；金人也就可以更放心的，恣意進行侵犯我朝的行為。如果朝廷真能採取「絕歲幣」、「都金陵」的積極作為，必然造成隨時有爆發戰爭的形勢；那麼三軍部隊便會因為有隨時就戰的可能，而必須圖謀積極備戰的作為；中原百姓也同時就有配合起義反抗的機會，再加上以二百多萬緡的歲幣用來做為蓄養、鼓舞士氣的經費，這一切對朝廷來說，可是一本萬利的作為。

　　值得一提的，「絕歲幣」、「都金陵」雖然是稼軒一向主張恢復中原所必先完成的作為，然而並不是要求馬上莽然施行；而是需要相時而動。《十論・自治》在符離初敗後所提出，當時宋金對峙還處在戰爭有一觸即發的態勢；因此所主張「絕歲幣」與「都金陵」或是馬上可以付諸實施，以示天下以必戰的決心。《九議》〈其七〉的「絕歲幣」、〈其八〉的「都建業」（即金陵）在隆興和議六年後〔註85〕所上奏疏，雙方對峙趨於和緩時，施行「絕歲幣」、「都金陵」的作為，時機是不成熟的；可能要背負違約挑釁、輕啟戰端的罪名。更可能因而造成敵人的驚恐，猶如還沒開戰就把奇術用盡一般。萬一金人也相對遷移京師向我接近，在其遷京師的威脅下，中原民眾恐不敢任意呼應生變；而朝廷本來期藉中原之變以助未戰先勝的契機頓失，則勝負之機尚未可知。因此事先的遷都行為，也可能造成金人起而制止中原變亂動作，反而對我恢復大業有不利的影響。因此，要求以密謀方式，俟時機成熟再予執行。研判金人固以為我求和怕戰而狎玩我們，歲幣所輸必不能滿足他們貪得無厭的欲求；因此不到一、二年內便會再以戰爭來要脅我們。這個時候再乘機進行「絕歲幣」、「都金陵」的作為，則敗盟啟釁在彼，而我便能師出有名的掌握戰爭主動之機先。亦可見稼軒用兵，能因時應勢而靈活調整，而不固執於一隅。

〔註85〕隆興二年（西元 1164）宋金和議成，乾道六年（西元 1170）稼軒奏疏《九議》。

稼軒並舉周赧王五十六年（西元前 259）秦、趙議和的史例〔註 86〕，來杜塞朝野「朝廷全盛時，西、北二虜亦不免於賂；今我有天下之半，而虜倍西、北之勢，雖欲不賂得乎？」的失敗主義氣氛。史上趙國虞卿以「秦以其力，攻其力所不能取，倦而歸；王又以其力之不能攻以資之，是助秦自攻也。」反對孝成王割地求和的理由，也正是今天宋金和戰最好的寫照。失敗主義的議論者或以東晉時蔡謨所謂「朝野人才、物力皆不以足成事」來比擬今況；稼軒則以爲，就算是晉朝又何曾「退金陵、輸歲幣」呢？這一例證，更增強稼軒「絕歲幣」、「都金陵」主張的正確性。

第五節　積極防禦

面對宋、金對峙的長期戰爭，稼軒強調以「先自我要求立於不敗之地，使敵人無可勝之隙，然後乘敵人之虛取勝」的謀略，策定積極戰守而後主動攻擊的方針；謀定對金作戰「固守淮河沿線」以確保長江天險的金湯之固，並伺機「指向山東北攻中原」藏戰於守的戰略、戰術。此即《孫子兵法》〈軍形篇〉「善戰者，先爲不可勝，以待敵之可勝；不可勝在己，可勝在敵。……不可勝者，守也；可勝者，攻也。」與〈九變篇〉「用兵之法，無恃其不來，恃吾有以待之；無恃其不攻，恃吾有所不可攻也。」的精義。而在二十多年〔註 87〕後第一次復出時，更進一步強調淮河上游、漢水流域一帶所謂的荊襄地區，居中國地理中間位置的重要戰略地位，爲歷來兵家所必爭之地；乃又面奏〈論荊襄上流爲東南重地〉，提出防衛固守荊襄地區才能確保東南半壁江山的具體謀略。南宋末年，蒙古大軍即假道荊襄地區南侵滅宋，正印證稼軒深具中國傳統名將能精確判斷作戰發展的睿智；而吾人更不得不佩服稼軒於翦紅刻翠外，慷慨縱橫不可一世的儒將風範。

《孫子兵法》〈虛實篇〉提出防守作爲的一些指導原則：「善守者，敵不知其所攻」、「我不欲戰，雖劃地而守之，敵不得與我戰者，乖其所之也」，更具體的說明相關做法：「形人而我無形，則我專而敵分；我專爲一，敵分爲十，是以十攻其一也。則我眾而敵寡，能以眾擊寡，則我之所其戰者，約矣。吾

〔註 86〕見《史記》卷七十六〈平原君虞卿列傳〉，稼軒引其意而自爲述。
〔註 87〕稼軒於乾道六年（西元 1170）分別向孝宗及宰相虞允文奏疏〈阻江爲險須藉兩淮〉和《九議》，紹熙 4 年（西元 1194）光宗召見便殿時面奏〈論荊襄上流爲東南重地〉，時間相隔二十四年。

所與戰之地不可知，不可知，則敵所備者多，敵所備者多，則我所與戰者寡矣。故備前則後寡，備後則前寡，備左則右寡，備右則左寡，無所不備，則無所不寡。寡者，備人者也；眾者，使人備己者也。」稼軒就是根據這些理念，提出守淮的具體建議作爲。

一、中間策應——固守淮河沿線（參閱附圖一、二）〔註88〕

　　守住淮河沿線以確保長江天險之固，爲稼軒在宋金對峙中首要的作戰謀略。蓋淮河流域地處兩軍對峙的中間緩衝，敵人勁旅來犯，必得藉以削弱其鋒銳，才能有利於我後續作戰戰局的發展。而區域內水道以西北——東南走向裂割地形，成爲東西橫線聯繫的天然障礙；因此，如何形成橫向聯繫的支援互救，實爲防衛固守淮河流域的要務。稼軒以孫子兵法所謂「善用兵者，譬如率然；率然者，常山之蛇也，擊其首則尾至，擊其尾，則首至，擊其中，則首尾俱至。」〔註89〕強調機動靈活的互救支援，來策畫防衛固守淮河沿線的行動方案。

　　「備多力分」〔註90〕爲兵家大忌，面對敵人的防衛部署稼軒首先提出「無所不備則有所必分，知所必備則不必皆備」、「備多力寡」、「備寡力專」〔註91〕防衛固守淮河一線的基本原則；如能善聚精兵驍騎的集中力量，固守地形要點，則敵人不知所攻、不得與我戰。檢討過去朝廷在兩淮的防衛佈署與作戰經過，卻正犯了「備多力分」的嚴重錯誤，以致「兵懼而氣沮，奔走於不必守之地，而嬰虜人遠鬥之鋒，故十戰而九敗」。分析敵人可能入侵之攻擊路線有三：「自淮而東必道楚以趣揚；自淮而西必道濠以趣眞，與道壽以趣和；自荊襄而來，必道襄陽以趣荊。」乃從淮水上源延伸到相鄰的漢水流域一帶（即

〔註88〕取自《中國歷史地圖集》第六冊（宋、遼、金時期）〈南宋、金時期〉「淮南東、西路」、「荊湖南、北路及京西南路」圖；譚其驤主編，中國地圖出版社1982年10月一版、1996年6月河北第3次印刷。

〔註89〕見《孫子・九地篇第十一》。

〔註90〕《孫子兵法》虛實篇第六提出防守作爲的一些指導原則：「善守者，敵不知其所攻」、「我不欲戰，雖劃地而守之，敵不得與我戰者，乖其所之也」，更具體的說明相關做法：「形人而我無形，則我專而敵分；我專爲一，敵分爲十，是以十攻其一也。則我眾而敵寡，能以眾擊寡，則我之所其戰者，約矣。吾所與戰之地不可知，不可知，則敵所備者多，敵所備者多，則我所與戰者寡矣。故備前則後寡，備後則前寡，備左則右寡，備右則左寡，無所不備，則無所不寡。寡者，備人者也；眾者，使人備己者也。」

〔註91〕以下未注引文，均見《十論・守淮》。

所謂荊襄地區），以襄陽——荊州爲西側（蛇尾）重鎮，以楚州——揚州爲淮東（蛇首）重鎮，整合濠州——眞州與壽州——和州爲居中（蛇身）策應；分別於山陽、濠梁、襄陽三處屯聚重兵爲各該區之軍事重城，另於揚州或和州另置一「大府」以總督防務。提出相互救援的整體防衛固守之作戰構想：

> 擇精騎十萬，分屯於山陽、濠梁、襄陽三處，而於揚或和置一大府
> 以督之。虜攻山陽，則堅壁勿戰，而虛盱眙、高郵以餌之；使濠梁
> 分其半與督府之兵橫擊之，或絕餉道，或邀歸途。虜併力於山陽，
> 則襄陽之師出唐、鄧以擾之。虜攻濠梁，則堅壁勿戰，而虛盧、壽
> 以餌之，使山陽分其半與督府之兵亦橫擊之。虜併力於濠梁，而襄
> 陽之師亦然。虜攻襄陽，則堅壁勿戰，而虛郢、復以餌之，虜無所
> 獲，亦將聚淮北之兵併力於此，我則以濠梁之兵制其歸，而山陽之
> 兵自流陽以擾沂、海。

值得注意的是，防衛固守之外稼軒以「不恃敵之不敢攻、而恃吾能攻彼之所必救」要能主動迂迴攻擊敵之側背要害，來牽制其入侵的攻擊行動；是屬於積極主動性「以攻爲守」的防禦構想。並充份運用「常山之蛇」機動應變與相互支援救濟的精義，形成完整而積極的守勢作爲。其中更潛伏隨時有「轉守爲攻」的企圖，所謂「聚兵爲屯，以守爲戰，庶乎虜來不足以爲吾憂，而我進乃可以爲彼患也」；也正印驗戰略、戰術上所謂「攻擊是最好的防守」之名言。兵學家孫臏所謂：「解雜亂紛糾者不控捲，救鬥者不搏撠，批亢擣虛，形格勢禁，則自爲解耳」〔註92〕，也就是《孫子兵法》所謂「無邀正正之旗，勿擊堂堂之陣」〔註93〕強調不直接與敵人盛氣的正面交鋒，而避實擊虛地攻擊敵人的要害、薄弱的環節；使敵人受到形勢上的牽制、阻礙，則我方的危難自然而解。戰國齊師「圍魏救趙」、後唐莊宗攻汴亡梁〔註94〕，都是足以引鑑的史例。對有人或以「我知擣虛以進，彼亦將調兵以拒進；遇其實未見其虛。」來相詰責，稼軒則不以爲然地進一步分析：金人守邊不過數萬，針對我山陽、濠梁、襄陽三城之戰略要衝，勢必要以重兵屯備，那麼就所剩無幾了；而且又要防範我方不可預期的全面反攻，無所不備的顧慮就更多了。何況就算金人佔領淮河沿線，在內有百姓未服、外又阻塞於長江之險，整個局

〔註92〕引見《史記》卷六十五〈孫子吳起列傳〉。
〔註93〕《孫子》軍爭篇第七。
〔註94〕事詳《舊五代史・唐書・莊宗紀》。

面對他們還是不利的；相對的，如果我們進得中原，百姓簞食壺漿迎我王師，民心歸順必將爲我固守疆土。相較之下，守住淮河之線，在我是堅實有利，在敵則是瑕隙百出；如此以我堅實的防守要點，攻擊金人難以據守的虛弱之處，正是「批亢擣虛」的作爲。這也就是稼軒前所謂「兵交而必啚去，兵去而不敢復犯」道理所在。

在〈論阻江爲險須藉兩淮疏〉則同樣以常山之蛇的另一種譬喻，強調中間策應位置的重要性：

> 古之爲兵者，謂其勢如常山之蛇，擊其首則尾應，擊其尾則首應，擊其身則首尾俱應，然後其兵於不敗之地。今以兩淮地形言之，則淮東爲首，而淮西爲尾，淮之中則其身也，斷其身則首尾不能救明矣。

以中間截斷將造成首尾不能相救的思維，來做爲防守作戰時強化居間策應的戰術主張。並因應金人入侵重點方向，把淮河流域之防守正面單獨論述；就現況分析：

> 蓋兩淮綿地千里，勢如張弓，若虜騎南來，東趨揚、楚，西走和、廬，苟吾兵無以斷隔其中，則彼東西往來，其路徑直，如走弦上，蕩然無慮。若吾兵斷隔其中，則彼淮東之兵不能救淮西，而淮西之兵亦不能應淮東，設使勢窮力蹙之際復由淮北而來，則走弓之背，其路迂遠，懸隔千里，勢不相及，入吾重地，兵分爲二，其敗可立而待。

分析綿延千里的兩淮形勢，猶如張弓一般；金人南侵，東向揚州、楚州，西指和州、廬州，如果我軍沒有從中阻斷其間的聯繫，則其東西往來相互支應猶如筆直走在箭弦之上，容易獲得彼此良好的策應。相對的，如果我軍從中斷隔其兩軍間的策應，則其在不能直接相互救應下，只好改走如在弓背之上的淮河北側；而造成路途迂遠、懸隔千里而難以相互策應救急的不利態勢，深入入國用兵是孫子所謂的「重地」〔註95〕，卻兵分爲二削弱劫掠的力量，其必然敗亡是可以預知的。以兵法所謂用兵之勢要如常山之蛇的說法來比擬，要能「擊其首則尾應，擊其尾則首應，擊其身則首尾俱應」然後才能立於不敗之地；就兩淮地形分析，淮東爲蛇頭、淮西爲蛇尾、淮中爲蛇身，如果能從中斷其身，則頭尾就無法互救。這是稼軒就孫子兵法中「善用兵者，

〔註95〕《孫子·九地篇第一》「入人之地深，背城邑多者，爲重地。……重地則掠」，深入敵境首憂糧械之不繼，故需因糧於敵，掠奪其資源，以期能持久。

譬如率然」的另一活用闡釋。〔註96〕如果就南宋當朝僅設防於淮東楚州、揚州和淮西盧州、和州的現況，而沒有居間的策應的重鎮；一旦金人自淮何兩側南侵包夾，則其東西兩軍往來互相支援呼應，直如走弓弦上，難以有效阻抗。因此主張，應再於淮中擇一「有積甲儲粟、形格勢禁、可以截然分斷虜人首尾之處」之重鎮，居中節制策應東西兩重鎮。為強化其主張的正確性，稼軒同時例舉兩史例來印證：不論是東吳孫吳以淮中為蛇身居中策應，在眞州瓦梁堰〔註97〕構築堅實之壘寨固守；曹魏僅能從淮西局部攻擊，終究無法對孫吳造成威脅。還是南唐在周興師來犯時，也打算覓尋孫吳舊址固守；雖然在還沒完成戍守準備時周師已兵臨城下，但仍遣派皇甫暉、姚鳳率精兵十五萬扼守定遠縣，依清流關〔註98〕之險據守淮中；而周世宗遣趙匡胤攻南唐「以精兵斷其中」，才得以有成。同時明確指出淮中之「濠梁——滁州」，即為居中策應的重鎮所在。研判金人南侵，通常會先以精銳騎兵從淮中濠梁破滁而來，形成側翼掩護後，才敢從淮東大軍南寇；退卻時也是以滁州之兵殿後掩護。可見從古到今，不論是南方守淮、還是北方攻淮，都是先以精兵佔領淮中地形要點以斷敵人之攻守。何況金人來犯，所顧忌的不是我軍正面迎戰，而是擔心我迂迴出兵攻其後方；一旦我出兵截其後路，淮北百姓必趁虛反亂，淮北諸郡便可以乘隙攻取。符離之役海、泗、唐、鄧四州就是在這種情況下被我攻取的。

　　檢討當今朝廷的防禦重點部署，淮東置於楚州、揚州，淮西置於盧州、和州，皆守備嚴謹、治具充備，堪稱固若金湯；但稼軒認為還缺乏兵眾糧足、形勢險要，可以截斷敵人首尾來攻，能居中策應的重鎮。稼軒具體的建議是，將淮河流域區分為三個防守區域，分別籌建防禦堅固的三處重鎮；遴選沉著勇猛而有機謀、文武兼備的帥臣，充份授權減少不必要的約束限制，信之專任之久地責成固守。而居中為總督領，可節制東西兩鎮之師。一旦戰爭爆發，如果金人從淮東來攻，以居中重鎮出師救援，西鎮進軍淮北威脅陳州、蔡州

〔註96〕 《孫子‧九地篇第一》「故善用兵者，譬如率然；率然者，常山之蛇也，擊其首，則尾至；擊其尾，則首至；擊其中，則首尾俱至。」筆者按：孫子係以常山之蛇敏捷互救的動作，來比擬要求用兵時要能彼此迅速的策應、互救；而稼軒則以實體的蛇為諭，在《十論‧詳戰》以擊斷蛇頭之要害處，即可使之斃命。在此處則以中斷蛇身，則首尾俱失其用力，活用解釋。

〔註97〕 長江北岸，今江蘇省六合縣西南。

〔註98〕 今安徽省滁縣西北二十二里（顧祖禹《讀史方輿紀要‧江南‧滁州》續修四庫全書，上海：上海古籍出版社，1998 年版）。

撓其後路；敵從淮西來攻，居中重鎮出師救援，東鎮進軍淮北威脅海州、泗州撓其後路；敵從中路來攻，則以建康守軍前往救援，東、西鎮同時出兵淮北以撓其後路；如果敵同時出兵東、西兩側，那麼他們已經兵分力寡了，居中重鎮直接進軍淮北威脅宿州、亳州以撓其後路。這就是戰國時蘇秦教導六國合縱防禦秦人併吞的戰略，而秦國也因而不敢兵出函谷關的原因。比起消極苟且，等待敵人入境作戰，利弊得失相差太大了。最後稼軒認為事不宜遲，如果皇上願採納其說，請速招集兩府大臣及懂得軍事的將帥，共同謀劃議定三重鎮之處所，並著手經營部署。

〈論阻江爲險須藉兩淮疏〉是稼軒呼應前奏《十論》中〈守淮〉等相關篇章，提出更具體而主動積極以攻爲守的防禦謀略；在稼軒的策謀之下，這些以「攻擊是最好的防守」爲指導的作爲，是隨時可以轉變爲恢復故土的攻勢作戰，也正是稼軒積極主戰、矢志恢復的體現。

二、南北互濟——防衛荊襄地區（參閱附圖二）

第一次遭劾退隱的稼軒，仍舊常懷恢復之志；經常與地方帥臣、胥吏及有志之士（如陳亮等）往來唱和、談論時局，合理的推論稼軒仍不斷私下擘畫恢復故土的謀略，以待時機而用。荊襄地區居中國之地理中心位置，爲歷代兵家所必爭之地；而歷史上北兵南侵，也多有從荊襄而來的實例。認爲：

> 自古南北之分，北兵南下，由兩淮而絕江，不敗則死；由上流而下江，其事必成。故荊襄上流爲東南重地，必然之勢也。雖然，荊襄合而爲一則上流重，荊襄分而爲二則上流輕。上流輕重，此南北以所以爲成敗也。〔註99〕

稼軒也觀察到這一重要的史證〔註100〕，因此在復出福建提點刑獄代帥臣而奉光宗面召時，即以〈論荊襄上流爲東南重地〉疏奏面呈；分析檢討當前的部署的狀況，自設提問可能產生的缺失：

> 假設虜以萬騎由襄陽南下，衝突上流，吾軍倉卒不支，陛下將責之誰耶？責襄陽軍帥，則曰：「虜以萬騎衝突，臣以步兵七千當之（襄

〔註99〕 以下見引〈論荊襄上流爲東南重地〉疏。
〔註100〕 即〈論荊襄上流爲東南重地〉續云：「六朝之時，資實居揚州，兵早居上流，由襄陽以南，江州以西，水陸交錯，壤地千里，屬之荊州，皆上流也。故形勢不分而兵力全，不事夷狄而國勢安。其後荊襄分而梁以亡，是不可不知也。」

陽戍兵入隊可戰之人猶未滿此數），大軍在鄂，聲援不及，臣欲力戰，眾寡不敵，是非臣之罪也。」責鄂渚軍，則曰：「臣朝聞警、夕就道，卷甲而趨之，日且百里，未至而襄陽不支矣，是非臣之罪也。」責襄陽守臣，則曰：「臣守臣也，知守城而已；軍則有帥。戰而不支，虜騎衝突，是非臣之罪也。」責荊南守臣，則曰：「荊與襄兩路，道里相去甚遠，襄陽之不支，虜騎衝突，是非臣之罪也。」彼數人者以是辭來，朝廷固無辭以罪之也。然則上流之重果誰任其責乎？

乃提出他對荊襄地區「外不失兩路之名，內可以為上流之重」，可以有效固守荊襄地區的防守策略：

自江以北，取襄陽諸郡合荊南為一路，置一大帥以居之，使壤地相接，形勢不分，首尾相應，專任荊襄之責；自江以南，取辰、沅、靖、澧、常德合鄂州為一路，置一大帥以居之，使上屬江陵，下連江州，樓艦相望，東西聯亘，可前可後，專任鄂渚之責。屬任既專，守備自固，緩急之際彼且無辭以逃責。

就「無所不備則有所必分，知所必備則不必皆備」的重點防禦觀點，略以長江天險為界，分南、北專責之軍事防務中心；既各司荊襄、鄂渚所轄橫向之防衛任務，又有縱向協同相互支援之效能。此即《孫子兵法》所舉「常山之蛇」同舟相救的策略。建請朝廷「居安慮危，任賢使能，修車馬，備器械，使國家有屹然金湯萬里之固」的整備，以成「先為不可勝，以待敵之可勝」積極戰守的事功。

第六節　攻勢主義

　　稼軒在宋金對峙的局勢下，雖然主張應採取積極主戰的作為，但他絕不是暴虎憑河式地魯莽從事；而是以孫子所謂「合於利而動，不合於利而止。」〔註101〕的審慎態度，籌謀規劃。在「爾詐我虞」的詭譎氛圍中，要求雙方和談定盟約以永久弭平兵亂，是不可能做到的；經過縝密的觀察分析，研判宋、金終不免於一戰。既然知道戰爭是無法避免的，主動出擊與被動待敵人來攻、要在敵人的土地上交戰還是退回國內待戰，孰利孰得不言而諭。因此，稼軒認為：制敵機先、主動出擊以先發制人乃抗金作戰致勝的原則。此即《孫子

〔註101〕引見《孫子》〈九地篇第十一〉、〈火攻篇第十二〉。

兵法‧虛實篇》：「善戰者，致人而不致於人。……出其所不趨，趨其所不意……攻而必取者，攻其所不守也……」的精義，亦所謂「諸侯自戰其地者，為散地。入人之地而不深者，為輕地。……入人之地深，背城邑多者，為重地。……是故散地則無戰，輕地則無止……重地則掠……」〔註102〕的道理。因此，稼軒提出「莫若出兵以戰人之地，此固天下之至權、兵家之上策……」〔註103〕把攻防的作戰縱深向敵人的領土延伸的看法，據以謀定對金作戰的「攻擊路線」與配合攻擊虛張聲勢的牽制作為、兵力部署的虛實配置等；再加以「卑而驕之、佚而勞之」〔註104〕用兵陰謀詭道的交互運用，完成整體北進攻擊金人心腹的戰略、戰術。（參照附圖一、三）

一、避實擊虛──從山東北進河朔、燕山「攻其無備，出其不意」的進攻路線

　　對作戰地區的分析瞭解，研判確定反攻復國的作戰路線，是稼軒在抗金復國作戰中首要謀斷的戰略。如果不計地勢、不審攻守，則會落入杜牧所稱的「浪戰」〔註105〕，而陷入危險的境地。稼軒參引《孫子兵法‧九地篇》所分析九種軍事地略〔註106〕，以所謂「能使敵人前後不相及，眾寡不相恃，貴賤不相救，上下不相收，卒離而不集，兵合而不齊。」〔註107〕的用兵原則，因地形、地勢及其戰略地位所形成不同的軍事態勢，分析金人所佔據之地的險易、輕重，就「先其易者險有所不攻，破其重者輕有所不取。」〔註108〕的原則，謀定從山東北進河朔、燕山「攻其無備，出其不意」與「避實擊虛」的進攻路線。進一步引《孫子兵法》「常山之蛇」首、尾、身機動互救的譬喻；而另以俗諺所謂「打蛇打七寸」攻擊要害的觀念活用兵學，創見所謂：「若擊其首則死矣，尾雖應其庸有濟乎？」的論點說明：

　　　　不得山東則河北不可取，不得河北則中原不可復。此定勢，非臆說

〔註102〕引見《孫子‧九地篇第十一》。
〔註103〕以下未加注之引文均見於《十論‧詳戰》篇章中。
〔註104〕見《孫子‧始計篇第一》。
〔註105〕杜牧〈罪言〉「最下策為浪戰，不計地勢，不審攻守是也。」
〔註106〕《孫子‧九地篇》孫子曰：用兵之法，有散地、有輕地、有爭地、有交地、有衢地、有重地、有圮地、有圍地、有死地。
〔註107〕引見《孫子‧九地篇》。
〔註108〕以下引見《十論‧詳戰第十》。

也。……方今山東者，虜人之首，而京、洛、關、陝則其身也。由泰
山而北，不千二百里而至燕，燕者虜人之巢穴也；自河失故道，河朔
無濁流之阻，所謂千二百里者，從枕席上過師也。山東之民，勁勇而
喜亂，虜人有事常先窮山東之民，天下有變而山東亦常首天下之禍。
至其所謂備邊之兵，較之他處，山東號爲簡略。且其地於燕爲近，而
其民素喜亂；彼方窮其民、簡其備，豈真識天下之勢也哉！

判定「民勁勇而喜亂」的山東，是首先必取「形易、勢重」的戰略目標；從山
東而河朔，最後指向金人心腹燕山的攻擊路線，從中間突穿南北截斷金軍，是
取得「恢復中原」最有利的態勢。預期結果將造成金人在關中、洛陽、京師三
路備邊之兵，陷入戰守錯綜而躑躅難決的境地；「將北歸以自衛耶？吾已制其歸
路，彼又虞淮西、襄陽、川蜀之兵，未可釋去也。抑爲戰與守耶？」如此，其
「腹心已潰」；再以迂迴側背前後夾擊的策略，必使金人在中原戰力徹底瓦解。

　　稼軒分析說明認爲：山東正是金人的要害之首，而京、洛、關、陝則猶如
其身、尾；由泰山北走不到一千二百里便到了燕薊金人的巢穴所在，而黃河改
道以來，河朔一帶已經沒有河水濁流的阻隔，大軍道經所謂一千二百里的路程，
就好像跨過枕席一般的容易。再分析山東民情，該地民眾個性強悍好勇鬥而難
駕馭，金人每在用兵作戰需要，也常以山東百姓優先簽發從軍；相對的，一有
形勢變遷的機會，山東民眾也會首先起來發難抗金。而金人對山東一帶的邊防，
相對之下也較爲簡略。綜合分析，山東地近金人燕薊巢穴，民風素來不願臣服
於異族的統治；而大量簽軍造成人力的空乏，又不重視該地區的邊防衛戍，可
見金人根本不懂得善謀形勢之利。而這也正是金人易攻難守最脆弱的要害之
處。乃以「今夫二人相搏，痛其心則手足無強力；兩陣相持，譟其營則士卒無
鬥心。」爲喻，具體建議越淮出兵海州漣陽，北上攻取山東；攻下山東後，河
朔一帶必受震撼，而盤踞燕京的金人，必得南向圍堵而困守燕薊。稼軒接著就
這沿海線「山東→河北→中原」的攻擊路線，以取得「恢復中原」有利態勢的
戰略指導；陳述具體應配合的戰略、戰術作爲。以「虛張聲勢」實施策略性的
牽制戰術，配合攻擊同時，有效拘束金人戰力，俾使「奇兵」的山東主攻能取
得絕對的勝利；直取金人「心腹」，在最短的時間內取得決定性的勝戰。

二、牽制戰術——佯攻拘束從淮陽以西至汧隴的敵軍主力

　　「避實擊虛」的攻擊路線確定後，針對金兵淮陽以西至汧隴一帶防禦重

點，採取虛張聲勢實施策略性的牽制戰術，有效拘束從淮陽以西至汧隴敵軍主力。以藉故揚兵於川蜀、襄陽、淮西「多爲旌旗金鼓之形，陽爲志在必取之勢；已震關中，又駭洛陽，已駭洛陽，又聲京師」炫惑敵人的手段，確保山東北進主攻路線能取得決定性的勝利。稼軒認爲，關中、洛陽、京師三處是金人所認爲形勢最重要之地，防備甚爲深密；如果能使之「見吾形，忌吾勢；必以十萬之兵而聚三地，且沿邊郡縣亦必皆守而後可」造成「無所不備則無所不寡」的窘境，便能有效拘束金人列屯置戍於淮陽西至汧隴間，不滿十萬間雜女眞、渤海、契丹之兵力。並具體的提出炫惑敵人的作法：

> 揚兵於川蜀，則曰：「關隴秦漢故都，百二之險，吾不可以不爭。」
> 揚兵於襄陽，則曰：「洛陽吾祖宗陵寢之舊，廢祀久矣，吾不可以不
> 取。」揚兵於淮西，則曰：「京師吾宗廟社稷基本於此，吾不可以不
> 復。」

而對其「燕山之衛兵、山東之戶民、中原之簽軍」可能來援的軍隊則採「以形聾之使不得遽去，以勢留之使不得遂休」來拘束；同時「以沿海戰艦馳突於登、萊、沂、密、淄、濰之境，彼數千兵者盡分於屯守矣。」牽制住對主攻路線的側翼威脅，俾確保主攻「勝於易勝」的達到直取金人"心腹"的戰略目標。稼軒研判：如此一來，金人山東戍防空虛，必然引起盜亂；朝廷再善加鼓動利用誘使四出滋事，以擾亂敵人守備，然後遴派驍勇善戰的將帥，領五萬步騎參半的聯合兵力，便可在最短時間內兵臨袞州、鄆州城郊，便可一舉而定山東。山東底定，則上法韓信破趙後使燕降服的策略〔註109〕，秣馬厲兵休整士眾，號召忠義之士抗金報國；發佈檄文到河朔各郡，大軍隨後經略河朔，期使金人能爲情勢所迫降。這一來，天下都知道朝廷有恢復故土的堅定意志，而金人敗亡的跡象顯現；那麼其鄰近契丹諸國與內部反叛傾軋之事，必隨之而起，這也就是我前所認定金人一定會南向圍堵而困守燕薊的原因。這時屯守在關中、洛陽、京師三地的金兵，必陷入歸北自衛與就地戰守的兩難困境，北歸之路已爲我所制，況有淮西、襄陽、川蜀之兵恐追亡逐北；就地戰守，則由於中原心腹之地均已潰散，一旦彈盡糧絕無後援可期，又面臨我軍夾擊。面對如此困阨的敵軍，朝廷要堅固城池待其來降、或驅逐歸北反其鋒銳、或故意縱歸截其後路，均可達到敗金復國底定天下之功。

〔註109〕見《史記》卷九十二〈淮陰侯列傳〉。

三、奇正相生的兵力部署

在經過縝密周全的攻、守戰略、戰術部署後，稼軒以《孫子‧兵勢篇》所謂「三軍之眾，可使必受敵而無敗者，奇正是也。兵之所加，如以碫投卵者，虛實是也。」做出奇正用兵的戰略指導：「以海道、三路為正，而以山東為奇；奇者以強，正者以弱，弱者牽制之師而強者必取之兵也。」海道與指向關中、洛陽、京師的川蜀、荊襄、淮西三路，因為他們都是故意正面聲張作勢以牽制緩衝為作戰目的的佯攻虛兵，因此將帥不必皆智勇，士卒也不必皆精銳；只要能配合形勢的聲聳，而達到牽制、拘束敵軍的戰略目標即可。至於北向山東一線奇襲主攻部隊，則要選派將勇兵強的精銳士眾。這是古代弱兵牽制、強兵取勝，奇正交相運用的用兵原理。此亦孫子所謂：「奇正相生，如循環之無端，孰能窮之哉！」〔註110〕的境地。

稼軒舉唐太宗所謂「吾觀行陣形勢，每戰必使弱常遇強，強常遇弱。敵遇吾弱，追奔不過數十百步；吾擊敵弱，常突出自背反攻之，以是必勝。」更進一步認為，這種避實擊虛的謀略，不只是用在兩軍交戰中；圖謀用定天下之策略，亦不出此道。不然一定要以精銳部隊，全面北伐漸次去攻城掠地；必然被金人所逐次削弱，終取敗跡，符離之役不就是這種敗戰的結果。就算能一舉攻下京師、洛陽，再下關中、陝西；金人必將傾燕薊之師渡河南下，自東越過泗水漕運山東的糧餉運補作戰。在兩面夾擊之下，朝廷又有誰能固守抵抗所攻掠的城池要塞。當年兀尤南三京正是這種情況的殷鑑。就算能固守住，敵人河北主力部隊還是的勢力仍然存在，勝敗之數還未可知。因此這絕不是抗金復國的良策。

四、驕之、勞之的陰謀詭道

前文提到《九議‧其四》摘取孫子言用兵詭道的精義，定出「莫若驕之，不能驕則勞之」具體欺惑敵人的策略；並強調「兵以詐立，以利動，以分合為變」的觀念，有效隱匿我兵機以謀取作戰最後的勝利。這也是稼軒在對金作戰的一個重要謀略。透過「莫若驕之，不能驕則勞之」的具體做法與「敵急我緩、敵緩我急」用兵緩急相對的運用〔註111〕，鬆懈敵人的作戰意志、或

〔註110〕見《孫子‧兵勢篇第五》。
〔註111〕見《九議‧其四》：「故上策莫若驕之，卑辭重幣，陽告之曰：『吾之請復陵寢也，將以免夫天下後世之議也，而上國實制其可否。上國不以為可，其有辭

使之疲於奔命；配合縝密的攻、守戰略、戰術，充份展現稼軒善用中國傳統兵學的軍事長才。

綜觀稼軒對金所採攻勢作戰的規畫謀略，正發揮《孫子兵法・九地篇》所謂：「先奪其所愛，則聽矣；兵之情主速，乘人之不及，由不虞之道，攻其所不戒也。」的精義；再搭配平常中間區隔淮河流域分屯三鎮的屯兵策略，與遷都金陵（前進指揮所）接近前線親臨指揮的積極進取作為，實為具體可行敗金復國的作戰指導。

岳飛回應宗澤之「授陣圖」曰：「陣而後戰，兵法之常；運用之妙，存乎一心。」〔註112〕意謂：就豫想作戰時所可能面對的各種不同敵情、天候、作戰地區（地形、地略）、指揮官、士氣……等因素，指導以不同的對應列陣而戰，乃兵法之常理；而實地接戰時，則應由各階層指揮官，衡量臨陣所遭遇的各種狀況，靈活調整以致勝。此亦「將在外，君命有所不受」的道理所在。各級領導者要能做到「善守者，藏於九地之下；善攻者，動於九天之上……」〔註113〕、「善攻者，敵不知其所守；善守者，敵不知其所攻。微乎微乎！至於無形；神乎神乎！至於無聲……」〔註114〕才能得其妙用。稼軒針對抗金恢復所提出因應時勢的兵學思想，是循序漸進有條理、有系統的一套用兵謀略，而在條理中又有靈活變化的運用；以孫子兵法「常山之蛇」的引用而言：

> 古之所謂善用兵者，能使敵人前後不相及，眾寡不相恃，貴賤不相救，上下不相收，卒離而不集，兵合而不齊。合于利則動，不合於利則止。……故善用兵者，譬如率然；率然者，常山之蛇也，擊其首則尾至，擊其尾則首至，擊其中則首尾俱至。……夫吳人與越人相惡也，當其同舟濟而遇風，其相救也如左右手。是故，方馬埋輪，未足恃也，齊勇若一，政之道也；剛柔皆得，地之理也。故善用兵者，攜手若使一人，不得已也。

於天下世，顧兩國之盟猶昔也。』彼聞是言也，其召兵必緩，緩則吾應之以急，急則吾之志得矣。此之謂驕。傳檄天下，明告之曰：『前日吾之謂也，今之境內矣，期上國之必從也。今而不從，請絕歲幣以合戰。』彼聞是言也，其召兵必急，急則吾應以緩，深溝高壘，曠日持久，按甲勿動；待其用度多而賦歛橫，法令急而盜賊起，然後起而圖之，是之謂勞。故彼緩則我急，彼急則我緩，必勝之道也。兵法以詐立。」

〔註112〕見《宋史・卷三六五》列傳第一二四。
〔註113〕見《孫子・軍形篇第四》，臺灣商務印書館發行，1987年4月修訂3版。
〔註114〕見《孫子・虛實篇第六》。

就現代戰爭觀念來解讀，可用以建立軍隊間「齊勇若一」相互支援的關係、機動應變的能力、及攻彼之所必救…等謀略作爲。此即《淮南子・兵略訓》所謂：

> 故同利相死，同情相成，同欲相助。順道而動，天下爲嚮；因民而
> 慮，天下爲鬬；臘者逐禽，車馳人趨，各盡其力，無刑罰之威，而
> 相爲斥闥要遮者，同所利也。同舟而濟於江，卒遇風波，百族之子，
> 捷捽招杼船，若左右手，不以相德，其同憂也。〔註115〕

稼軒除引用其正文首尾相救之戰術型態，作爲其「攻」、「守」戰略主張之譬喻外；更就現實實況加以活用延伸，而主張「攻中有守」、「守中有攻」、攻守兼備的作戰論點。用之於防守，是機動打擊、互相呼應支援的作爲；用之於攻擊，則是擊其致命的要害之處，使敵人屈服。其對中國傳統兵學靈活、應時的運用，正岳飛所謂「陣而後戰，兵法之常；運用之妙，存乎一心！」的精義所在。

　　前文曾論及，稼軒在宋金對峙下的兵學思想：戰略上，力主採取積極防禦、制敵機先與主動出擊的謀略，呼籲朝野不要以「南北定勢」的錯誤觀念而苟且偷安，更不要因類似符離的小敗而失去恢復鬥志。戰術上，強調因勢利導、避實擊虛、奇正相參、出奇制勝、機動靈活，戰人之地而避免於我境倉促應戰。具體的作戰指導：正面於江淮沿線虛張聲勢以牽制金兵主力，使之無所不備而分散防禦力量；海上側翼掩護拘束地方武力，然後集中精銳步騎奇兵，進圖金人防守較虛的山東要害，再指向河朔、燕薊，威脅金人巢穴。最後南北夾擊，徹底瓦解金人的入侵，重新恢復中原故土。這些對金作戰的戰略、戰術，雖然未被當政者所採納，但這些完整而具體可行的用兵論述，堪稱宋代最佳的兵學論著之一，是無庸置疑的。

〔註115〕見劉文典《淮南鴻烈集解・兵略訓》卷十五，臺北：明倫出版社，民國 60
　　　　年 10 月版，頁 52～53。

第七章　結　論
——達則兼善天下，窮則獨善其身

　　辛棄疾是中國歷史上罕有的儒將，既是軍事家、政治家，也是文學家。綜觀其南歸後四十多年間，有近一半的時間是被免官閒置的；然而只要有機會、一旦被起用，他總是積極地竭智盡忠，力圖報效，充份發揮了儒家「達則兼善天下」〔註 1〕的傳統精神；所以他在任職的工作崗位上，政績卓著，軍事上也頗有作為。至於文學方面，影響尤其深遠，他的詞作，無論數量、品質，均特立超群。而有關軍事思想的論著，不論是《十論》、《九議》，或是其他單篇奏章，均獲得後人肯定，視之為南宋兵學思想的重要代表著作。他曾追斬僧義端、率五十騎入五萬人的金營擒獻叛將張安國義歸南宋、敉平湖北茶商賴文政之亂、整頓鄉社創建飛虎軍，種種勇武事跡，頗有軍人尚武的精神與敢作敢為的魄力。可惜終其一生未被重用以實踐、發揮其軍政長才，因此縱有管（仲）、張（良）、諸葛之才，直搗黃龍、拯救蒸民之志，但面對當權君臣本不打算北伐恢復的現實，也只有徒呼負負，齎志而歿。明朝詩人張以寧〈過辛稼軒神道弔以詩〉所謂「英雄已盡中原淚，臣主元無北伐心」〔註 2〕，道出稼軒悲劇英雄的一生；與他同時的愛國詩人陸游則以「君看幼安氣如虎，一病遽已歸荒墟」〔註 3〕悼輓他，英雄氣結，豈不悲哀！

〔註 1〕　《孟子・盡心上》：「古之人，得志澤加於民；不得志，脩身見於世；窮則獨善其身，達則兼善天下。」
〔註 2〕　明張以寧《翠屏集四卷》卷二，臺北：臺灣商務印書館，民國 60 年版，四庫全書珍本二集。
〔註 3〕　陸游《劍南詩稿》卷八○，臺北：世界書局，民國 75 影印本初版（據國立故宮博物院藏摛藻堂四庫全書薈要影印）。

　　後世學者對稼軒的研究，多以其詞作爲研究重點，較少從他的《十論》、《九議》等奏札、文集，探研其軍、政思想；更遑論從詞作中去索求其軍事謀略與兵學思想。本文僅爲嘗試性的尋幽探勝，但亦可以瞭解，稼軒對中國兵學思想的認知活用，實充分到達岳飛所謂「運用之妙，存乎一心」的境界。譬如符離兵敗後，稼軒積極上疏，主張持續探「以攻爲守」的戰略，且期盼朝廷能不以小敗而廢棄復興中原的壯圖；迄晚年再度被任用，可說是其一生最高也最可能在復興大業有所作爲的職務上，反而以「勿草率用兵」爲戒，主張先充份準備、託重責於元老重臣等較保守的作爲。相較之下，即可見出他能因時革境遷的變化，而調整用兵的步調與謀略，足堪作爲後世將帥、領導幹部師法的表率。而其詩詞文集有關軍政思想部份，更值得後人進一步研究探討。茲將本論文探研的要點臚述如次：

　　其一、首先記述稼軒所處宋金對峙的大時代環境背景、南宋朝政風氣，與詳實的身世、宦游經歷，並就其任職期間的軍政事蹟詳細介紹分析；俾從環境社會因素對文學與思想形成的影響力，瞭解稼軒軍事文學與兵學思想形成的主、客觀因素，從而找到一個不平凡時代鑄造一個不平凡偉人的合理繫聯。

　　其二、依軍事文學的義涵，對傲視宋代詞壇的稼軒詞，從「愛國懷鄉的深情」、「弔古諷今的幽思」、「審勢制敵的遠謀」、「抗金復國的素志」等四個面向，探討其軍事文學的內容與特色。這種以「軍事文學」爲主題來探研稼軒詞作的方法，對更進一步認識稼軒豪邁沉鬱、欲飛還斂的詞風，與矢志恢復大業、報國淑世至死方休的強烈愛國主義，可以得到更深入的認知。

　　其三、就稼軒被視爲宋代重要兵學思想著作的所有專冊或單篇奏箚，先逐項簡介其戰略、戰術主張，再紬繹出其兵學思想之精萃；歸納出「謀定後動」、「作戰整備」、「精神動員」、「積極防禦」、「攻勢主義」等抗金作戰的五大軍事戰略。對探討中國兵學思想的偉大藝術價值，與兵學之所以成爲中國「兵、醫、農、藝」四大文化之首的原因，可以得到更合理的解釋；而中國兵學涵攝一切政治、軍事、經濟、心理的因素，也可由此獲得印證。而透過對歷史興替、演進過程的檢討，或亦可爲改善當今政軍環境的良好借鏡，古云「以史爲鑑」，其此之謂乎！

後　記

　　筆者所以能著手撰寫此論文，除轉任軍訓教官以來，在軍事教育教學相長的影響下，個人對中國兵學思想研究的高度興趣外；家兄　王偉勇教授對稼軒詞專業探研的引領與提供稼軒豐厚與最新的專書、論文等相關資料，以及恩師　歐陽公不厭其煩地對論點、文辭匡謬正誤，才得以完成寫作。然而，由於筆者日常工作庶務繁重，個人才思復嚴重不足，以致本論文不免有粗略、駁雜之失；但在針對中國傳統文武合一教育薰染下的一代儒將之軍事文學與兵學思想的專文探討上，雖然未必是首創，但應屬稀有。而這軍事文學與兵學思想的繫聯，爲中國兵學文化的偉大藝術價值所在，實有待吾人更深入的探研。筆者潛心研究，並願以「芹獻」、「拋磚」之誠提出此論文，尚祈學界先進俯鑒而見教之！

王偉建　謹記 95 年 6 月 30 日

於　東吳大學軍訓室

參考書目

一、

1. 《稼軒集》，徐漢明編，臺北：文津出版社，民國 80 年 6 月初版。

2. 《稼軒長短句》，〔宋〕辛棄疾著，臺北：世界書局，民國 84 年 3 月初版四刷。

3. 《辛稼軒詩文箋注》，鄧廣銘輯校審訂、辛更儒箋注，上海：上海古籍出版社，1995 年 12 月。

4. 《稼軒詞編年箋注》，鄧廣銘箋注，上海：上海古籍出版社，1998 年 12 月 3 刷。

5. 《辛棄疾詞新釋輯評》，葉嘉瑩主編，北京：中國書店，2006 年 1 月版。

6. 《辛稼軒年譜》，鄭騫著，臺北：華世出版社，1977 年 1 月補訂 11 版。

7. 《辛稼軒年譜》，蔡義江，蔡國黃編著，濟南：齊魯書社，1987 年 8 月版。

8. 《辛稼軒年譜》（增訂版），鄧廣銘著，上海：上海古籍出版社，1997 年 5 月 1 版。

9. 《辛棄疾評傳》，杜呈祥編著，臺北：正中書局，民國 68 年 9 月臺 5 版。

10. 《辛棄疾評傳》，鞏本棟著，南京：南京大學出版社，1998 年 12 月 1 版 1 刷。

11. 《辛棄疾》，夏承燾、游止水著，上海：上海古籍出版社，1993 年 4 月初版。

12. 《辛棄疾——慷慨豪放的愛國詞家》，汪誠著，臺北：幼獅文化事業公司，民國 69 年 11 月。

13. 《辛棄疾及其作品》，喻朝剛著，長春：時代藝術出版社，1989 年 3 月版。

14. 《稼軒詞縱橫談》，鄭臨川著，成都：巴蜀書社，1987 版。

15. 《辛棄疾論叢》，劉乃昌著，濟南：齊魯書社，1979 年 6 月 1 版 1 刷。

16. 《稼軒詞研究》，陳滿銘著，臺北：文津出版社，民國 69 年 9 月出版。

17. 《稼軒新論》，劉慶雲、陳慶元主編，福州：海風出版社，2005 年 12 月。

18. 《辛棄疾資料彙編》，辛更儒編，北京：中華書局，2005 年 10 月版。

二

1. 《四庫全書總目提要・集部・詞曲類》，臺北：商務印書館，民國 72 年《景印文淵閣四庫》。

2. 《樊川文集》，〔唐〕杜牧撰，臺北：商務印書館，民國 71 年（四部叢刊初編縮本）。

3. 《黃勉齋先生文集》，〔宋〕黃榦著，臺北：青山書店印行，民國 46 年。

4. 《攻媿集》，〔宋〕樓鑰撰，臺北：商務印書館，民國 54 年（四部叢刊初編縮本）。

5. 《洛水集三十卷》，〔宋〕程珌撰，臺北：商務印書館，民國 60 年（景印四庫全書珍本）。

6. 《宮教集》，〔宋〕崔敦禮撰，臺北：商務印書館，民國 60 年。（四庫全書珍本三集）。

7. 《蠹齋鉛刀篇二十三卷》，〔宋〕周孚撰，臺北：商務印書館，民國 60 年（四庫全書珍本二集）。

8. 《夷堅志》，〔宋〕洪邁撰，臺北：商務印書館，民國 70 年版（宛委別藏）。

9. 《西山文集》，〔宋〕真德秀撰，臺北：商務印書館，民國 72 年（景印文淵閣四庫全書）。

10. 《文忠集二百卷》，〔宋〕周必大撰，臺北：商務印書館，民國 72 年（景印文淵閣四庫全書）。

11. 《絜齋集》，〔宋〕袁燮撰，臺北：新文豐書局，民國 73 年影印本。

12. 《秋澗集一百卷》，〔元〕王惲撰，臺北：商務印書館，民國 72 年（景印文淵閣四庫全書）。

13. 《名蹟錄六卷》，〔明〕朱珪撰，臺北：商務印書館，民國 60 年。（四庫全書珍本三集）。

14. 《劍南詩稿》，〔宋〕陸游撰，臺北：世界書局，民國 75 影印本初版（四庫全書薈要影印）。

15. 《龍川詞校箋》，〔宋〕陳亮著、夏承燾校箋，臺北：臺灣學生書局，民國 60 年 3 月版。

16. 《西樵語業》，〔宋〕楊濟翁詞集，臺北：商務印書館，民國 72 年（景印文淵閣四庫全書）。

17. 《翠屏集四卷》，〔明〕張以寧著，臺北：商務印書館，民國 60 年版（四庫全書珍本二集）。

18. 《詞苑叢談》，〔清〕徐釚撰，臺北：仁愛書局發行，民國 74 年 3 月版。

19. 《人間詞話》，〔清〕王國維撰，臺北：金楓出版社，民國 80 年版。

20. 《張載集》，頁 376，臺北：漢京文化事業公司，民國 72 年 9 月 16 日初版。

三

1. 《史記會注考證》，〔漢〕司馬遷撰、瀧川龜太郎會注，臺北：洪氏出版社印行，民國 75 年 9 月。

2. 《漢書》，〔東漢〕班固撰、楊家駱主編，臺北：鼎文書局印行，民國 68 年 11 月。

3. 《三國志》，〔晉〕陳壽撰、楊家駱主編，臺北：鼎文書局印行，民國 68 年 11 月。

4. 《晉書》，〔唐〕房玄齡等撰、楊家駱主編，臺北：鼎文書局印行，民國 68 年 11 月。

5. 《舊五代史》，〔宋〕薛居正等撰、楊家駱主編，臺北：鼎文書局印行，民國 68 年 11 月。

6. 《宋史》，〔元〕脫脫等撰、楊家駱主編，臺北：鼎文書局印行，民國 68 年 11 月。

7. 《宋史新編》，〔明〕柯維騏撰，臺北：新文豐出版公司，民國 63 年 11 月初版。

8. 《金史》，〔元〕脫脫等撰、楊家駱主編，臺北：鼎文書局印行，民國 68 年 11 月。

9. 《三朝北盟會編》，〔宋〕徐夢莘撰，臺北：文海出版社，民國 66 年 12 月再版。

10. 《建炎以來繫年要錄》，〔宋〕李心傳撰，臺北：商務印書館，民國 64 年（四庫全書珍本別輯）。

11. 《宋史紀事本末》，馮琦編，臺北：商務印書館，民國 45 年 4 月臺初版。

12. 《宋會要輯本》，楊家駱主編，臺北：世界書局，民國 53 年版。

13. 《宋會要輯稿》，〔清〕徐松篡輯，臺北：新文豐出版公司，民國 65 年版。

14. 《歷代名臣奏議》，〔明〕楊士奇、黃淮奉勅編，臺北：商務印書館，民國 72 年（景印文淵閣四庫）。

15. 《文獻通考》，〔元〕馬端臨撰著，臺北：商務印書館，民國 72 年（景印文淵閣四庫全書）。

16. 《錢塘遺事》，〔宋〕彭百川等撰，臺北：商務印書館，民國72年（景印文淵閣四庫全書）。

17. 《讀史方輿紀要》，〔清〕顧祖禹編撰，上海：上海古籍出版社1998年版（續修四庫全書）。

18. 《嘉泰會稽志》，〔宋〕施宿撰，臺北：國泰文化事業公司，民國69年（宋元地方志）。

19. 《贛州府志》（江都縣志），〔明〕張華、陸君弼，修，臺南永康：莊嚴出版社，民國85年（四庫全書存目叢書）。

四

1. 《老子道德經注》，〔晉〕王弼撰、楊家駱主編，臺北：世界書局，民國61年10月3版。

2. 《孫子今注今譯》，〔齊〕孫武、魏汝霖註譯，臺北：臺灣商務印書館，民國90年10月修訂9刷。

3. 《吳子今注今譯》，〔魏〕吳起、傅紹傑註譯，臺北：臺灣商務印書館，民國82年3月修訂3刷。

4. 《司馬法今注今譯》，〔齊〕田穰苴，劉仲平註譯，臺北：臺灣商務印書館，民89年3月修訂3刷。

5. 《韓非子今註今譯》，韓非著、邵增樺註譯，臺北：臺灣商務印書館，民國71年9月初版。

6. 《列子全譯》，列子、王強模譯注，貴陽：貴州人民出版社，1993年10月出版。

7. 《戰國策》，〔西漢〕劉向集錄，臺北：里仁書局，民國68年11月出版。

8. 《淮南鴻烈集解》，劉文典撰，臺北：明倫出版社，民國60年10月出版。

9. 《世說新語校箋》，〔南朝〕劉義慶撰、徐震堮校箋，臺北：文史哲出版社，民國74年7月版。

10. 《朱子語類》，〔宋〕黎靖德編、王星賢校點，北京：中華書局1986年版。

11. 《語譯廣解四書讀本》，〔宋〕朱熹集註、蔣伯潛廣解，臺北：啓明書局印行。

五

1. 《老子釋義》，黃登山編著，臺北：臺灣學生書務印行，民國76年12月初版。

2. 《中國古代兵學思想》，黃浩然著，鳳山：黃埔出版社，民國48年5月初版。

3. 《中國軍事史略》，張其昀著，上海：上海書店，1991年一版。

4. 《中國古代兵書》，柳玲著，臺北：臺灣商務印書館，民國 84 年 10 月初版第二次印刷。

5. 《中國歷代兵書》，王兆春編，北京：商務印書館，1996 年 12 月。

6. 《中國兵學文化》，張文儒著，北京：北京大學出版社，1997 年 3 月 1 版 1 刷。

7. 《中華兵典要覽》，王平著，濟南：黃河出版社，1997 年 11 月 1 版 1 刷。

8. 《中國兵學》（三卷），謝祥皓著，濟南：山東人民出版社，1998 年版。

9. 《中國軍事文學史》，任昭坤著，成都：四川人民出版社，1999 年 11 月版。

10. 《兵家文化面面觀》，徐勇、喬國華、余新忠著，濟南：齊魯書社，2000 年 3 月版。

11. 《中國經典兵書》，于汝波、李興斌主編，濟南：山東友誼出版社，2002 年 10 月。

12. 《中國戰術史》，金玉國著，北京：解放軍出版社，2003 年 1 月出版。

13. 《宋代政教史》，劉伯驥著，臺北：臺灣中華書局，民國 60 年 12 月初版。

14. 《宋代中央政治制度》，楊樹藩著，臺北：臺灣商務印書館，民國 76 年 7 月三版。

15. 《南宋初期政治史研究》，寺地遵著、劉靜貞、李今芸譯，臺北：稻禾出版社，民國 84 年 7 月。

16. 《靈谿詞說》，繆鉞、葉嘉瑩合撰，上海：上海古籍出版社，1987 年 11 月版。

17. 《唐宋詩十七講》，葉嘉瑩，臺北：桂冠圖書公司，民國 83 年 3 月初版 2 刷。

18. 《詞學專題研究》，王偉勇著，臺北：文史哲出版社，民國 92 年 4 月初版。

19. 《宋詞與唐詩之對應研究》，王偉勇著，臺北：文史哲出版社，民國 93 年 3 月版修訂 1 刷。

20. 《第三屆辛棄疾研究國際會議論文集》，劉揚忠等，海南省海口市，1992 年 4。

21. 《辛棄疾研究論文集》，孫崇恩、劉德仕、李福仁主編，北京：中國文聯出版公司，1993 年。

22. 《1990 年上饒，辛棄疾國際學術研討會論文集》，周保策、張玉奇編，香港：天馬圖書有限公司，2003 年 2 月 1 版。

23. 《辛棄疾學術研討會‧論文彙編》，2004 年 4 月 11～1 日 5 福建武夷山市。

六

1. 《辛派三家詞研究》，蘇淑芬撰，東吳大學中國文學研究所博士論文，民

國 87 年 4 月。

2. 《稼軒信州詞研究》，何湘瑩撰，東吳大學中國文學研究所碩士論文，民國 82 年 5 月。

3. 《稼軒帶湖、瓢泉兩時期詞析論》，李佩芬撰，東吳大學中國文學研究所碩士論文，民國 94 年 1 月。

4. 〈南宋詞中所反映之宋季朝政〉，王偉勇撰，《東吳文史學報》，第 10 期，1992 年 3 月。

5. 〈辛棄疾登臨詞的愛國思想與藝術表現〉，羅開端撰，《學術論壇》，1995 年 4 月。

6. 〈辛棄疾與開禧北伐〉，李傳印撰，《安慶師院社會科學學報》，1996 年第一期。

7. 〈論辛棄疾的愛國風流〉，蕭延恕撰，《吉安師專學報》，第 17 卷第 2 期，1996 年 6 月。

8. 〈論辛棄疾恢復謀略及軍事思想〉顧家安撰《海南學報》，1997 年第 2 期（總第十卷第 36 期）。

9. 〈論辛棄疾愛國詞的美學風格〉，白蓮琴撰，《絲路學壇》，1998 年第 2 期。

10. 〈辛棄疾詞愛國主義思想淺探〉，吳孟黎撰，《天中學刊》，第 13 卷增刊，1998 年 8 月。

11. 〈論辛棄疾詞的愛國思想內容及其自我形象的創造〉，馬良信撰，《郴州師範高等專科學校學報》，1999 年第一期（總第 62 期）。

12. 〈辛棄疾愛國詞淺析〉王雅芬，崔淑珍撰《齊齊哈爾大學學報》，2000 年 3 月。

13. 〈男兒到死心如鐵——淺析辛棄疾詞中的愛國主義精神〉戴彬撰《景德高專學報》，2000 年 9 月（第 15 卷第 3 期）。

14. 〈一生愛鑄詞魂——辛棄疾愛國主義詞作談片〉高原撰《淮南師範學院學報》，2001 第 3 期。

15. 〈淺議辛棄疾詞中的愛國思想〉郭月鳳撰《忻州師範學院學報》，2001 年 3 月（第 17 卷第 1 期）。

16. 〈辛棄疾《美芹十論》的軍事倫理思想〉，馬超臣撰，《軍事歷史研究》。

17. 〈辛棄疾戰略思想"四面"觀〉，趙曉嵐撰，（宋代文學國際學術研討會論文）。

18. 〈北宋文士與兵學關係述略〉，戴偉華撰，（華南師範大學）。

附錄　辛棄疾編年紀事年表

起宋高宗紹興十年，迄宋寧宗嘉定元年。（西元 1140～1208 年）

年　　代	年齡	重　要　事　略	年代重要記事
宋高宗趙構紹興10年（歲次庚申）金熙宗完顏亶天眷 3 年（西元 1140 年）	1 歲	五月十一日卯時出生於淪陷金區的山東濟南府歷城縣之四風閘	李綱卒，金人南侵；五月陷河南、陝西州郡。吳璘、劉錡、岳飛敗金於扶風、順昌、京西，岳飛收復河南州郡、韓世忠復海州、王德復宿州。七月岳飛在郾城擊走金帥兀朮，追之大破於朱仙鎮，奉詔班師。秦檜（以右樸射當國）盡罷諸軍。
紹興 11 年（辛酉）金熙宗皇統元年（西元 1141 年）	2 歲		紹興和議宋殺岳飛、張憲、岳雲等，與金和議成；稱臣納貢於金，割唐、鄧、商、秦四州。陳亮（同甫）生。
紹興 13 年（壬戌）金熙宗皇統三年（西元 1143 年）	3 歲		秦檜加太師封魏國公，遣使向金進表請和。（壬戌之盟）金冊封趙構爲「大宋皇帝」。金改封蜀王劉豫爲曹王
紹興 17 年（丁卯）金熙宗皇統 7 年（西元 1147 年）	8 歲	據鞏本棟《辛棄疾評傳》云「大約在金熙宗皇統六年（1146）辛贊任譙縣令時，……開始從亳州劉瞻問學。」	蒙古長鄂羅貝勒自稱祖元皇帝，改元天興。西夏尊孔子爲文宣帝。1148 年金都元帥宗弼卒，以完顏亮爲尚書右丞相（平章政事）。

紹興 19 年（己巳） 金海陵王完顏亮 天德元年（西元 1149 年）	10 歲	師事劉瞻（嵒老）、蔡松年 （伯堅），與党懷英（世傑） 同舍，人稱「辛党」。（據辛 啟泰《稼軒先生年譜》）	金皇統 9 年海陵王完顏亮與駙 馬唐括辨等同謀弒主（熙 宗），並自立爲皇帝（號天 德）。
紹興 20 年（庚午） 金海陵王天德 2 年（西元 1150 年）	11 歲		金海陵王大殺宗室、誅大臣， 太宗粘沒喝（罕）之後皆絕。
紹興 21 年（辛未） 金海陵王天德 3 年（西元 1151 年）	12 歲	（鄭騫先生以爲，隨祖居開 封當在本年前後）	韓世忠卒。
紹興 22 年（壬申） 金海陵王天德 4 年（西元 1152 年）	13 歲		金遷都於燕京（中都），上京 爲北京，遼陽府爲東京，雲中 爲西京，開封府爲南京。 十月韓侂冑（節夫）生。
紹興 23 年（癸酉） 金海陵王貞元元 年（西元 1153 年）	14 歲	鄉試中舉 （鄭騫《年譜》載：於本年 「從學於劉瞻，與党懷英同 舍」）	金海陵王自上京遷都於燕 京，稱中都大興府；以汴爲南 京，改中京大定府爲北京，而 東京遼陽、西京大同仍舊，會 寧府不稱上京
紹興 24 年（甲戌） 金海陵王貞元 2 年（西元 1154 年）	15 歲	首赴燕京應進士試，未中 第。	張俊卒，高宗爲之罷朝三日。 湖南茶民起事，殺潭州巡按 官，焚漵浦縣。遣邵宏淵鎮 壓。 虞允文、范成大、何異舉進 士。
紹興 25 年（乙亥） 金海陵王貞元 3 年（西元 1155 年）	16 歲		湯思退簽樞密，洪皓卒，秦檜 死，十二月復張浚、胡寅、張 九成等 29 人官職。
紹興 26 年（丙子） 金海陵王正隆元 年（西元 1156 年）	17 歲		靖康帝卒於金，万俟离相，湯 思退知樞密，復貶張浚
紹興 27 年（丁丑） 金海陵王正隆 2 年（西元 1157 年）	18 歲	二次赴燕京應進士試，未中 第。按：稼軒自云「嘗令臣 兩隨計吏抵燕山，諦觀形 勢……」（見《十論·奏序》）	万俟离死，湯思退相。 金主恃累世之強盛，欲發動南 侵，吏部尙書李通等；盛談江 南富庶，曲意迎合
紹興 28 年（戊寅） 金海陵王正隆 3 年（西元 1158 年）	19 歲	稼軒祖父贊之知開封府，當 爲由紹興 25 年至本年內之 事	金營汴宮

紹興29年(己卯) 金海陵王正隆 4 年(西元1159年)	20歲		王綸使金還，言和好無他，思退等賀。王綸知樞密，陳康伯相。 金籍諸路兵造戰具將伐宋。
紹興30年(庚辰) 金海陵王正隆 5 年(西元1160年)	21歲	稼軒祖父贊之卒，至晚當在本年。	以趙瑗爲皇子，進封建王。陳俊卿劾湯思退免。
紹興31年(辛巳) 金海陵王正隆 6 年（被弒） 金世宗（完顏雍） 大定元年（西元 1161年）	22歲	在山東濟南號召組織二千多人之游擊隊，後歸附忠義軍首領耿京；受委以掌書記，即勸京決策南向。僧義端亦聚眾千餘，棄疾與之有舊，說之使隸京。一夕義端竊印以逃，棄疾急追獲之，斬其首歸報，京益壯之。 十二月耿京遣賈瑞奉表歸宋，棄疾同行。	五月金人索漢淮之地始聞欽宗之喪。金主（完顏亮）徙居汴京，決計南侵；縊害其母，嚴辦諫阻用兵大臣。九月大舉入寇號百萬師圍海州，魏勝、李寶大破之，金兵渡淮南下。十月金人立烏祿爲帝於遼陽（東京），更名雍，改元大定。十一月宋帝親征，金入和州劉錡大敗金於皀角林、虞允文大敗金兵於采石磯；金主北還，趨揚州至瓜州爲下所弒，諸軍北還。李顯忠收復兩淮州郡。十二月雍入燕（中都），是爲金世宗大定元年。 十月，金蔡州新息縣令范邦彥以其縣歸宋。李寶敗金人於陳家島。
紹興32年(壬午) 金世宗大定 2 年 （西元1162年）	23歲	稼軒隨賈瑞奉表南歸，春正月高宗勞師建康，十八日召見，嘉納之；授右承務郎、天平節度掌書記。閏二月，張安國、邵進殺耿京降金，稼軒等還至海州，約統制王世隆及忠義人馬全福等領五十騎趨金營，俘獻臨安，斬於市。仍授前官，改差江陰簽判。 稼軒以分兵攻金人之策干張浚，不被採納；其事當在本年抵建康不久之時。（據《朱子語類》卷110〈論兵〉所載） 稼軒定居京口，與范氏成婚，應爲本年內事。	山東耿京起兵山東，稱天平節度使，復東牟。金主遣使來聘，高宗還臨安。吳璘復大散關，守和尚原。劉錡卒。洪邁使金。金復攻海州，張子蓋、魏勝大敗之。六月高宗傳位太子瑋，改名昚；自稱太上皇。太子即位，召張浚封魏國公，復岳飛官；吳璘新復十三州，軍詔班師。 金以僕散忠義爲都元帥居汴，以紇石志寧爲副元帥，駐淮陽；簡士卒分屯要害，聲言取兩淮、索海泗鄧商地。

宋孝宗隆興元年 （歲次癸未） 金世宗大定 3 年 （西元 1163 年）	24 歲	上議練民兵守淮疏。	吳璘還河池，金人復取十三州。史浩相，張浚知樞密院督江淮，史浩免。張浚使李顯宗、邵宏淵伐金，顯宗復靈壁、宿州；宏淵忌之不與助，師潰於符離。湯思退、張浚並相，浚督江淮。
隆興 2 年（甲申） 金世宗大定 4 年 （西元 1164 年）	25 歲	江陰簽判任滿，改差廣德軍通判。	三月張浚視師，金軍退。夏思退讚免浚撤兩淮邊備，秋八月張浚卒。多金兵復渡淮，楚州陷又入濠州，詔竄思退。陳康伯相。 隆興和議成，宋割地歸被俘人。
乾道元年（乙酉） 金世宗大定 5 年 （西元 1165 年）	26 歲	向孝宗奏呈《美芹十論》與周信道（孚）結識至晚在此年	陳康伯卒（年 69）。魏杞使金還始正敵國禮，稱大宋姪皇帝（金許宋和為叔姪之國定歲幣數）。多洪适相
乾道 2 年（丙戌） 金世宗大定 6 年 （西元 1166 年）	27 歲		修健康行宮，洪适免，葉宏、魏杞相。
乾道 3 年（丁亥） 金世宗大定 7 年 （西元 1167 年）	28 歲	廣德軍通判任滿，改任建康通判。	以虞允文知樞密，吳璘卒，罷宏、杞。陳俊卿參政劉琪同知樞密。
乾道 4 年（戊子） 金世宗大定 8 年 （西元 1168 年）	29 歲	始與葉衡（夢錫，總領淮西、江東軍馬錢糧兼提領措置營田，治所在建康）過從甚密。	蔣芾相，罷劉琪，陳俊卿同相。
乾道 5 年（已丑） 金世宗大定 9 年 （西元 1169 年）	30 歲	患癩疝之疾事在本年前後	陳俊卿議措置兩淮屯田，尋去位無成。虞允文知樞密尋同俊卿相，皆留心人才為賢相而論議。
乾道 6 年（庚寅） 金世宗大定 10 年 （西元 1170 年）	31 歲	召對延和殿，論奏〈阻江為險須藉兩淮〉、〈議練民兵守淮〉兩疏；調任司農主簿。作《九議》上宰相虞允文	罷陳俊卿。 辛起李（次膺）卒，年七十九。
乾道 7 年（辛卯） 金世宗大定 11 年 （西元 1171 年）	32 歲	任司農主簿	立趙惇為太子。張說簽書樞密以張栻諫罷之。 金禁群臣生日受饋獻。葬故宋主於鞏洛以一品禮。

乾道 8 年（壬辰） 金世宗大定 12 年 （西元 1172 年）	33 歲	春，以右宣議郎出知滁州，寬征薄賦，招流散、教民兵、議屯田。創建奠枕樓、繁雄館。秋周孚來會，作〈奠枕樓記〉。岳父范邦彥之卒，最晚在本年。	改左右僕射爲左右丞相，允文及克家並相。張說復用。罷允文。
乾道 9 年（癸巳） 金世宗大定 13 年 （西元 1173 年）	34 歲	冬因病離滁州守任，回京口居第；上疏乞將滁州依舊作極邊推賞。	罷克家。 金禁國人學爲漢姓，復以會寧府爲上京。
淳熙元年（甲午） 金世宗大定 14 年 （西元 1174 年）	35 歲	春，辟江東安撫司參議官。正月以啓賀建康留守葉衡。葉衡薦，召見，遷倉部郎官。	虞允文卒，年六十五。
淳熙二年（乙未） 金世宗大定 15 年 （西元 1175 年）	36 歲	登對箚子上疏〈論行用會子〉六月十二日出爲江西提點刑獄，節制諸軍，進擊茶商軍。秋七月初，離臨安至贛州就提刑任，專督捕茶商軍；閏九月，誘殺賴文政，茶商軍平。十月以功加秘閣修撰。	贈趙鼎諡忠簡 夏四月，茶商賴文政起事於湖北，其後轉入湖南、江西、廣東，數敗官軍。 九月葉衡罷相。 （陳天麟爲贛州守，得其策畫、守備、給餉補軍等，對用兵茶商助益多）
淳熙三年（丙申） 金世宗大定 16 年 （西元 1176 年）	37 歲	奏薦贛州通判羅願治行於朝。 調京西轉運判官，到襄陽就職。	召朱熹爲祕書郎不至，罷鬻爵。 金命京府設學養士，頒徒單子溫所譯史漢。
淳熙四年（丁酉） 金世宗大定 17 年 （西元 1177 年）	38 歲	差知江陵府，兼湖北安撫。嚴治盜之法，「得賊則殺，不復窮究」，遂至姦盜屏跡。 冬，江陵統制官率逢原縱部曲毆百姓，稼軒以「曲在軍人」坐遷知隆興府兼江西安撫。 （逢原削兩官，降本軍副將） 八月范成大（致能）罷蜀帥，道過江陵，招同遊渚宮。	金葬宋遼宗室 周孚卒於眞州教授任，年 43
淳熙五年（戊戌） 金世宗大定 18 年 （西元 1178 年）	39 歲	春二月，奏劾知興國軍黃茂材。奏請申嚴沿邊州縣牛戰馬出疆之禁。被召赴臨安，官大理少卿。秋，出爲湖北轉運副使。楊炎正（濟翁）在揚州與之相會。	史浩相，王淮知樞密，李顯宗卒。浩罷趙雄相 陳亮兩度被陷下大理寺。

		贛州通判羅願任滿，奏薦得除知南劍州；有謝先生啓。與陳亮在臨安相識，相談甚歡。	
淳熙六年（己亥）金世宗大定19年（西元1179年）	40歲	春三月，改湖南轉運副使。奏進〈論盜賊箚子〉。秋，調知潭州兼湖南安撫使。奉孝宗手詔，諭懲治盜賊旨意。（《宋史全文》卷26）	
淳熙七年（庚子）金世宗大定20年（西元1180年）	41歲	春奏請以官米募工，濬築陂塘，因而賑給。出椿積米賑糶永、邵、郴三州。整頓湖南鄉社，創置湖南「飛虎軍」。變稅酒法爲榷酒法。秋，覆閱解試卷，得趙方。經始構建上饒居第。作新居上梁文。至晚本年自稱稼軒居士。加右文殿修撰，差知隆興府兼江西安撫。	
淳熙八年（辛丑）金世宗大定21年（西元1181年）	42歲	江右大饑，舉辦荒政。遣客舟載牛皮運赴淮東總領所，以供軍用；路經南康軍境，爲軍守朱熹遣人搜檢拘沒，遂致函朱氏，請其給還。秋七月，以修舉荒政，轉奉議郎。冬十一月改除兩浙西路提點刑獄公事，旋以臺臣王藺論列，落職罷新任。帶湖新居落成，有〈新居上梁文〉以誌之。	詔罷內侍兼兵職。趙雄罷，王淮相。詔下朱熹社倉法於諸路。
淳熙九年（壬寅）金世宗大定22年（西元1182年）	43歲	退隱帶湖新居。九月朱熹過信州上相會。范開（廓之）始來受學。	以朱熹爲江西提刑，固辭。
淳熙十年（癸卯）金世宗大定23年（西元1183年）	44歲	春友人陳亮（同甫）有書來，約秋後來訪，未果。	陳賈請禁道學。岳珂（肅之）生夏五月葉衡（夢得）卒，年六十二

淳熙11年（甲辰） 金世宗大定24年 （西元1184年）	45歲		周必大知樞密 洪适（景伯）卒，年六十八 李燾（仁甫）卒，年七十 三月，陳亮被累繫獄，凡七八十日方得釋
淳熙12年（乙巳） 金世宗大定25年 （西元1185年）	46歲		
淳熙13年（丙午） 金世宗大定26年 （西元1186年）	47歲		留正簽樞密。 八月日月五星聚軫
淳熙14年（丁未） 金世宗大定27年 （西元1187年）	48歲	主管沖佑觀	周必大相，留正參政。 十月太上皇（高宗）崩，孝宗致喪三年，詔太子參決庶務。 金禁國人學南人衣飾。 韓元吉（尢咎）卒，年七十。 湯邦彥卒，年五十三
淳熙15年（戊申） 金世宗大定28年 （西元1188年）	49歲	正月門人范開編刊《稼軒詞甲集》成書 奏邸訛傳稼軒以病挂冠，賦〈沁園春〉解嘲。 陳亮來訪，相與鵝湖同憩、瓢泉共酌，長歌相答，極論世事，逗留彌旬乃別。（鵝湖之會）	復置補闕拾遺官，王淮罷 金建太學
淳熙16年（己酉） 金世宗大定29年 （西元1189年）	50歲	范開應詔以家世赴告南宋行朝，將以求仕，辭別；稼軒爲賦〈醉翁操〉相送。	周必大、留正相。 二月二日孝宗禪位光宗太子趙惇），尊孝宗爲壽皇，立李后氏。 必大罷相。 金正月世宗殂，太孫璟立
光宗紹熙元年 歲次庚戌 金章宗明昌元年 （西元1190年）	51歲		御史劉光祖乞禁譏道學者，葛邲知樞密 冬十二月陳亮再度繫獄，年餘方得釋（紹熙3年二月）。
紹熙2年（辛亥） 金章宗明昌2年 （西元1191年）	52歲	冬稼軒被任命爲福建提點刑獄。	光宗有疾，李后妬悍不孝，光宗惑之，遂不朝重華宮

紹熙3年（壬子） 金章宗明昌3年 （西元1192年）	53歲	春，赴福建提點刑獄任。路經崇安，至武夷精舍與朱熹相會；後從遊甚繁情誼甚款。折獄定刑，務從寬厚。福建安撫使林枅與稼軒不協，秋九月林枅卒，稼軒攝帥事；屬威嚴，以法治下。上疏〈論經界鹽鈔〉箚子。以女妻陳成父。呼醫治楊岳目疾。 被召赴行在（臨安），歲杪由三山啓行。	光宗有疾瘳，群臣請朝重華宮不果行。陳騤同知樞密。冬至始朝重華宮。 十二月，陸子靜（九淵）卒，年五十四。
紹熙4年（癸丑） 金章宗明昌4年 （西元1193年）	54歲	春赴臨安途次，訪朱熹於建陽，勸其赴廣右，就經略安撫使；另晤陳亮於浙東。 光宗召見於便殿，奏〈論荊襄上流爲東南重地〉札子，應預在荊襄妥爲備禦。遷太府卿。秋，加集英殿修撰，知福州，兼福建安撫使。	葛邲相、陳騤參政，趙汝愚同知樞密。秋樞密胡晉臣卒，汝愚知樞密。冬十一月始朝重華宮。朱熹知潭州。 金，胥持國參政，與李妃表裡擅政。 陳亮舉進士第一。 范成大卒，年六十八。
紹熙5年（甲寅） 金章宗明昌5年 （西元1194年）	55歲	置備安庫，積鏹至五十萬緡用以糴米粟，供宗室及軍人之請給。 檄福清縣主簿鞫長溪縣囚，稼軒又親按之，辨釋50餘人。 委長溪令曹盅改採鬻鹽之法又差官吏置鋪，就坊場出賣犒賞庫回易鹽。 修建福州郡學。 秋七月以諫官黃艾論列，罷帥任，主管建寧府武夷山沖佑觀；復以御史中丞謝深甫論列，降充秘閣修撰。十二月，謝奏劾中書舍人陳傅良語又涉及稼軒。 再到期思卜築。	壽皇有疾，葛邲罷。光宗及后幸玉津園，不問上皇疾；五月詔嘉王趙擴問疾重華宮。六月壽皇崩，光宗稱疾不出。留正請立太子，不聽，正遁。 七月，太皇太后詔嘉王擴成服即位，是爲寧宗；尊帝爲上皇，立韓后。召正復相，汝愚爲樞密使，陳騤知樞。韓侂冑始用事。召朱熹爲煥章閣待制兼侍講。內批罷留正，趙汝愚爲右丞相。韓侂冑進用其黨徒謝深甫、劉豸秀、李沐等；朱熹以上疏忤韓，罷侍講。趙汝愚擢用人物陸續被黜；罷陳騤。 陳亮卒，年五十二。
寧宗慶元元年 歲次乙卯 金章宗明昌6年 （西元1195年）	56歲	冬十月以御史中丞何澹奏劾落職。 期思新居落成。	正月白虹貫日，二月罷趙汝愚；呂祖儉、李祥、楊簡等以黨趙被罷斥。竄汝愚於永州，至衡州暴卒（年五十七，時慶元2年正月）。 金平章完顏守貞罷，胥持國忌之也。

慶元2年（丙辰） 金章宗承安元年 （西元1196年）	57歲	五月七日妻兄范南伯卒，年67。徙居鉛山縣期思市瓜山之下。 九月以言者論列，罷主管武夷山沖佑觀的祠官。	正月以余端禮爲左丞相、京鏜爲右丞相，鄭僑知樞密院事，御史中丞何澹同知樞密院事，謝深甫參政。 夏四月端禮罷，以何澹參知政事，吏部尙書葉翥簽書樞密院事。 秋七月以韓侂胄爲開府儀同三司、萬壽觀使。八月以太常少卿胡紘請權住進擬僞學之黨，以糾結徒黨罪名，再罷斥朱熹及其門徒；竄蔡元定。召陳賈爲侍郎。
慶元3年（丁巳） 金章宗承安2年 （西元1197年）	58歲	家居鉛山。	鄭僑罷，以謝深甫兼知樞密院事。 十二月以知綿州王沈請，詔省部籍僞學姓名。（於是得罪著籍者趙汝愚、呂祖泰、蔡元定等凡五十九人）
慶元4年（戊午） 金章宗承安3年 （西元1198年）	59歲	復集英殿修撰，主管建寧府武夷山沖佑觀。	五月加韓侂胄少傅賜玉帶，封豫國公，詔禁僞學。 謝深甫知樞密。 育太祖十世孫與愿於宮中（賜名儼）
慶元5年（己未） 金章宗承安4年 （西元1199年）	60歲	朱熹來書以"克己復禮、夙興夜寐"相勉。	奪彭龜年等官，加韓侂胄少師平原郡干。饒、信、江、撫、嚴、衢、台七州、建昌興國軍及廣東諸州大水。
慶元6年（庚申） 金章宗承安5年 （西元1200年）	61歲	三月朱熹卒，年七十一；稼軒爲文往哭之。	京鏜、謝深甫爲左、右丞相，何澹知樞密。 皇后韓氏卒、光宗趙惇卒。 婺州呂祖泰上書請誅韓侂胄、蘇師旦，流配欽州牢城。逐陳自強。冬十月加韓侂胄太傅。
嘉泰元年（辛酉） 金章宗泰和元年 （西元1201年）	62歲	家居鉛山 周必大降官	二月臨安大火。何澹罷，陳自強參政，程松同知樞密。 西遼亡
嘉泰2年（壬戌） 金章宗泰和2年 （西元1202年）	63歲	黨禁稍弛，政途久困之人間有起用者，稼軒亦其中之一。	蘇思旦樞密都承旨。弛僞學禁復諸貶者官。禁私史。加韓侂胄太師。洪邁卒，年75。

嘉泰3年（癸亥） 金章宗泰和3年 （西元1203年）	64歲	春赴臨安，有詞（〈六州歌頭〉）頌韓侂冑。 夏，起知紹興府兼浙東安撫使；黃榦（直卿）致書諷輕出。 疏泰州縣害農六事，願詔內外臺察劾無赦。 冬，奏請於紹興府諸暨縣增置縣尉，省罷稅官。 浙東「鹽蠹爲害」，稼軒「銷弭」之力多。 創（重）建秋風亭。 欲爲陸游築舍，遭拒，遂止。 歲杪召赴行在。	罷謝深甫，陳自強相。 韓侂冑始倡議北伐。
嘉泰4年（甲子） 金章宗泰和4年 （西元1204年）	65歲	正月受召見；言鹽法，並言金國必亂必亡，願屬元老大臣預爲應變計。加寶謨閣待制，提舉神佑觀，奉朝請。 三月，差知鎮江府，賜金帶。至鎮江，備軍需、招土丁、遣間諜、察敵情，並造紅衲萬領備用。 跋高宗〈親征詔草〉	韓侂冑定議伐金（發動對金戰爭）。 三月，臨安大火，迫太廟。 張孝伯參政。 追封岳飛爲鄂王。 孝伯罷。
開禧元年（乙丑） 金章宗泰和5年 （西元1205年）	66歲	三月，坐繆舉，降兩官爲朝散大夫。夏六月改知隆興府，旋以言者論列罷新命；奉祠（與宮觀）。秋，歸鉛山。 十一月，差知紹興府、兩浙東路安撫使。	錢象祖參政。武學生華岳以乞斬韓侂冑遭竄。遣使如金。 夏六月，宋廷下詔加強戰備。 金以平章僕散揆宣撫河南以備宋，揆至信宋間諜之言，爲無用兵之意，遂罷宣撫使。 宋軍入金內鄉，攻洛南之商縣，爲金所敗。
開禧2年（丙寅） 金章宗泰和6年 （西元1206年）	67歲	辭免帥浙東新命，心情落寞。 進寶文閣待制，又進龍圖閣待制，知江陵府，令赴行在奏事。旋改試兵部侍郎，兩次上章辭免方遂所請。	四月，追奪秦檜王爵，命改諡謬丑。 五月下詔伐金，宋金交兵，宋兵立呈潰勢。 四川副安撫吳曦反，獻地於金，受封蜀王。以不肯用兵罷錢象祖。

開禧 3 年（丁卯）金章宗泰和 7 年（西元 1207 年）	68 歲	春在臨安，奉在京宮觀。敘復朝請大夫，繼又敘復朝議大夫。 八月，臥病鉛山。 九月，除樞密都承旨，令疾速赴行在奏事；未受命，並上章陳乞致仕。初十日卒，賜對衣金帶，守龍圖閣待制致仕，特贈四官。 葬鉛山縣南 15 里陽原山中。 哀詩祭文等唯見存陸游、項平甫。	韓侂冑對金兵敗，被殺；陳自強罷相。吳曦以興州爲行宮，置百官，爲蜀將楊巨源、安丙等所殺 夏四月，以方信儒爲國信所參議官如金軍。
嘉定元年（辰戊）金章宗泰和 8 年（西元 1208 年）	卒次年	攝給事中倪思劾稼軒迎合開邊，請追削爵秩奪從官卹典。 （五子辛穮於嘉定年間爲文辨謗）	
理宗（昀）紹定 3 年（庚寅）金哀宗正大 7 年（西元 1230 年）	卒後 23	鉛山縣宰章謙亨建西湖群賢堂，祀鉛山鄉賢十六人，稼軒亦在其中。	
紹定 6 年（癸巳）金哀宗天興 2 年（西元 1233 年）	卒後 26	贈光祿大夫。	
恭帝德祐元年（乙亥）（西元 1275 年）	卒後 68	加贈少師，諡忠敏。	

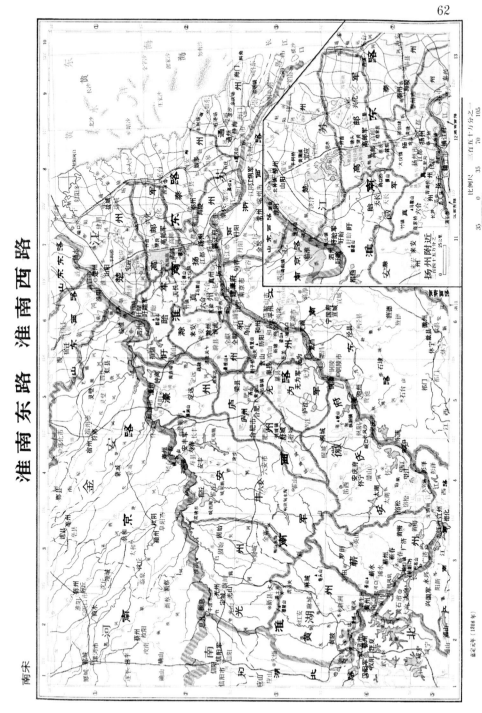

附圖一 淮南東路·淮南西路

淮南東路 淮南西路

南宋

62

—169—

附圖二　荊湖南路

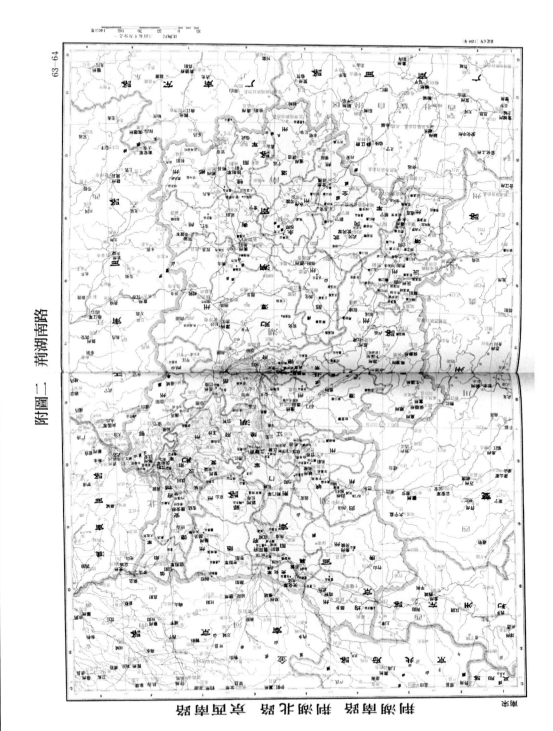

附圖三 山東東路-山東西路
山東東路 山東西路

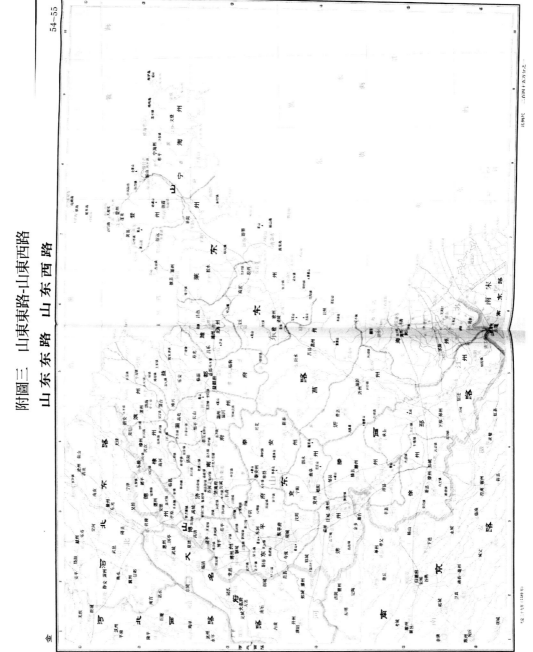